TARA PARKER-POPE
Colunista sobre relacionamentos
no *New York Times*

Felizes para sempre...

A ciência para um casamento perfeito!

São Paulo
2010

UNIVERSO DOS LIVROS

Diretor Editorial **Luis Matos** | Assistente Editorial **Talita Gnidarchichi** | Tradução **Juliano Olimpio dos Anjos** | Preparação **Felipe Vieira** | Revisão **Juliana Mendes** | Arte e capa **Noele Vavalle** e **Stephanie Lin** | Ilustração de capa **Sérgio Bergocce**

Dados Internacionais de Catalogação na Publicação (CIP)
(Câmara Brasileira do Livro, SP, Brasil)

P244f Parker-Pope, Tara.

Felizes para sempre / Tara Parker-Pope ; [tradução de Juliano Olimpio dos Santos]. – São Paulo : Universo dos Livros, 2010.
368 p.

Tradução de: For better: the science of a Good Marriage.

ISBN 978-85-7930-125-4

1. Auto-ajuda. 2. Relacionamentos. I. Título.

CDD 158.1

Para Laney

Agradecimentos

Quando estava terminando este livro, minha filha sugeriu que eu dedicasse o trabalho "à fabulosa e totalmente incrível Laney". Sugeri: "Que tal usar apenas 'Para Laney'?".

Infelizmente, há pouco espaço neste livro para expressar meus sentimentos por ela e por muitas pessoas maravilhosas que contribuíram com este trabalho. Eu deveria começar com todos os pesquisadores especializados em casamentos que tornaram este livro possível. São muitos os nomes, mas sem a dedicação deles à área de pesquisa de relacionamento, não haveria a ciência do casamento. Fico maravilhada e grata pela generosidade e pelo conhecimento dos cientistas por trás dos estudos citados ao longo deste livro.

Meu agente, Lynn Johnston, tem sido uma constante fonte de apoio, não só por ver e acompanhar a finalização deste livro, mas também por todos os assuntos relacionados à vida, ao amor, ao trabalho e à paternidade. Se em algum momento existiu um homem perfeito, ele é meu amigo Toby Bilanow, um companheiro amante de cães e blogues. Eu não conseguiria sequer imaginar um dia de trabalho ou qualquer outro dia sem ele. Este livro foi aprimorado pela sabedoria e discernimento de Larry Rout, meu ex-colega de trabalho no *Wall Street Journal* e um grande e verdadeiro amigo.

Sou grata à Amy Hertz, minha editora na Dutton, por suas ideias, conselhos e compromisso com este livro, e à Melissa Miller, assistente editorial, por sua ajuda. Um agradecimento especial a todos os meus colegas do *The New York Times,* particularmente à Laura Chang e à equipe do *Science Times.* E gostaria de enviar uma mensagem de agradecimento especial à Jane Curry e à Stephanie Lett, por me proporcionarem constantes passeios e amizade enquanto escrevia este livro. E o mais importante, um muito obrigado do fundo do meu coração à minha filha, Laney, por ser tão fabulosa e totalmente incrível. Eu amo você.

Sumário

Parte II | Na tristeza (mas você quer que seja na alegria!)

Parte III | De agora em diante

Apêndice

Prefácio à edição brasileira

Não há parceria que se forme sem intenção individual, profundamente arraigada e de grandes efeitos, ainda que parcial ou totalmente desconhecida para ambos os envolvidos.

Iara Camaratta Anton

Foi uma grande surpresa e maravilhosa descoberta a minha viagem pelos capítulos de *Felizes para sempre.* Este livro conjuga ciência e uma das maiores experiências humanas: as relações afetivas, iniciadas no seio familiar e que têm a pretensão de terminar ainda em família quando as pessoas se casam.

Com alegria troco um pouco da minha experiência de 25 anos de profissão com Tara Parker-Pope. Compartilhando neste livro a busca pelas suas indagações pessoais, assim como muitos de nós, profissionais da Psicologia, direcionamos a especialidades em busca de respostas e soluções aos nossos próprios problemas.

Ao longo de minha carreira me tornei psicoterapeuta familiar e de casal em busca de soluções e entendimento das minhas próprias dificuldades no relacionamento conjugal. Também realizando pesquisas e dando cursos aos casais ao longo destes anos venho lapidando um olhar menos ingênuo e mais científico sobre o casamento – em *Felizes para sempre*, foi possível encontrar a medida exata entre o olhar da experiência e o da ciência.

Neste campo, a contribuição da ciência e das pesquisas proporciona o entendimento de como nós, seres humanos, funcionamos como pessoas afetivas e em relacionamentos. Na clínica, por anos tenho feito atendimento a noivos que, pensando em unir-se em matrimônio, buscam apoio e orientação com a proposta de permanecer saudáveis para o "enfim sós".

Deste modo, assim como a autora nos revela, os casais estão mais preocupados em ter um relacionamento saudável e feliz. Seja ele oficial ou oficioso, religioso ou não, tal ato significa uma mudança constitutiva – é a concretização de um anseio mútuo de constituir uma família.

Comprovadamente, temos um crescimento de matrimônios no Brasil, sejam eles legalizados ou não, após as alterações nas leis do divórcio e das uniões não formais. Segundo dados levantados pelo SEADE, "o romantismo e a religiosidade vêm sendo substituídos por critérios econômicos no agendamento da união", não que tenham sido totalmente banidos, mas apenas sofreram certa adaptação às condições socioeconômicas e à realidade de uma sociedade moderna dos grandes centros urbanos. Já nas pequenas cidades, a tradição do rito de passagem tem sido preservada, ainda que, por vezes, em casamentos coletivos.

A mudança do poder aquisitivo pela melhora na estabilidade econômica do país e a atuação feminina no mercado de trabalho em crescimento constante têm proporcionado aos casais a perspectiva de uma vida melhor, fazendo os casais se lançarem a novas possibilidades.

E ainda não podemos deixar de considerar que, segundo as estatísticas, o brasileiro tem se lançado ao casamento com idade mais avançada – entre 2000 e 2008, segundo dados do SEADE, o acréscimo foi de três anos para as mulheres, passando de uma idade média de 26 para 28,8 anos, e para os homens o acréscimo foi de dois anos e meio, saltando de 29,2 para 31,6 anos.

Os motivos dessa elevação da idade podem estar relacionados à maior atuação da mulher no mercado de trabalho e seu envolvimento com sua formação profissional, o que já era um atenuante no caso dos homens, que por sua vez, também sofreram uma alteração, que pode ser decorrente às oscilações e dos ajustes profissionais no início da vida.

Outro fator a levar em conta é o segundo matrimônio, considerando que em 2008 chegou a representar 14% das uniões legais para os homens e 11% para as mulheres, e que neste mesmo período houve uma elevação de 83% e 88% de uniões de homens e mulheres que já haviam contraído matrimônio anteriormente.

Nesses casos, ainda temos outros fatores além do divórcio, por exemplo, a expectativa de vida sofreu um acréscimo de 1,6 ano: de 71,5 em 2000, passou para 73,1 anos em 2004. O ganho mais significativo foi para os homens: de 67,1 avançou para 69,1 anos. Para mulheres, o acréscimo foi de 1,2 ano, ou seja, de 76,0 para 77,2 anos.

Com o aumento na expectativa de vida para a terceira idade, as pessoas se projetam ao futuro, fazendo com que um homem e uma mulher na faixa etária entre 40 e 50 anos possuírem ao menos um quarto de suas vidas para novos relacionamentos.

Quanto ao divórcio, um aspecto a ser considerado facilitador em todo o país é o efeito proporcionado não só pela mudança de comportamento na sociedade brasileira, mas também pela criação da Lei 11.441, de 04 de janeiro de 2007, que desburocratizou os procedimentos de separações e de divórcios consensuais, permitindo aos cônjuges realizarem a dissolução do casamento por meio sa escritura pública, em qualquer tabelionato do país.

Outro fator relevante é a "crise da meia-idade" de um ou de ambos os cônjuges, com uma exploração das satisfações e insatisfações pessoais, profissionais e conjugais, aceitação da saída dos filhos e readaptação do casal, agora sem os filhos. Normalmente, ocorre uma intensa renegociação do casamento, e às vezes, a decisão de divorciar-se.

Tais dados também foram coletados em pesquisas realizadas pelo IBGE (2000), as quais demonstram que o aumento de divórcios e separações ocorre na faixa etária entre 40 e 60 anos. Em 2007, embora tenham sido realizados 916.006 casamentos no Brasil, 2,9% a mais do que em 2006 (889.828), o número de dissoluções (soma dos divórcios diretos sem recurso e separações) chegou a 231.329, ou seja, para cada quatro casamentos, foi registrada uma separação.

Trinta anos depois de ser instituído, o divórcio atingiu sua maior taxa na série mantida pelo IBGE desde 1984. Nesse período, a taxa de divórcios teve crescimento superior a 200%, passando de 0,46%, em 1984, para 1,49%, em 2007. Em números absolutos os divórcios concedidos passaram de 30.847, em 1984, para 179.342 em 2007. Em 2006, "o número de divórcios concedidos chegou a 160.848 (IBGE)".

Mediante essas informações, podemos avaliar que o século XX foi um período transformador no mundo, de ajustes e inovações, com a revolução industrial, que trouxe valores e hábitos repercutindo em mudanças profundas no modo de vida do indivíduo, e o casamento, enquanto instituição, sofreu e ainda sofre as instabilidades desse período.

Somente decidir a favor do casamento não é mais suficiente para se manter casado: é necessário saber avaliar nossas possibilidades de sucesso, pois agora, não basta estar casado, há também as expectativas de como se deseja estar casado. E mesmo estas mudaram suas características: as pessoas buscam mais parceria, realização, completude e afeto – o casamento mudou seu formato, os papéis se diferenciaram daquele de homem provedor e mulher cuidadora, ampliou-se a atuação feminina e a masculina no relacionamento; esta sim tem se mostrado mais essencial no casamento.

Mas o casamento continua a ser objeto de desejo para homens e mulheres. Costumo dizer aos casais que a questão central não está no fato de desejar o casamento, mas nas expectativas individuais que ambos levam para o casamento.

Hoje se espera mais de um casamento, os casais que casam o fazem com o objetivo de prosseguir "até que a morte os separe", no entanto, o modelo absorvido por suas famílias de origem não serve para as necessidades atuais, aquilo que aprenderam como paradigma de ser marido ou esposa, de ser pai ou mãe não se encaixa na dinâmica de vida que pretendem para uma união pelo fato de se basear na dependência mútua, afetiva e/ou material.

Por esse motivo, não conseguem satisfazer as necessidades atuais de um relacionamento autêntico respeitando a individualidade, ou como sempre digo, a "conjugalidade em parceria com a individualidade". É isso que permite sair dos extremos de certo e errado, culpas e punições, vítimas e vitimados, para caminhar em direção e na construção do chamado amor maduro, em que a experiência de cada um tem lugar e se agrega ao novo modelo a ser construído como resultado da interação do casal, que agora está, segundo o sociólogo Anthony Giddens, "desaprendendo e reaprendendo a amar".

No momento do "sim", acontece a escolha que implica em inúmeras renúncias. Há expectativas diferentes quanto à vivência conjugal, que foram construídas por anos e armazenadas como modelo de uma vida melhor. São crenças e mitos trazidos para o casamento como uma herança das gerações anteriores das respectivas famílias de origem e o compromisso que o casamento estabelece perante a monogamia e a lealdade.

Entretanto, segundo a autora de *Felizes para sempre* e as pesquisas apresentadas, a traição entre os casais parece ser a exceção, e não a regra. A maioria dos casais pretende permanecer fiel, e isso se confirma nos atendimentos de casal – a frequência de casais que buscam ajuda por uma situação de infidelidade de um dos pares é semelhante à de outras situações, por exemplo, dificuldades financeiras, diferenças culturais, dificuldades sexuais e educação dos filhos.

Discussão, desacordos, falta de compatibilidade, falta de afinidades e diferenças pessoais são características que podem estar presentes em qualquer relacionamento. No casamento, o que agrega pontos positivos para a saúde conjugal é a maneira que o casal encontra para administrá-la. De forma geral, os casais que aprenderam ao longo de sua convivência a lidar com esses percalços, o fizeram por meio do entendimento de que nem tudo deve ser colocado na mesma cesta.

Algo que sempre digo aos casais é que ser casal não significa aceitar e concordar com tudo, gostar de todas as coisas de que o outro gosta ou dar importância às mesmas coisas; a arte de ser casal está justamente no ritmo e na dança que o casal aprende para ajustar o passo e não perder a música.

Deve-se levar em consideração que o casal de hoje não será o mesmo casal após 10 ou 20 anos de convivência. Ao longo de uma vida em comum, as pessoas evoluem, mudam, se ajustam ou se acomodam, não importa. O que realmente é importante é como o casal aprende a ser resiliente no relacionamento e a separar o afeto, o carinho, os cuidados, o sexo, os filhos e as atividades dos conflitos e desentendimentos. Trabalhar para que uma briga ou discussão permaneça nesse âmbito e não contaminar todo o restante do relacionamento. Muitas vezes uma pedra é somente pedra, e reconhecer isso ajuda muito na manutenção do afeto e na importância que um tem para com o outro.

Em *Felizes para sempre*, a forma como Tara Parker-Pope constitui a linha de pensar do livro nos mostra perfeitamente os momentos de divisão das áreas do casamento. Em seu modo de ver, ela expressa os capítulos pensando na dinâmica do juramento conjugal "Na alegria e na tristeza, na saúde e na doença, na pobreza e na riqueza, amando e respeitando, felizes para sempre, até que a morte os separe", deste modo ela separa as experiências vividas em um casamento em dois momentos "na alegria" e "na tristeza".

Na alegria, encontramos todos os fatores e pontos que contribuem com um relacionamento a dois e o fortalecem, as pesquisas, as informações de profissionais os quais indicam a desmistificação de que o casamento esteja perdendo o interesse ou mesmo tornando-se frágil. Seus depoimentos pessoais, testes e exercícios contribuem para que possamos avaliar o nosso próprio casamento, procurando compreender a melhor maneira de viver em um casamento nesse novo cenário.

Na tristeza, encontramos os pontos vulneráveis os quais precisam de cuidados e ajustes, os sinais a que não nos atentamos normalmente, mas que ao longo da jornada conjugal, podem fazer diferença na construção do "felizes para sempre". Começando pelo fim da cerimônia, quando o casal opta pela renúncia aos demais eventuais parceiros para dedicar-se exclusivamente um ao outro.

Essa dedicação envolve, segundo a autora, dois conceitos diferentes: a monogamia, que significa o compromisso de um casal unido sob quaisquer circunstâncias, "até que a morte os separe"; e a fidelidade, significando a exclusividade sexual. Há uma forte inclinação humana a manter o primeiro, já quanto ao segundo...

Qual o papel da prática sexual no casamento e suas consequências em relação à felicidade matrimonial? Afinal, o sexo é a causa ou o efeito dessa tal felicidade. É possível ser feliz em uma união sem a prática sexual?

Em resumo, as pesquisas mostram um casamento fortalecido, que procura ser monogâmico e nem tanto fiel, que ainda se origina no amor romântico, mas não somente nele, que vivencia a prática sexual como função da felicidade e que preza a saúde mútua.

Ainda assim, é um casamento feliz?

A autora informa que mais crucial para a felicidade nupcial não é o porquê, o quando ou o quanto, mas sim como ambos lidam com as *brigas de marido e mulher* e suas consequências.

Mesmo porque, segundo as pesquisas, as causas mais recorrentes dos conflitos matrimoniais são, ao menos na sua origem, inevitáveis.

Uma das causas mais habituais que contribuem significativamente para a queda de satisfação da vida conjugal é a chegada dos filhos e as mudanças impostas à rotina do casal.

Outra ameaça são as tarefas domésticas, ou a distribuição delas entre os cônjuges. Historicamente, é o reino da mulher; as pesquisas indicam este como mais um mito que vem sendo derrubado, porém com resistências de ambos os lados.

Finalmente, o dinheiro: "quem paga a conta na riqueza e (principalmente) na pobreza?"

Os estudos apontam para uma fria conclusão: ao assinar o documento de compromisso para uma felicidade conjunta, o casal assume implicitamente um contrato financeiro. Quais as conexões entre o dinheiro e o matrimônio feliz e como esse fator interfere no dia a dia do casal?

Todas as dimensões do casamento estudadas até agora são importantes na vida matrimonial, mas igualmente neutras em essência, é o que se pode dizer *faz parte*. Ruins ou boas, ameaçadoras ou vantajosas, afinal o divórcio, cada vez mais acessível, está aí para solucionar eventuais más decisões.

Naturalmente, a maioria dos casais nem pensa nessa hipótese no momento do sim. Entretanto, ao passar dos anos, com os tropeços e entraves, a alternativa do divórcio pode começar a parecer cada vez mais atraente.

Neste sentido a autora propõe algumas reflexões e indicativos que ajudam a avaliar a qualidade do casamento.

Assim o matrimônio ganha outra dimensão: além do amor romântico de outrora, passa a ser também um empreendimento em comum, no qual a igualdade nas decisões conjuntas e um sentimento de parceria devem ser vivenciados como um novo aprendizado para ambos.

Investigar sobre como nós, homens e mulheres, reagimos, sentimos e nos comportamos em nossos relacionamentos afetivos proporciona um olhar esclarecedor. Um mapa no qual se torna possível traçar inúmeras rotas em direção ao entendimento da dinâmica e da forma como acontecem as relações e os afetos, nas pessoas e nos casamentos.

Este livro confirma e reúne a complexidade das relações homem e mulher com que deparamos diariamente, mas considero de grande valia o efeito que as informações aqui tratadas proporcionaram na vida dos casais. Oferece insights e disponibiliza outra lente para olhar os relacionamentos, assunto do momento em revistas, jornais, colunas de relacionamento, internet e ainda nos bancos acadêmicos e científicos.

Todos procuram modelos e fórmulas mágicas de como lidar com as dificuldades e os entraves dos relacionamentos afetivos. Penso que enfrentamos adversidades nas relações em que escolhemos viver, o que realmente se faz importante é o quanto queremos permanecer nessas relações e com as pessoas que escolhemos. O desejo de "querer estar" é o que nos impulsiona a buscar recursos para melhorar sempre, em direção à qualidade, a um ambiente saudável e aceitável de sobrevivência no casamento.

Dra. Margarete Volpi
Fundadora do Instituto Volpi & Pasini.
Psicoterapeuta formada pela Unesp e pós-graduada pela PUC-SP, especializada em terapia familiar e de casal. E em sexualidade humana pela Sbrash-SP.

Introdução

O estudo científico sobre o casamento

O que torna um casamento feliz?

O mistério da razão pela qual alguns casamentos são bem-sucedidos enquanto outros não o são é algo que os homens e as mulheres tentam resolver durante décadas. Que qualidades tornam algumas pessoas mais bem-sucedidas ao navegar nas tempestuosas águas do amor, enquanto outras se perdem na tentativa de fazer o mesmo? Por que alguns casais parecem felizes juntos, enquanto outros são mais felizes separados? Há alguma forma de proteger um casamento dos riscos do estresse, da negatividade e do divórcio?

As respostas a essas perguntas vêm de um lugar inusitado. Longe do divã da terapia ou dos gurus da autoajuda, as melhores ideias e pensamentos sobre o amor e os relacionamentos são provenientes da comunidade científica. Os melhores pesquisadores especializados em relacionamentos, vindos de dezenas de universidades ao redor do mundo, têm dedicado sua carreira à observação da interação de casais, coletando um grande volume de dados sobre como os homens e mulheres se comunicam, tanto nas palavras que usam quanto em sua linguagem corporal e expressões faciais. Eles analisaram a pulsação arterial, os níveis de pressão arterial e outras reações físicas que ocorrem quando os casais conversam, riem e discutem. Os cientistas avaliaram até o efeito que os conflitos conjugais e o estresse podem ter sobre o sistema imunológico e a capacidade do organismo para combater resfriados ou curar uma ferida. Estudos feitos por meio de neuroimagem de recém-apaixonados e de casais juntos há bastante tempo proporcionam visões das bases fisiológicas do amor passional e do amor romântico de longo prazo.

Hoje, é possível desconstruir um casamento até suas partes mais básicas e prever, com uma precisão surpreendente, a probabilidade de um casamento sobreviver ou terminar em divórcio. Usando programas de codificação assistida por computador e sensores do corpo, os cientistas analisaram milhares de horas de vídeo de conversas gravadas entre casais, monitorando tudo, dos movimentos faciais e da linguagem corporal à pulsação, ao suor e à temperatura da pele. Programas de computador que analisam palavras permitiram que os pesquisadores fragmentassem as conversas entre os casais e encontrassem significados ocultos nos ritmos e nos padrões das palavras usadas pelos casais quando se comunicavam.

As ideias e percepções adquiridas por esses pesquisadores vão lhe proporcionar uma forma totalmente nova de olhar seu próprio relacionamento. Os resultados podem ser traduzidos em conselhos surpreendentemente práticos para os casais. Gestos aparentemente pequenos, como revirar os olhos ou a forma como um homem narra a história de como conheceu sua esposa podem ser fortes indícios de uma vida conjugal feliz ou de um divórcio iminente. Os cientistas ainda aplicaram ao casamento modelos matemáticos, calculando, por exemplo, que os casamentos fortes têm uma taxa de ao menos cinco para um de interações positivas e negativas. Traduzindo isso de forma simples, significa que não é suficiente apenas pedir desculpas pelos maus-tratos para com seu cônjuge. Para cada erro cometido, você precisa oferecer mais cinco bons momentos, palavras gentis e gestos de amor para manter o equilíbrio do casamento.

Os cientistas também estudaram o divórcio e agora podem dizer aos casais quais são os fatores de risco que tornam os casamentos mais vulneráveis. A forma como os casais discutem, o ponto de partida para a briga e mesmo os pronomes que eles usam nas conversas podem sinalizar o sucesso ou o fracasso de um casamento. Diferenças de idade, filhos, quantas vezes um casal tem relações sexuais e muitos outros fatores têm sido estudados, em uma busca científica excitante para aplicar a lógica e os rigores da ciência a uma das relações emocionais mais complexas de nossas vidas.

A boa notícia do estudo sobre o casamento é que, hoje, muito mais pessoas estão obtendo sucesso no casamento, em vez de falharem. Mesmo que isso possa ir contra o senso comum, ao ler este livro você vai aprender a verdade por trás do casamento e as estatísticas do divórcio, bem como o motivo pelo qual o casamento de hoje é mais forte do que tem sido nas últimas décadas.

Também será possível descobrir que avaliar a saúde geral do seu casamento (ou um potencial casamento com um parceiro) é mais fácil do que você pensa. O truque é aprender a distinguir os conflitos e frustrações diárias normais das relações humanas e focar os problemas reais que podem ser a barreira que impede um melhor relacionamento.

Você sabia que a solução para os problemas de dinheiro pode ajudar a resolver os problemas conjugais? Ou que, quando você briga com seu parceiro, os primeiros três minutos de discussão são os que contam mais? Ou que a divisão de tarefas domésticas em uma casa pode ter um impacto direto na vida sexual do casal?

Estando ou não embarcando em um novo casamento, tentando resgatar um relacionamento conturbado, desejando acertar na segunda vez ou simplesmente procurando formas de melhorar um bom casamento, o estudo científico sobre o casamento resultou em conselhos simples e práticos para determinar o que é mais importante em um relacionamento e onde concentrar sua energia para torná-lo melhor.

Meu interesse pela ciência do casamento decorre da minha própria busca por respostas. Como uma escritora de saúde com uma jornada longa, que passou horas lendo revistas médicas e científicas, muitas vezes instigo meus leitores a cuidar de sua saúde e a tomar decisões baseadas na evidência científica disponível. Mas quando meu casamento de dezessete anos começou a se desintegrar, vi-me lutando para compreendê-lo. As estantes das livrarias estão repletas de livros de autoajuda e guias com conselhos, mas não conseguia me identificar com a "conversa direta" e as banalidades encontradas na maioria deles. Eu sabia onde procurar as respostas sobre doenças cardíacas, diabetes, alergias e muitos outros problemas de saúde e queria a mesma objetividade e conselhos baseados em evidências científicas para o meu casamento.

Usando a internet e bancos de dados médicos e sociais, comecei a pesquisar o casamento e os relacionamentos. Fiquei atordoada ao encontrar um vasto mundo da ciência conjugal além do corredor de autoajuda das livrarias. Durante décadas, muitos cientistas de universidades de todo o mundo foram produzindo ótimas pesquisas quantitativas cheias de conselhos práticos sobre a saúde conjugal.

Como resultado, saí para explorar o que a ciência nos ensina sobre relacionamentos duradouros e sobre as complexidades do namoro, do amor e do casamento. Ao longo dos últimos anos, entrevistei dezenas dos melhores pesquisadores especializados em casamento e me debrucei sobre centenas de estudos publicados.

Vi casamentos aparentemente felizes, inclusive o meu, chegarem ao fim. Muitos tinham sido vítimas de infidelidade, enquanto outros pareciam ruir sob o peso da paternidade e das exigências da vida moderna. Quem de nós saberia que o casamento acabaria dessa forma? Deveríamos ter previsto isso? Havia alguma maneira de proteger uma relação contra a devastação do divórcio?

A resposta a todas essas perguntas é sim! Compreender a ciência do casamento nos dá uma bola de cristal para prever melhor quais relações vão dar certo e quem vai lutar pelo casamento. Percebo agora que, se eu soubesse mais sobre as verdades científicas básicas do amor e do casamento, teria visto os limites do meu próprio relacionamento desde o início e perceberia, anos antes, os sinais que indicavam os problemas. Armada com o conhecimento, eu poderia ter feito escolhas melhores, que poderiam ter ajudado a salvar meu casamento, ou pelo menos, que poderiam ter me dado mais confiança sobre a escolha que meu marido e eu fizemos: acabar com nosso relacionamento.

O mais importante neste estudo científico sobre o casamento é que ele vê o relacionamento mais importante de nossas vidas como uma significativa questão de saúde que nos afeta física e emocionalmente. O objetivo é diagnosticar e tratar problemas conjugais como um médico diagnosticaria e trataria o câncer, o diabetes ou qualquer outro problema de saúde importante.

Assim como os médicos sabem que certos hábitos de vida influenciam o risco de doenças, a busca científica para melhor compreender o casamento nos ajudou a identificar fatores de risco importantes para o divórcio. Pesquisadores descobriram maneiras práticas com as quais os casais podem proteger melhor seu casamento contra o fracasso. Há ainda conselhos para ajudar os casais juntos por muito tempo a reacender a paixão e a emoção que sentiram quando namoravam.

Cada capítulo deste livro explorará a ciência por trás de vários aspectos do casamento, como a monogamia, o amor, o sexo, os filhos, o dinheiro, o trabalho doméstico e os conflitos. Mais que isso, este livro traduzirá a ciência do casamento em conselhos práticos e possíveis de serem executados – uma receita para um casamento saudável – que podem ser usados para melhorar seu relacionamento. Em alguns capítulos, você ainda encontrará escalas de medida e testes que pesquisadores utilizam para avaliar a qualidade de um relacionamento ou a profundidade da paixão e do compromisso de casais.

Espero que, ao ler este livro, você tenha ideias e revelações sobre si, seu relacionamento e até mesmo sobre o casamento de seus pais, sogros e de outras pessoas mais próximas a você. Embora o título deste livro e de grande parte da pesquisa que explora se concentrem no casamento, as lições aprendidas muitas vezes são aplicáveis a qualquer casal que deseje buscar um relacionamento comprometido e duradouro. Compreender a ciência do amor e do casamento pode ajudar os solteiros a fazer melhores escolhas na busca de seu companheiro ideal. Para alguns leitores, a ciência pode dar o poder de se livrarem de um relacionamento já condenado ao fracasso. Mas espero que os resultados equipem a maioria dos leitores com informações necessárias para salvar um relacionamento ou reforçar uma união feliz, proporcionando uma receita específica para impulsionar a saúde do relacionamento mais profundo de suas vidas.

Vale a pena salvar ou melhorar seu casamento. A pesquisa mostra que os casais em união estável fazem mais sexo, têm mais dinheiro e vivem por mais tempo e de forma mais saudável. Estando ou não feliz em uma relação longa e estável, no auge do amor romântico idealista ou livrando-se de um casamento fracassado na esperança de fazer melhor na próxima vez, o estudo científico sobre o casamento colocou os segredos do amor e da felicidade em longo prazo ao seu alcance.

Parte I

Na alegria

1

Na alegria ou na tristeza: Avaliando o casamento moderno

A verdadeira alma gêmea é a pessoa com quem você está de fato casado.

J. R. R. Tolkien

Em meio ao início do amor, à empolgação de planejar um casamento e ao êxtase da lua de mel, uma vida de felicidade e amor parece certamente possível, até mesmo provável.

E há um bom motivo para ser otimista. Atualmente, muitas pessoas casadas continuam juntas. Está surpreso? Durante anos, temos visto uma triste estatística alegar que 50% dos casamentos vão terminar em divórcio, mas esse sombrio prognóstico não se aplica à maioria dos casais de hoje ou até mesmo àqueles que se casaram nas últimas décadas. A verdade sobre o casamento é que o divórcio está se tornando cada vez menos comum. Os índices de divórcio caíram drasticamente desde seu pico, na década de 1970, por muitos motivos. De muitas formas, o laço matrimonial está mais forte e melhor do que era.

Certamente, isso não significa que o casamento é fácil ou que os casais não precisam se esforçar. Uma minoria considerável de casamentos vai, no fim, terminar. Mesmo entre casamentos duradouros, nem todas as pessoas estão satisfeitas com seu relacionamento, e muitos maridos e esposas anseiam por tempos mais felizes. Existem formas de melhorar cada relacionamento, e a ciência do casamento ensina como fazê-lo.

Mas para compreender plenamente o potencial de seu próprio relacionamento, é bom entender as muitas tendências que influenciam o casamento nos dias atuais. Um olhar mais atento às estatísticas do casamento e do divórcio mostra que muito mais que a metade dos casais de hoje permanecem casados, e em qualquer ano observado, somente uma fração dos casais se separam. Para os casais iniciantes ou para aqueles que estão em dúvida quanto ao futuro de seu relacionamento, os novos padrões de casamento e divórcio dão motivos para sentir o mesmo otimismo que você teve quando caminhou em direção ao altar. É claro que existem desafios, conflitos e momentos difíceis, mas no geral, o tempo médio de um casamento é mais estável do que era há quatro décadas, e atualmente, espera-se que a maioria dos casais permaneça juntos até que a morte os separe.

Conhecendo as estatísticas

Por que tantas pessoas acreditam que as chances de se permanecer casado são tão boas quanto as de um jogo de cara ou coroa?

Vamos começar falando sobre como o casamento está mudando. As pessoas nascidas na década de 1930 e que se casaram na década de 1950 têm os maiores índices de casamento de qualquer geração: até 96% se casaram. Mas entre as gerações mais recentes, o número caiu para cerca de 90%.

Atualmente, menos pessoas estão se casando e mais casais estão adiando o casamento. Essas mudanças nos padrões do casamento começaram no final da década de 1950, quando as mulheres passaram a adiar o casamento para obter um diploma universitário e construir carreira antes de se estabelecerem na vida de casada. Na década de 1950, a maioria das mulheres se casava antes dos 21 anos de idade. Atualmente, a média de idade do primeiro casamento das mulheres é de 26 anos, enquanto as que buscam formação universitária e estabelecimento profissional podem chegar a se casar com 30 anos ou mais.[1]

A alteração na idade com a qual as pessoas se casam teve um impacto positivo sobre a estabilidade conjugal. O risco de divórcio diminui significativamente quando as pessoas se casam depois dos 25 anos de idade. O motivo exato deste fato ainda não está claro, mas pode ser que, com 25 anos, homens e mulheres tenham uma percepção mais clara de seus objetivos e interesses comuns, permitindo-lhes escolher um parceiro mais compatível. Ao adiar o casamento, muitas das relações incertas terminam antes de o casal subir ao altar, deixando apenas que os casais mais seguros o façam.

"Hoje, sofremos mais pressão na busca por relacionamentos estáveis", afirma Betsey Stevenson, professora-assistente de políticas públicas e privadas da Wharton School, na Universidade da Pensilvânia, e principal especialista do país em matéria de divórcio e casamento. "Alguns dos relacionamentos mais frágeis terminam antes do casamento."

E com mais mulheres no mercado de trabalho, o tradicional "homem trabalha e mulher cuida da casa" se tornou menos comum. Atualmente, as mulheres estão contribuindo mais financeiramente para o relacionamento do que as gerações anteriores, e os homens estão contribuindo mais com as tarefas domésticas. (Dito isto, os economistas notam que ainda há uma grande diferença na quantidade realizada por mulheres de tarefas domésticas e cuidados infantis em relação aos homens.) Em comparação com as gerações anteriores, o casamento atual está menos relacionado à divisão das obrigações econômicas e domésticas e mais atrelado à felicidade mútua e aos interesses compartilhados. Homens e mulheres estão mais propensos a se casarem com alguém como eles, com nível de escolaridade similar, e isso, por sua vez, leva a relacionamentos mais estáveis.

"Pode ser que esse tipo de união entre pessoas que têm mais afinidades resulte numa maior capacidade de superar problemas", diz a Dra. Stevenson. "Há muito em comum e muito foi investido. Um susto é só um susto, e ele se torna cada vez mais fácil de ser superado."

As drásticas mudanças no casamento também levaram a mudanças no divórcio. Além de se casarem mais do que as gerações atuais, os casados na década de 1970 também estão se divorciando mais. Entre esses casais, o índice de divórcio com trinta anos de casamento é de cerca de 47%. Dado o aumento na expectativa de vida, a geração de pessoas casadas na década de 1970 parece tender a um índice de divórcio de 50%.

Mas o índice de divórcio na década de 1970 não é particularmente relevante para as pessoas que se casaram mais recentemente ou que estão planejando se casar no futuro. As pessoas que se casaram na década de 1970 o fizeram, tipicamente, no final da adolescência e no começo dos vinte anos. Elas nasceram nos anos 1950, em uma geração de pais que trabalhavam fora e mães que cuidavam da casa e que, eventualmente, tinham problemas para aceitar esses papéis predefinidos. E enquanto a geração de 1970 se casava, a sociedade passava por grandes transformações que resultaram em mudanças nas leis de divórcio e na própria concepção do casamento.

As tendências de divórcio que aparecem nas gerações posteriores são mais esperançosas. As pessoas que se casaram nas décadas de 1980-1990 estão se divorciando em menores proporções do que as casadas na década de 1970. Na verdade, a estabilidade conjugal parece estar melhorando a cada década.[2]

A Dra. Stevenson analisou os índices de divórcio após dez anos de casamento de três gerações de casais: os que se casaram nas décadas de 1970, 1980 e 1990. Entre as mulheres graduadas, o índice de divórcio após dez anos na década de 1990 é extraordinariamente baixo: apenas 16%. Em comparação, 23% das mulheres graduadas casadas nos anos 1970 divorciaram-se após dez anos.

Os índices de divórcio são um pouco mais elevados para aqueles que não são graduados, mas ainda muito melhores entre as gerações mais recentes. Entre os que completaram o ensino médio e se casaram na década de 1990, somente 19% se divorciaram depois de dez anos. Em comparação, entre os casais da década de 1970 que não fizeram faculdade, 26% tinham se divorciado em dez anos.

"Temos evidências de que os casamentos estão mudando e os índices de divórcio estão caindo", diz a Dra. Stevenson. "Isso pode estar acontecendo porque os casamentos estão resistindo mais às crises. As pessoas estão mais felizes e mais envolvidas em seus relacionamentos, e seus cônjuges são mais difíceis de serem substituídos."

Índices de divórcio após dez anos para três gerações de mulheres

	Ensino Superior	Ensino Médio
Década de 1970	23%	26%
Década de 1980	20%	25%
Década de 1990	16%	19%

Fonte: Adam Isen e Betsey Stevenson, Wharton School, Universidade da Pensilvânia.

A Dra. Stevenson também realizou uma análise dos índices de divórcio, após vinte anos, de pessoas casadas na década de 1980. Ela decidiu estudar como fatores como a idade na época do casamento e o nível de escolaridade podem ser usados para prever o risco de divórcio. Descobriu que, quando os casais da década de 1980, graduados, esperaram até os 25 anos para se casarem, seus índices de divórcio foram bem menores do que os daqueles que se casaram jovens ou antes de terminarem a faculdade. Ela também descobriu que abandonar a faculdade é um fator significativo para se ter um casamento instável.

Na verdade, alunos que desistem da faculdade estão menos propensos a permanecer casados do que os que concluíram o Ensino Médio mas nunca se matricularam na faculdade. O motivo não é claro, mas a Dra. Stevenson especula que abandonar a faculdade pode ser um sinal de que comprometimento não é uma prioridade para essas pessoas.

É impressionante a diferença no risco de divórcio quando a idade e a educação são levadas em conta. Casar-se antes dos 25 anos e abandonar a faculdade previram um índice de divórcio alto: 51%. O que aconteceu com os casais que adiaram o matrimônio após terminarem a faculdade e depois de completarem 25 anos? Depois de vinte anos casados, somente 19% deles tinham se divorciado.

Índice de divórcio entre casados na década de 1980, por idade e escolaridade

Índice geral de divórcio após 20 anos	39%
Graduados, casados depois dos 25 anos	19%
Graduados, casados antes dos 25 anos	35%
Superior incompleto, casados antes dos 25 anos	51%

Fonte: Betsey Stevenson, Wharton School, Universidade da Pensilvânia.

Conforme ilustrado pelos números, o risco de divórcio é fortemente afetado pela idade com a qual nos casamos, o nível de escolaridade e a década em que o casamento ocorre. Queria ter conhecido essas estatísticas quando meu casamento começou a fraquejar. Meu marido e eu éramos graduados e nos casamos em 1988, aos 23 e 21 anos de idade. Apesar de figurarmos em uma categoria de maior risco por causa da nossa idade quando nos casamos, nossas chances eram melhores do que imaginávamos. Em nosso grupo estatístico, cerca de dois em cada três casais como nós conseguiram ficar juntos. Mas, na época, eu acreditava que o casamento era essencialmente um jogo de cara ou coroa, que metade de todos os casamentos terminam e que eu apenas estava entre os 50% de pessoas infelizes em direção ao divórcio.

Será que saber a verdade – que a maioria das pessoas em casamentos como o meu foram bem-sucedidas – faria diferença? É claro que não há como saber, mas é por isso que acho tão importante falar sobre o que realmente está ocorrendo com os casamentos atuais. Inflacionar as estatísticas de divórcio tem o potencial de aumentar o risco de *todo mundo* se divorciar. Assim como nos tornamos indiferentes ao vermos muita violência na televisão ou no cinema, acho que o mito do índice de divórcio de 50% treinou uma geração para ser ambivalente sobre casamento e divórcio. Se a metade de todos os casais está se divorciando, porque eu me casaria?

Por que as estatísticas de divórcio são inflacionadas com tanta frequência? Uma das razões é o fato de termos mais dados sobre as pessoas casadas na década de 1970, por isso, elas tendem a ser as estatísticas que são exibidas e repetidas. Outro problema é a fórmula simplista usada por muitas pessoas para calcular o índice de divórcio. Normalmente, quando você vê um relatório sobre um índice de divórcio assustadoramente alto, o dado é obtido pela comparação de uma quantidade de pessoas que se divorciam em um determinado ano com outra quantidade de pessoas que se casam em outro ano. Parece lógico, até você pensar em todos os diferentes tipos de casais se casando ou se divorciando num determinado ano. Se os índices de casamento fossem constantes, esse método daria uma boa aproximação do índice geral de divórcio. Mas os índices de casamento não têm sido constantes, e o índice geral de casamento está caindo. E como exploramos anteriormente, os índices de divórcio também não são constantes e são diferentes para cada geração. Finalmente, os índices de expectativa de vida estão aumentando, portanto, o grupo de casais que poderia se divorciar é maior hoje do que era há trinta anos. Como muitas variáveis na equação do casamento e do divórcio estão mudando, um cálculo simples entre casamentos e divórcios em um determinado ano acaba distorcendo o resultado e sugerindo que o índice de divórcios seja maior do que realmente é.

Então, o que se ganha ao distorcer consistentemente os índices de divórcio? Alguns pesquisadores especulam que choramingar a morte da instituição do casamento – e perpetuar o mito de que a metade termina em divórcio – ajuda nos objetivos políticos de qualquer partido, conservador ou liberal, pois representa uma defesa dos valores familiares. O número inflacionado pode ser usado como munição para ganhar financiamento ou prejudicar um programa público, dependendo do objetivo da pessoa ou do grupo envolvido.

Mas no final, todos somos prejudicados quando estatísticas enganosas sobre o casamento são divulgadas. Isso nos faz pensar que o casamento é mais frágil do que ele realmente é e nos deixa confusos e mais vulneráveis, propensos a desistir quando ocorrem problemas em nossos próprios relacionamentos.

"O que eu acho mais perturbador sobre essa ideia de índice de divórcio de 50% é que as pessoas não estão criando as expectativas certas sobre o casamento", diz a Dra. Stevenson. "O número de 50% faz as pessoas pensarem: 'Meus filhos serão criados por pais divorciados? Vou ser mãe solteira pelo resto da minha vida?' Acredito que, em relação a planejamento para o futuro, é útil entender o que realmente acontece com seus contemporâneos".

O DIVÓRCIO E O SEGUNDO CASAMENTO

Adela Rogers St. Johns, célebre jornalista da década de 1920-1930, tinha uma teoria sobre o segundo casamento. "A diferença entre maridos é tão pouca que é melhor você manter o primeiro.", ela diz.

Ela não estava sozinha em sua crença de que o segundo casamento não é melhor do que o primeiro. Outra estatística muito citada é que o segundo casamento tem índices mais altos de divórcio do que o primeiro. Esse é, aparentemente, apenas um argumento para manter o primeiro casamento, uma vez que as chances de divórcio em uma segunda tentativa seriam maiores que no primeiro.

Mas para aqueles entre nós que esperam que o segundo casamento dê certo, estaremos realmente mais propensos a chegar ao divórcio se voltarmos a nos aventurar no mercado do casamento pela segunda vez? Não necessariamente.

Um olhar mais atento aos dados sobre divórcio e segundo casamento mostra que temos motivos para ficarmos otimistas. Mas o problema com a maioria dos dados sobre segundo casamento é que eles são distorcidos pelos "pretendentes de risco".

Um pretendente de risco é um homem ou uma mulher que não está totalmente comprometido com o casamento e não se incomoda tanto com o divórcio. Algumas dessas pessoas podem até se tornar noivas e noivos "seriais" (o Fábio Júnior ou a Elizabeth Taylor, por exemplo). Entre as estatísticas sobre o primeiro casamento, esses pretendentes de risco representam uma pequena porcentagem do total da amostra. Mas, uma vez que se começa a estudar o segundo casamento, os pretendentes de risco representam uma porcentagem maior de casais, e é provável que eles abaixem a média quando se começa a calcular o risco de divórcio.

Considere estes índices de divórcio após cinco anos, para mulheres casadas entre 1995 e 1998:

- Primeiro casamento: 9%
- Segundo casamento: 12%

Agora, observe estes índices de divórcio após quinze anos, para mulheres casadas entre 1985 e 1988:

- Primeiro casamento: 36%
- Segundo casamento: 45%

Apenas três pontos percentuais separam o primeiro do segundo casamento no índice de divórcio após cinco anos. Em comparação com os primeiros casamentos, um adicional de 9% dos segundos casamentos acabam após quinze anos. A Dra. Stevenson acredita que a diferença percentual é tão pequena que, se os dados pudessem ser ajustados para retirar as pessoas com tendência a "casamento serial", o índice de sucesso e falha de um segundo casamento ficaria muito próximo das taxas do primeiro casamento.

É até mesmo possível, ela especula, que o segundo casamento possa ter mais êxito do que o primeiro. Um dos fatores de risco mais importantes para o divórcio – casar-se com menos de 25 anos – geralmente desaparece em um segundo casamento. As pessoas que se casam aos trinta anos ou mais velhas apresentam índices de divórcio muito baixos.

"Entre as pessoas que se casaram muito jovens, você vai perceber que seu segundo casamento, na verdade, é bastante estável.", diz ela.

Se o casamento está mais forte do que nunca, por que ele parece tão difícil?

Mesmo que os números mostrem que as chances de um casamento duradouro estão a seu favor, isso não significa que o casamento nos dias atuais seja fácil. Na verdade, ele pode ser mais difícil do que nunca. Isso porque, como casais da atualidade, nós estamos exigindo muito mais do nosso casamento do que qualquer geração anterior.

É claro que, por milhares de anos, as pessoas têm se casado e permanecido casadas. Mas a expectativa de que o casamento deve ser feliz, amoroso e gratificante é uma ideia relativamente nova. Durante séculos, as razões pelas quais as pessoas se casavam não estavam relacionadas à afeição entre elas ou às necessidades emocionais e intelectuais dos dois indivíduos envolvidos. O casamento era uma instituição econômica e social, homens e mulheres se casavam para adquirir terras, riqueza ou para reforçar relacionamentos sociais ou políticos. O amor raramente tinha alguma coisa a ver com isso.

Isso não significa que homens e mulheres não se amaram durante esses séculos. É claro que se amaram – e, às vezes, talvez frequentemente, eles amaram até mesmo suas próprias esposas e maridos. Mas ao longo da história, o amor não tem sido a força motriz por trás do casamento, embora, como diz a historiadora especializada em casamento Stephanie Coontz, o amor tenha sido, por vezes, um "efeito colateral bem-vindo".[3]

De acordo com a Dra. Coontz, o casamento com base no amor não surgiu até o século XVIII, quando a expansão da economia de mercado e as reformas humanitárias do Iluminismo direcionaram o foco para os direitos individuais. Foi a primeira vez na história que o casamento tinha sido visto como uma relação privada entre dois indivíduos, em vez de algo bom para a construção de riqueza da família ou de alianças políticas.[4]

Ao longo dos cem anos seguintes, uma série de forças sociais e econômicas continuou redefinindo os papéis do homem e da mulher e seus relacionamentos ao redor do mundo. À medida que as economias se expandiram, as mulheres foram atraídas para o mercado de trabalho. A invenção da pílula anticoncepcional deu às mulheres a liberdade sexual e o controle de suas vidas reprodutivas, mudando a cronologia tradicional para casamento e família. O movimento pelos direitos civis nos Estados Unidos, junto com gritos de "libertação" da mulher, levou à reconsideração dos papéis e direitos dos homens e mulheres no trabalho, em casa e na comunidade.

Até mesmo as mudanças econômicas modernas, como a ascensão da indústria de alimentos embalados, tiveram efeito sobre a estabilidade conjugal. Quando os comerciantes iniciaram a venda de alimentos pré-prontos, por exemplo, "comida congelada" e "macarrão instantâneo", a vida de solteiro ficou muito mais fácil. Os homens que não tinham aprendido a cozinhar com suas mães puderam, pela primeira vez, imaginar suas vidas como solteirões.

Na metade do século XX, o casamento como uma instituição entrou em um período de grande instabilidade, diz a Dra. Coontz. Os índices de divórcio começaram a acelerar em 1957, porque homens e mulheres continuaram procurando a realização pessoal em seus relacionamentos e, muitas vezes, descobriram que não poderiam encontrá-la com seu atual marido ou sua atual esposa. Mesmo a ascensão à notoriedade de Hugh Hefner e de sua revista, a *Playboy*, veio para influenciar as relações entre homens e mulheres, e finalmente, o casamento. A *Playboy* incentivou os homens a voltarem às suas vidas de solteiros e a reavaliarem o fardo de serem os responsáveis por uma família. E as mulheres tentaram ganhar mais no mercado de trabalho, adiando o casamento para obter um diploma universitário e fazer carreira antes de embarcar na vida de casada.

As mudanças foram inquietantes e perturbadoras para uma geração de casais que haviam se casado em diferentes circunstâncias sociais. Mas hoje, uma mulher trabalhar fora de casa é a norma, não a exceção. Atualmente, os casais se conhecem na faculdade ou no ambiente de trabalho. Ao contrário das gerações anteriores, as mulheres estão menos propensas a se casarem primeiramente por necessidade econômica, e os homens, geralmente, não estão apenas procurando alguém para passar sua roupa. Em vez disso, os casamentos tornaram-se parcerias de interesses compartilhados e objetivos comuns. A versão do casamento que surgiu a partir do tumulto da década de 1960 e 1970 tem muito mais potencial para ser um relacionamento satisfatório e mutuamente prazeroso para os dois: marido e mulher.

Mas isso também significa que os casais de hoje têm expectativas muito maiores sobre um casamento do que as gerações anteriores. O casamento se tornou um empreendimento de manutenção muito alta. Quando homens e mulheres finalmente se casam, eles esperam muito uns dos outros e esperam uma relação baseada na equidade, na parceria e na realização pessoal e emocional. Barbara Dafoe Whitehead, pesquisadora de casamentos da Rutgers (Universidade Estadual de Nova Jersey, EUA) chama isso de casamento "alma gêmea".

Quantas vezes você ouviu alguém dizer que está procurando a "alma gêmea"? É certamente uma noção idílica, mas um cônjuge alma gêmea, por definição, exigirá muito mais investimento emocional e atenção do que um cônjuge que tem uma visão mais pragmática do casamento e da família.

"É preciso investimentos generosos em tempo, atenção e cautela para que os casais solteiros sustentem altos níveis de felicidade mútua.", escreveu a Dra. Whitehead em uma crítica recente sobre o estado do casamento moderno. "As altas expectativas em torno da satisfação pessoal no casamento, embora algo bom para perseguir e melhor ainda para alcançar, também têm tornado tais casamentos mais difíceis de serem sustentados."[5]

Lições das tendências do casamento moderno

O fato de que homens e mulheres, nos dias de hoje, esperam muito mais de um casamento em comparação com as gerações anteriores é, certamente, uma coisa boa que dá aos casais maior oportunidade para um relacionamento duradouro e significativo. Mas a nossa visão idealizada do casamento também coloca um fardo enorme sobre a relação e sobre o casal.

Uma briga com seu marido ou esposa, embora inevitável em qualquer relacionamento, é muito mais dolorosa e parece mais preocupante quando as duras palavras e a raiva são provenientes de alguém que você ama tão profundamente. Encontrar tempo para romance e sexo pode ser um grande desafio em uma união quando os parceiros lidam simultaneamente com os deveres profissionais e os domésticos. Quando agendas cheias levam à negligência e o tédio se instala, os sentimentos de perda e tristeza são muito maiores e nos fazem sentir como se tivéssemos perdido nosso melhor amigo e cônjuge.

A boa notícia para os casais da atualidade é que a mudança nos padrões de casamento e divórcio melhorou as chances de se permanecer casado. Mas essas mesmas mudanças sociais também elevaram os padrões para o que constitui um bom casamento. O divórcio está se tornando cada vez menos comum, e o casamento está mais forte do que nunca. Mas apesar dessas mudanças positivas, os riscos são particularmente altos em uma união baseada no amor, na igualdade e nos valores compartilhados. Como resultado, sustentar um casamento moderno leva mais tempo, energia e investimento emocional, motivo pelo qual permanecer casado, muitas vezes, parece uma luta.

Mas à medida que formos explorando os próximos capítulos, veremos que a luta vale a pena. Somos programados para o amor e relacionamentos de longo prazo. E considerando cada medida, que vai desde um sono melhor até mais sexo, é claro que um bom casamento é bom para você.

2

RENUNCIANDO A TODO O RESTO: A CIÊNCIA DO COMPROMISSO

Se eu me casar, quero estar muito bem-casada.
Audrey Hepburn

Quando duas pessoas se encontram, se apaixonam e decidem se casar, o plano, para todos os efeitos, é ficar casado. Quando as pessoas disseram: "Até que a morte nos separe", elas, geralmente, foram sinceras.

Afinal, o casamento é inerentemente algo sobre compromisso, sobre a escolha da pessoa com quem se deseja compartilhar uma vida, filhos, animais de estimação, impostos e uma hipoteca. Embora o casamento com base no amor seja um conceito relativamente novo na longa história das relações humanas, o compromisso não é. Em todo o mundo, e tanto na sociedade moderna quanto na primitiva, os seres humanos têm dado muito valor à monogamia, mesmo quando eles nem sempre a praticam.

Mas se os seres humanos conseguem ter uma vida monogâmica longa e fiel ainda permanece um tópico de debate entre cientistas e até mesmo entre alguns casais. Certamente, há um contingente ativo de céticos que acredita que a monogamia humana não é natural, como demonstrado pelo fato de que a fidelidade raramente tem sido documentada na natureza. Apenas uma pequena porcentagem das criaturas parece ficar unidas por toda a vida, e mesmo entre os animais aparentemente monogâmicos, testes genéticos provaram que o adultério é constante. Dadas as evidências, é normal que qualquer recém-casado ou um casal lutando para manter a relação pergunte: "Queremos mesmo passar toda a nossa vida ao lado de uma única pessoa?".

Enquanto os seres humanos se destacam no reino animal pelo desejo de ter relacionamentos duradouros, há alguns exemplos poderosos e surpreendentes de monogamia na natureza. A monogamia entre animais é, sem dúvida, a exceção; mas que exceção extraordinária! Tanto em campo quanto em laboratório, os cientistas rastrearam, monitoraram e fizeram testes com casais de animais monógamos e seus descendentes para confirmar sua lealdade. Ao fazer isso, eles desenvolveram várias teorias sobre por que, entre algumas espécies, a evolução parece favorecer um casamento por toda a vida. Estudar os hábitos e comportamentos desses animais pode, em última instância, render boas ideias e informações sobre os fatores biológicos e sociais que influenciam a fidelidade humana. Mais importante ainda, esses exemplos de fidelidade e compromisso por toda a vida entre os animais fazem os desafios da monogamia e da fidelidade parecem menos assustadores (e mais naturais) para os casais humanos.

Procurando a lealdade entre os animais

Anos atrás, no seriado *Friends*, uma personagem chamada Phoebe falou sobre os hábitos de acasalamento da lagosta. Ela estava usando lagostas para convencer seu amigo Ross de que, algum dia, ele ficaria junto do seu verdadeiro amor, Rachel.

"Ela é sua lagosta.", disse ao Ross. "Todo mundo sabe que as lagostas se apaixonam, se casam e ficam juntas para sempre. Na verdade, você pode ver velhos casais de lagostas andando em torno de seus tanques de pinças dadas."

Foi engraçado e estranhamente acreditável. Depois do episódio *Ela é sua lagosta*, a monogamia das lagostas foi, muitas vezes, repetida como um fato. Eu com certeza passei a acreditar nisso. Na minha opinião, qualquer criatura que seja tão evoluída a ponto de ser monógama não merece acabar no meu prato, por isso parei de comer lagosta. Não quero pensar em todas as lagostas viúvas e viúvos que ficaram sozinhas depois de minhas refeições. (Um amigo muito esperto me disse que, em vez de parar de comer lagosta, eu deveria comer o casal, assim, não teríamos viúvos e viúvas.)

Trevor Corson, especialista em lagosta e autor do livro *The Secret Lives of Lobsters* [A vida secreta das lagostas] corrigiu minhas ilusões sobre o amor das lagostas.

"A Phoebe fez muito para popularizar a ideia da monogamia entre as lagostas", ele disse. "Na verdade, o que acontece é uma operação um pouco mais mercenária realizada por todas as fêmeas da vizinhança, que entorpecem o macho alfa deixando-o submisso e permitindo que todas elas copulem com ele, uma atrás da outra."

Sério? Mas de onde vem essa noção de que as lagostas são monógamas?

"O macho e a fêmea juntam sim seus trapos, mas apenas por cerca de duas semanas", diz o Sr. Corson, que descreve de um jeito engraçado os rituais de acasalamento da lagosta. "Tecnicamente, os cientistas de fato consideram isso monogamia, mas a chamam de monogamia em série – não exatamente uma união que dura a vida inteira. Depois que termina, é um beijo e tchau."

Fiquei desapontada. Gostava da ideia de casais de crustáceos juntos para sempre no fundo do oceano.

Mas quando se trata de estudar o relacionamento animal, é melhor deixar de lado todas as noções de romance. Das aves às abelhas, dos cães aos patos, a monogamia no reino animal é rara, praticada por menos de 5% dos mamíferos. E mesmo entre os animais que se unem para criar seus filhotes, a infidelidade é quase universal.[6]

Por muito tempo, os biólogos acreditaram que a maioria das aves era monógama, com machos e fêmeas construindo ninhos, buscando alimentos e criando sua prole juntos. Na década de 1960, David Lack, um ornitólogo famoso, sugeriu que 92% das 9.700 espécies de aves eram monógamas. Para os observadores do comportamento das aves, certamente isso parecia correto.

Mas o que as pessoas geralmente não levam em consideração é que monogamia e fidelidade são duas coisas diferentes. Monogamia significa formar laços de longa duração com o parceiro. Fidelidade significa exclusividade sexual. Tanto para animais quanto para pessoas, é possível ter o primeiro sem ter o segundo.

No mundo das aves, à medida que os equipamentos e as técnicas de observação evoluíram, um ornitólogo com olho aguçado pegaria, ocasionalmente, um "deslize", isto é, um pássaro voando em direção a outro ninho para ficar de namorico com outra ave. Houve tantas evidências da infidelidade dos pássaros que os cientistas decidiram realizar estudos de paternidade. Em média, cerca de 30% dos filhotes das aves não são descendentes do macho que os cria.

No filme *A difícil arte de amar*, de Nora Ephron, a personagem principal reclama com o pai sobre a traição de seu marido: "Você quer monogamia?", ele indaga. "Case-se com um cisne!"

É verdade que os cisnes têm sido vistos como um símbolo de fidelidade e devoção. Mas os pesquisadores australianos que estudaram o *Cygnus atratus*, um majestoso cisne negro com bico vermelho intenso, descobriram que os pássaros só parecem ser monogâmicos.[7]

O zoólogo da Universidade de Melbourne, Dr. Raoul Mulder, comparou o DNA de filhotes de cisne ao DNA do casal que os criava. O estudo mostrou que um em cada seis filhotes não era descendente do macho que estava cuidando da ninhada. Cisnes fêmeas, ao que parece, rotineiramente traem seus companheiros, saindo furtivamente de seu ninho para copular com outro pássaro. E a palavra "furtivamente" é a descrição apropriada. Os cientistas não conseguem descobrir quando, como e onde as aves conseguem copular de forma clandestina. Mas não as culpe. Uma vez que todos os cisnes possuem parceiros, machos e fêmeas traem uns aos outros de forma igual.

Os dados sobre os cisnes são apenas as descobertas mais recentes que implodem nossas noções sobre parceria animal. Nas últimas décadas, a ciência da monogamia tem sofrido vários golpes, à medida que, estudo após estudo, vem mostrando que os animais que antes se pensava serem monogâmicos e fiéis frequentemente mantêm o que é chamado de "cópula extraconjugal". Resumindo: muitos animais traem seus parceiros.

Estudos feitos com o chapim-de-cabeça-preta, pássaro que está entre as aves mais leais, mostram que as fêmeas poderão trair se tiverem um macho de baixo desempenho como parceiro. Elas permitem que eles construam o ninho, mas quando eles não estão prestando atenção, elas voam para longe para acasalar com o melhor pássaro do bando. A vantagem para a fêmea: o companheiro original ajudará a criar os filhotes, mas o macho hierarquicamente superior dará à sua prole os melhores genes. As andorinhas-das-chaminés também traem. As fêmeas estão mais propensas a enganar seus companheiros de cauda curta, optando por relacionamentos adúlteros com aves que possuem caudas mais longas – um sinal de resistência a doenças e, potencialmente, de prole saudável.[8]

Não são apenas os pássaros que são promíscuos. Esquilos e coelhas podem copular com vários machos num único dia. Os saguis rotineiramente traem seus parceiros. A natureza ensina que, enquanto a união monógama é importante para o sucesso reprodutivo, a infidelidade pode atuar como uma espécie de apólice de seguro. O laço entre o casal garante um parceiro confiável para ajudar a criar a prole; a infidelidade garante a diversidade genética e uma prole potencialmente mais saudável.

Entre os mamíferos, a relação idealizada de companheiros sexualmente fiéis criando os filhos juntos é rara. Menos de 5% das espécies de mamíferos praticam a chamada "monogamia social", aquela em que permanecem juntos por toda a vida. E mesmo os monógamos sociais podem, ocasionalmente, copular fora da relação.[9]

Monogamia entre os ratos

Até aqui, o caso da monogamia parece sombrio. Talvez você esteja pensando que essa coisa de casamento e compromisso integral seja um erro, uma noção idealizada que desafia as leis da natureza. Embora seja verdade que a natureza não favorece a fidelidade, há algumas exceções dignas de atenção. Veja a história comovente do pequeno *Peromyscus californicus*, também conhecido como rato californiano.

Muito do que sabemos sobre o *P. californicus* veio de um estudante de Biologia chamado David Ribble, que hoje é presidente do Departamento de Biologia da Trinity University, em San Antonio. No início da década de 1980, o Dr. Ribble estava completando seu mestrado na Universidade Estadual do Colorado, cujo Departamento de Pesca e Biologia de Animais Selvagens foi contratado para fazer um estudo de campo sobre um terreno que os militares queriam usar para treinamento. Outros biólogos estudavam coiotes, antílopes e pássaros que habitavam o terreno, e alguém precisava estudar os ratos e outros roedores que serviam de presas para esses animais maiores.

Acontece que, no mundo da Biologia, alguém que se especializa no estudo de ratos está sempre em alta demanda, em parte porque é um trabalho muito difícil. Os ratos que vivem na natureza não só passam a maior parte do tempo escondidos no subsolo, como também são criaturas de atividade noturna, ou seja, estudá-los é um trabalho que se faz à noite. "O número de pessoas nessa área é realmente pequeno.", observa o Dr. Ribble.

Depois que o contrato militar teve fim, o Sr. Ribble começou um trabalho de doutorado na Universidade da Califórnia, em Berkeley. Ele queria começar a estudar lagartos – estes podem ser estudados durante o dia – mas seus colegas o incentivaram a continuar desenvolvendo seus conhecimentos no campo de estudo de ratos. Na época, havia um interesse em um rato de tamanho incomum que vivia no sopé das montanhas de Sierra Nevada. Pesando cerca de quarenta gramas, o rato californiano tinha duas vezes o tamanho de outros ratos do campo. E era conhecido por ter apenas dois filhotes por vez – normalmente, os ratos têm cerca de quatro filhotes por ninhada. Na Biologia, uma criatura que é tão visivelmente diferente de seus parentes desperta a curiosidade. Por que o rato californiano evoluiu de forma diferente dos outros ratos do campo?

O Dr. Ribble começou um extenso trabalho de campo, documentando o comportamento noturno do *P. californicus*. Ele é um rato dócil, despretensioso e relativamente fácil de pegar quando o sol se põe, usando uma armadilha com flocos de aveia. Os ratos foram capturados, marcados e equipados com transmissores de rádio em torno de seus pescoços, para que os cientistas pudessem controlar seus movimentos. As fêmeas foram marcadas com pó fluorescente, que deixava evidências coloridas sobre os ratos com os quais tiveram relações. No total, cerca de duzentos ratos foram capturados e estudados. Os cientistas também tentaram filmar os animais, inserindo um cabo com uma luz vermelha no ninho deles, mas essa experiência não deu certo. "Pode ter parecido muito com uma cobra.", diz o Dr. Ribble.

Mas, mesmo sem conseguir filmar, os cientistas foram capazes de documentar alguns padrões surpreendentes. Eles usaram luzes negras para identificar o pó codificado por cores que tinha sido colocado sobre as fêmeas. À medida que continuaram capturando ratos e monitorando a atividade em torno do ninho, eles descobriram que o pó foi transmitido apenas para os filhotes e o parceiro da fêmea. Ao contrário de outros ratos do campo, não houve traição promíscua e furtiva no ninho do *P. californicus.* Os transmissores de rádio revelaram que os parceiros machos e fêmeas raramente ficaram longe uns dos outros.

"Com a telemetria, é possível obter uma estimativa da posição deles, e podemos visualizar todos os pontos por onde estiveram.", explica o Dr. Ribble. "Ao fazermos isso, fica claro que o macho e a fêmea gastam seu tempo nos mesmos lugares."

Monitorando os ninhos, os pesquisadores documentaram que, exceto quanto a amamentar os filhotes, o macho contribui para o cuidado de sua prole tanto quanto a fêmea.

Mas a prova real estava no DNA. Por meio de testes genéticos, os pesquisadores conseguiram confirmar suas suspeitas baseadas na localização pelo pó e pela radiotelemetria. Testes de DNA constataram que 100% dos filhotes criados por um determinado casal têm como pai o parceiro vitalício da fêmea. Na natureza, o rato californiano nunca trai.[10]

Embora os ratos não tenham sido flagrados traindo na natureza, os pesquisadores decidiram testar a monogamia dos ratos de forma radical. O Dr. David Gubernick era um psicólogo da Universidade de Wisconsin, em Madison, que tinha estudado a aprendizagem dos lagartos e o vínculo materno das cabras. Essa pesquisa o levou a estudar a monogamia e a maneira como os machos cuidam dos filhotes no reino animal, uma curiosidade intelectual que ele admite ter surgido de sua própria experiência sendo criado com a ausência do pai biológico.

O Dr. Gubernick tinha herdado uma colônia de ratos californianos de um pesquisador da Universidade da Califórnia, em Los Angeles, e decidiu estudar se os ratos eram tão leais em cativeiro como na natureza. Ele pegou casais da espécie *P. californicus* e tentou seduzir cada parceiro com um desconhecido do sexo oposto. Em um dos aspectos mais duros deste experimento, o macho ou a fêmea, algumas vezes, foi forçado a permanecer na gaiola para testemunhar a sedução de seu parceiro. O rato pôde ver e cheirar sua parceira através de um buraco na gaiola, mas uma pequena barra transparente o impedia de passar pelo buraco e ir ao encontro de sua companheira.

Foi quando começou a ficar interessante. O *P. californicus*, ao se deparar com uma tentação aparentemente irresistível, surpreendeu todos.

Quando a fêmea foi colocada na gaiola com um macho novo, ela rejeitou as tentativas dele quase todas as vezes. Apenas em cerca de 15% dos casos a fêmea permitiu que o macho desconhecido a montasse, mesmo quando seu parceiro estava presente. Não está claro se isso é ou não um teste justo da fidelidade da fêmea. Normalmente, um avanço de outro macho ocorreria na natureza, e sem dúvida, o rato estaria presente para defender a honra da sua parceira. Nesse caso, os ratos foram confinados, desta forma, a fêmea não pôde contar com a ajuda de seu parceiro para escapar dos avanços dos machos maiores e mais fortes. Mesmo assim, a maioria das ratas resistiu.

Ainda mais interessante foi a resposta do macho, que foi tentado por uma rata solteira e pronta para acasalar. Para a surpresa dos pesquisadores, o macho permaneceu fiel, resistente à sedução da fêmea e recusando-se a copular até mesmo quando sua parceira não estava por perto.

Os pesquisadores concluíram que "estes resultados indicam que a monogamia na espécie *P. californicus* é mantida por uma forte atração e preferência entre os parceiros e por conseguirem se conter e não acasalar com outros. Aparentemente, os machos exibem maior fidelidade sexual do que as fêmeas".[11]

Por que as pressões seletivas da evolução favorecem a fidelidade do rato? O Dr. Gubernick acredita que a monogamia do rato californiano está relacionada à importância dos cuidados do macho para com a sobrevivência dos jovens. Em uma série de experimentos, ele estudou pares de ratos em três diferentes ambientes de laboratório. O primeiro grupo viveu na mordomia, com gaiolas aquecidas e fácil acesso a alimentos. O segundo tinha alimentos, mas a temperatura na gaiola era baixa, simulando as noites de inverno na Califórnia. O último grupo teve de trabalhar para conseguir comida, correndo numa roda para simular a atividade de deixar o ninho atrás de comida.

Depois que os parceiros acasalaram, metade dos machos foi tirada do ambiente. A ausência do macho não teve nenhum efeito sobre o ambiente agradável – a prole do rato ficou bem com ou sem os cuidados do macho. Mas nas gaiolas onde os ratos tiveram de trabalhar para conseguir alimento ou onde estavam vivendo em temperaturas mais baixas, pouquíssimos filhotes sobreviveram. Quando as condições do laboratório simularam ambientes naturais, os ratos jovens, que não conseguem regular sua temperatura corporal, precisaram dos cuidados do macho para sobreviver. O Dr. Gubernick realizou um experimento semelhante no campo, removendo ratos machos selvagens e documentando o efeito que isso teve sobre a prole. Como esperado, os filhotes dos machos removidos tiveram menores taxas de sobrevivência do que os filhotes que foram criados pelos pais.

A FIDELIDADE NOS GENES

Outra estrela da fidelidade animal é um pequeno roedor peludo chamado arganaz-da-pradaria, nativo do Centro-oeste dos EUA. Os arganazes-da-pradaria se juntam para a vida inteira, dividindo um ninho e cuidando de suas crias. Embora eles não tenham um histórico perfeito (ocasionalmente, um arganaz macho copula fora do casamento), sempre voltam para seus parceiros. O que é particularmente notável sobre um arganaz-da-pradaria é como seu comportamento é diferente comparado ao de seus primos próximos, o arganaz-do-prado e o arganaz-da-montanha. Esses primos próximos não fazem parcerias estáveis. Eles copulam e seguem em frente – sem nem ficar por perto para ajudar a criar os filhotes.

Qual é a diferença entre os arganazes fiéis e os namoradores? Estudos mostram que uma pequena variação genética criou circuitos cerebrais diferentes que regulam os hormônios vasopressina e ocitocina. Esses são os hormônios responsáveis pela sensação de aconchego liberada durante o sexo e quando mães acalentam seus filhos. Os arganazes monógamos possuem cérebros carregados com receptores desses hormônios. Os arganazes travessos, não.

Estudos sobre os arganazes-da-pradaria mostram que o ato de acasalamento conduz ao vínculo entre eles, uma vez que seus cérebros estão revestidos de hormônios do "aconchego". Imediatamente após acasalar com uma fêmea, o macho começa a mostrar preferências distintas a ela, acariciando-a e atacando outros arganazes que estiverem muito perto.

Para determinar se eram ou não os hormônios ou qualquer outro mecanismo que tinham influenciado a ligação entre os arganazes, pesquisadores realizaram uma série de estudos nos quais foram injetadas drogas nos arganazes-da-pradaria para bloquear o hormônio vasopressina. Sem o hormônio, o roedor agiu como seus primos promíscuos. Ele não acariciou depois do acasalamento, mas ficou à espreita, acasalando com outra fêmea disponível. Também não protegeu a fêmea depois do sexo e não se mostrou agressivo com os outros arganazes.

No mesmo estudo, os pesquisadores queriam saber se poderiam induzir, artificialmente, o arganaz à fidelidade, alterando os níveis de vasopressina. Eles deram aos machos que ainda não tinham acasalado uma dose do hormônio. De repente, os arganazes virgens, com nível alto de vasopressina, começaram a se acariciar com uma fêmea, como se já tivessem acasalado, mostrando uma preferência distinta por ela e defendendo-a contra os estranhos.[12]

O Dr. Ribble, pesquisador do rato californiano, está atualmente estudando outro roedor, o musaranho-elefante, da África, que também parece ser altamente monógamo. No rato californiano, a evolução pode tê-lo selecionado para a monogamia para garantir a participação do macho na criação da prole. Mas, em outros animais monógamos, como o musaranho-elefante, os machos não se importam com os filhotes. A explicação evolutiva para a monogamia do musaranho-elefante pode estar centrada na proteção que o macho oferece. Ao focar sua energia e sua atenção em proteger sua parceira, o musaranho-elefante macho aumenta suas chances de reprodução. A fêmea e sua prole se beneficiam da constante atenção no tocante a alimentação, aquecimento e proteção.

"Acredito que esses ratos e outros animais têm algumas coisas interessantes para nos dizer", disse o Dr. Ribble. "Não podemos deixar de concluir que existem algumas vantagens relacionadas à monogamia."

A CIÊNCIA DO COMPROMISSO HUMANO

Será que os seres humanos, assim como o cisne e o chapim-de-cabeça-preta, só aparentam ser monógamos, mas traem quando seus parceiros não estão olhando? Ou será que somos mais como o rato californiano e o arganaz-da-pradaria, mergulhados em hormônios que criam nossos vínculos afetivos e geneticamente mapeados para a fidelidade, mesmo sob as circunstâncias mais extremas?

Existem evidências de que os humanos também possuem predisposição genética para a monogamia ou a infidelidade. Recentemente, o cientista sueco Hasse Walum estudou 552 pares de gêmeos para saber mais sobre a variação de um gene em particular e sua associação com a satisfação do relacionamento. Esse gene está associado ao controle da vasopressina no corpo humano e é o mesmo ligado à monogamia em arganazes-da-pradaria.[13]

Os cientistas descobriram que uma variação no gene da fidelidade estava associada com os padrões de relacionamento do homem. Os homens que possuíam essa variação estavam menos propensos a se casar com suas parceiras. Aqueles que se casaram tiveram esposas menos felizes nos relacionamentos comparados com os homens que não tinham uma cópia da variante do gene. E os homens casados que possuíam o gene também estavam mais propensos a terem vivenciado problemas conjugais sérios.

Homens com duas cópias da variante genética tinham duas vezez mais chance de terem tido uma crise conjugal séria durante o período do estudo, comparados com os homens que não possuíam a variação genética.

Embora a pesquisa marque a primeira vez que um traço genético específico foi associado à infidelidade ou ao sucesso conjugal, simplesmente possuir uma cópia do gene não significa que o adultério seja só uma questão de tempo.

"Existem, naturalmente, muitas razões pelas quais uma pessoa pode ter problemas de relacionamento, mas esta é a primeira vez que uma variante específica de um gene foi associada à forma como os homens criam vínculos com suas parceiras", diz o Dr. Walum. Ele observa que o efeito geral da variação genética é modesto e que não é possível prever realmente como alguém vai se comportar em um relacionamento.[14]

Há evidências de que a fidelidade também possa ter alguma base biológica para as mulheres. Em uma famosa série de experimentos, pesquisadores da Universidade de Berna, na Suíça, coletaram camisetas suadas que homens de vinte e poucos anos usaram por dois dias seguidos enquanto dormiam. Em seguida, eles pediram que várias mulheres cheirassem cada camiseta. Todas as camisetas tinham o odor másculo de uma camisa suja, mas as mulheres apresentaram preferências distintas por certas camisetas e repulsa por outras. Quando os pesquisadores analisaram amostras de saliva colhidas tanto dos homens quanto das mulheres, eles descobriram que elas preferiram as camisetas usadas por homens que eram mais geneticamente diferentes delas.[15]

Aparentemente, as mulheres estavam farejando diferenças num conjunto de genes do sistema imunológico chamado complexo principal de histocompatibilidade ou CPH.

A psicóloga Christine Garver-Apgar, da Universidade do Novo México, em Albuquerque, quis saber se as semelhanças e diferenças de CPH entre os casais poderiam ou não influenciar a vida sexual do casal ou o risco de infidelidade. Para descobrir isso, a Dra. Garver-Apgar e seus colegas estudaram 48 casais heterossexuais, que estiveram juntos por pelo menos dois anos. Os casais responderam questionários sobre a vontade sexual em relação a seus parceiros e se eles já tinham sido infiéis. Os casais participantes também forneceram amostras de saliva para que os pesquisadores pudessem analisar o CPH.

Os resultados sugeriram que a compatibilidade de CPH parecia estar relacionada à satisfação sexual e à fidelidade. Quanto mais similar o CPH da mulher ao do seu parceiro, *menos* ela parecia gostar de fazer sexo com ele. Ela também estava mais propensa a ter tido relações extraconjugais e estava mais atraída por outros homens.

Mas nos casais com CPH diferente, as mulheres mostraram ter relações sexuais melhores e estavam mais propensas a serem fiéis. Os pesquisadores também criaram uma fórmula para determinar o risco de traição com base na compatibilidade genética. Se o homem e a mulher dividirem 50% de seus genes CPH em comum, as mulheres teriam 50% de chance de terem traído seus parceiros.[16] Ao procurar um parceiro, a atração do CPH parece influenciar de forma notável a escolha da mulher. Já os homens parecem não ter desenvolvido uma habilidade de farejar CPH compatível.

Há também sinais físicos que indicam uma propensão humana à monogamia. Um deles é o tamanho dos testículos. Se a fêmea de uma espécie é propensa a acasalar com mais de um macho, os machos dessa espécie terão, tipicamente, testículos maiores que permitem maior ejaculação e melhoram as chances de fertilização. Mas quando a fêmea é mais propensa a ser leal a um macho, então os testículos grandes não são essenciais.

Tomemos como exemplo o gorila. Ele tem testículos relativamente pequenos comparados ao tamanho de seu corpo. Mas o gorila compete por uma fêmea com base no tamanho de seu corpo, não com base no desempenho de seu esperma. Uma vez que assume o controle do harém, ele está livre para copular sem ter de competir com outros gorilas.

Em contrapartida, o chimpanzé macho desenvolveu testículos grandes para produzir grandes quantidades de esperma. Isso provavelmente tenha ocorrido porque os chimpanzés competem por meio de seu esperma, não com o tamanho do corpo. Num determinado bando, diferentes machos copulam com uma mesma fêmea adulta, portanto, o macho que copular primeiro e mais frequentemente possuirá mais chances de produzir descendentes.

E quanto aos humanos? Os testículos de um homem são maiores que os de um gorila e menores que os de um chimpanzé. Isso sugere que, no caso da competição por esperma, os humanos se encontram em algum lugar no meio do espectro. Diferente dos chimpanzés, os homens não foram feitos especialmente para a promiscuidade, mas encaram mais competição do que um gorila. O tamanho do testículo humano sugere que, apesar de a variedade de cópula ter feito parte do nosso passado evolucionário, os humanos também são bem-preparados para as parcerias de longo prazo.[17]

Estatísticas sobre a fidelidade humana

Apesar de a traição entre os animais ser bem-documentada, pouco se sabe sobre a frequência com a qual os seres humanos são sexualmente infiéis aos seus parceiros.

Não podemos jogar pó fluorescente nas mulheres e tão pouco podemos colocar transmissores de rádio nos homens para acompanharmos seus movimentos. A única maneira real de documentar a infidelidade entre os seres humanos é questionando-os.

Embora seja certamente possível que as pessoas mintam sobre suas indiscrições do passado, um grande corpo de evidências coletadas ao longo de muitos anos conta a mesma história: a traição entre os casais parece ser a exceção, e não a regra. A maioria dos casais parece permanecer fiel e nunca procura nada fora do casamento.

Os dados mais consistentes sobre infidelidade vêm da *General Social Survey* [Pesquisa Social Geral], patrocinada pela *National Science Foundation* [Fundação Nacional da Ciência], com base na Universidade de Chicago, que utilizou uma amostra nacional representativa para mapear as opiniões e os comportamentos sociais dos norte-americanos desde 1972. Os dados da pesquisa mostram que, em qualquer ano, cerca de 10% das pessoas casadas, 12% de homens e 7% de mulheres, disseram ter feito sexo fora do casamento. Pense no que esse número realmente significa. Em determinado ano, 90% dos casais disseram que são fiéis. Os índices de infidelidade ao longo da vida também continuam relativamente baixos. Em 2006, 28% dos homens com mais de sessenta anos disseram que nunca traíram suas esposas. Entre as mulheres acima de sessenta anos, 15% admitiram nunca terem traído.[18]

Por que há uma percepção de que a traição é maior entre homens e mulheres casados? Os dados sobre infidelidade estão em todo lugar. Alguns estudos sugerem índices exorbitantes de traição: 60% ou mais. Já outros apresentam índices muito mais conservadores. Pesquisas publicadas em fontes como revistas femininas podem exagerar nos índices de adultério porque sofrem do que os pesquisadores chamam de efeito seletivo: o ato de perguntar sobre a infidelidade tende a atrair um entrevistado que já tenha traído ou tenha sido traído. E conselheiros matrimoniais, que veem em suas práticas índices de infidelidade desproporcionalmente elevados muitas vezes estimam um alto predomínio de infidelidade em sua comunidade, mas a fatia da população que eles atendem já é inclinada a ter problemas.

Outro problema com os dados coletados sobre infidelidade é que eles não levam em conta o tempo da infidelidade. Uma pessoa tendo casos extraconjugais durante um casamento corresponde de forma bem clara à definição convencional de um adúltero. Mas algumas pessoas começam a ter relações extraconjugais no momento em que sentem que seu casamento está irremediavelmente destruído. Nesses casos, a infidelidade é um sinal de um casamento em deterioração, não a causa disso.

Embora a infidelidade não seja algo comum, existem algumas mudanças interessantes em seus índices. Uma análise detalhada dos dados da *General Social Survey* entre 1991 e 2006, compilados por David C. Atkins, professor-associado da Universidade de Washington, mostra que as mulheres parecem estar diminuindo a diferença entre os sexos quanto ao adultério: as mulheres mais jovens estão traindo seus companheiros quase tão frequentemente quanto os homens. E os índices de infidelidade ao longo da vida também aumentaram. Em 1991, entre homens e mulheres com mais de sessenta anos, 20% dos homens e 5% das mulheres admitiram que nunca traíram. Tais números saltaram para 28% e 15%, respectivamente, em 1996. Os pesquisadores veem também grandes mudanças em casamentos relativamente novos. Cerca de 20% dos homens e 15% das mulheres com menos de 35 anos disseram ser infiéis, acima de cerca de 15% e 12%, respectivamente.[19]

São várias as teorias acerca do motivo pelo qual as pessoas parecem estar traindo. Pode ser que, simplesmente, mais pessoas estejam admitindo trair, em vez de haver um aumento real no número de adúlteros. Hoje, há menos estigma associado à infidelidade do que havia no passado. E os estudos mostram que diferentes métodos de pesquisa podem influenciar na possibilidade de alguém admitir ser infiel. Por exemplo, pesquisadores da Universidade do Colorado e da Texas A & M University fizeram uma pesquisa com 4.884 mulheres casadas, usando entrevistas pessoais e questionários anônimos via computador. Durante as entrevistas pessoais, apenas 1% das mulheres disseram ter sido infiéis a seus maridos no ano anterior. Mas quando as mulheres fizeram a pesquisa atrás do anonimato que o computador oferece, mais de 6% admitiram que já traíram.[20]

Tendências sociais tiveram também algum efeito. É óbvio que os índices de infidelidade durante a vida iriam mudar à medida que as pessoas vivessem vidas mais longas e mais saudáveis. Para os idosos, remédios como o Viagra®, que ajudam a tratar a disfunção erétil, estão tornando mais fácil a vida sexual e, em alguns casos, facilitando também a infidelidade. Suplementos de estrogênio e testosterona são agora comumente oferecidos às mulheres para ajudá-las a manter sua atividade sexual e sua saúde vaginal assim que elas entram na menopausa. E até mesmo avanços como as novas cirurgias de quadril podem dar a uma pessoa mais velha a mobilidade física para se manter na vida social, para interagir com os membros do sexo oposto e para trair, se assim desejar.

Não está totalmente claro o motivo pelo qual casais jovens, mesmo os recém-casados, parecem mais vulneráveis ao adultério, mas talvez as tendências do casamento sejam as culpadas. Atualmente, mais do que nunca, os casais estão vivendo juntos antes do casamento. Segundo o censo dos EUA, 6,4 milhões de casais heterossexuais estavam morando juntos em 2007, comparado a menos de 1 milhão que fazia o mesmo, trinta anos atrás. Estudos mostram que os índices de infidelidade são maiores entre casais que vivem juntos antes do casamento. Uma vez que as pessoas se casam, pode ser que os hábitos de traição desenvolvidos antes do casamento permaneçam.

Praticamente todos os estudos sobre infidelidade mostram que os homens estão muito mais propensos a traírem suas esposas do que o contrário. Mesmo que no geral pareça que os homens mostrem maior risco de infidelidade, a diferença geralmente não é tão grande como muitas vezes é relatada. Muitos pesquisadores acreditam que as mulheres não são necessariamente mais fiéis. Pode ser simplesmente que elas estejam mais propensas a mentir sobre o fato.

A antropóloga Helen Fisher, da Universidade Estadual de Nova Jersey, cujo livro *Anatomy of Love* [Anatomia do amor] foca a infidelidade, aponta que a traição parece ocorrer em todas as culturas, e que nas sociedades primitivas não há nenhuma evidência de que as mulheres fossem menos adúlteras que os homens. A diferença nos índices de traição de homens e mulheres nos países desenvolvidos pode ser explicada mais por pressões culturais do que por qualquer diferença real de libido. Homens com muitas parceiras são tipicamente vistos como viris, enquanto mulheres que têm muitos parceiros são consideradas promíscuas. E, historicamente, a traição tem sido simplesmente mais difícil logisticamente para as mulheres. Elas foram isoladas em fazendas ou em casa com os filhos, o que lhes deu menos oportunidades de serem infiéis.

Mas hoje, as mulheres casadas têm maiores chances de trabalhar até tarde no escritório ou de viajar a negócios. E mesmo para as mulheres que ficam em casa, celulares, e-mails e mensagens instantâneas têm permitido que elas tenham relacionamentos mais íntimos sem sair de casa, dizem os terapeutas matrimoniais. O Dr. Frank Pittman, um psiquiatra de Atlanta especializado em crises familiares e terapia de casais, diz ter notado mais mulheres falando sobre casos extraconjugais com base em contatos "eletrônicos". Frequentemente, essas mulheres foram infiéis emocionalmente – compartilhando histórias pessoais e detalhes íntimos de suas vidas – muito antes de a relação chegar à infidelidade física.

Mas mesmo que os índices de infidelidade pareçam crescer, é importante lembrar que ainda é relativamente raro homens e mulheres terem relações extraconjugais. "É mais fascinante e excitante conversar sobre a noção da traição e seus motivos evolucionários.", diz o Dr. Gubernick, "mas há muitos homens no mundo que são monógamos e permanecem fiéis às suas parceiras. Existe uma tendência de minimizar este fato".

Assim como as inflacionadas estatísticas de divórcio, a tendência de inflacionar os índices de traição também coloca casais em risco.

Se acreditarmos que a maioria das pessoas se divorcia ou trai, tenderemos a nos tornar ambivalentes sobre a fidelidade e o casamento e sobre nosso próprio comportamento. O fato é que a maioria das pessoas ainda considera o adultério algo errado, e a maioria dos homens e mulheres afirma ser fiel.

Lições das pesquisas sobre comprometimento

Por que algumas pessoas são mais comprometidas do que outras? Essa era uma das questões que interessavam o psicólogo experimental John Lydon, da Universidade McGill, em Montreal. Ele recorda seu tempo de estudante em Chicago, quando os formandos do colégio se movimentavam para começar ou terminar relacionamentos. "Era sempre uma questão de quantos ficaram noivos e quantos se separaram. Era o tempo de se decidir.", ele diz.

Essas lembranças foram a base para uma série de estudos sobre compromisso que o Dr. Lydon e seus alunos começaram a realizar na McGill. Ele acompanhou os alunos que se separaram de seus amores do colégio quando ingressaram na faculdade e começou a estudar a diferença na forma como as pessoas reagem à tentação ou percebem ameaças ao relacionamento. Ele descobriu que as pessoas em relacionamentos comprometidos respondem de forma diferente à tentação, dependendo do tamanho da ameaça apresentada. Em um estudo, homens e mulheres heterossexuais, em relacionamentos comprometidos, foram expostos a uma série de fotos de pessoas atraentes. Em outra ocasião, foram mostradas fotos e foi dito que a pessoa atraente estava pessoalmente interessada neles. Na primeira condição, os homens e as mulheres confortavelmente admitiram a beleza das pessoas nas fotos. Mas, na segunda situação, quando foram informados de que a pessoa estava interessada neles, ficaram menos propensos a classificar a pessoa como atraente. A princípio, quando a pessoa atraente se tornou uma ameaça e uma potencial tentação, a reação foi de "desvalorizá-la" e torná-la menos atraente.[21] "Quanto mais compromisso houver, menos atraentes serão as tentações.", diz o Dr. John Lydon. "A lógica é que isso ajuda as pessoas a manterem seus relacionamentos. Um homem defenderia sua relação contra uma potencial ameaça dizendo: 'Ela não é tão bonita assim.'."

Mas os estudos de McGill também encontraram uma razão pela qual os homens podem correr maior risco de traição do que as mulheres. Muitos estudos mostraram que as mulheres estão mais propensas que os homens a proteger, instintivamente, os relacionamentos na presença de uma potencial ameaça. Quando uma mulher é atraída por um homem que não é seu marido, o cérebro feminino parece reagir de forma diferente de quando um homem se sente atraído por alguém que não seja sua esposa.[22]

Em um estudo de trezentos homens e mulheres heterossexuais, os pesquisadores pediram que a metade dos participantes imaginasse uma conversa sensual com uma pessoa atraente do sexo oposto. A outra metade foi convidada a imaginar um encontro de rotina com pessoas do mesmo sexo. Depois de visualizar um encontro excitante ou chato, os participantes foram convidados a jogar um jogo de preencher lacunas em palavras. Antes de ver os resultados, tente fazer um teste semelhante ao que os participantes do estudo fizeram.

O TESTE *NA ALEGRIA* Nº1: QUAL É A SUA REAÇÃO À PAQUERA?

Tente imaginar a seguinte cena, da forma mais vívida que puder, como se os acontecimentos descritos estivessem realmente se passando com você. Após a visualização, é necessário que você complete o enigma da palavra apresentada. Isso foi pensado para distrair sua atenção da cena que você visualizou. Depois de completar o quebra-cabeça das palavras, você terá de responder se lembra os detalhes da cena, por isso é importante imaginá-la da melhor forma possível.

Imagine que está em um café e você encontra um(a) amigo(a) ou um colega que acha atraente. Passe algum tempo visualizando a cena, tornando-a o mais real possível. O homem ou a mulher que você encontrar está muito feliz por tê-lo encontrado, e você também está feliz em ver esta pessoa. O dois começam uma conversa calorosa e envolvente, e você perde a noção do tempo. Então você se dá conta de que precisa ir. Ao sair, a pessoa lhe entrega o número de telefone dela para que, em algum momento, vocês possam se encontrar novamente para tomar um café.

L O _ A L
D E _ _ T E D
C _ _ M I _ _ E _
I N V E _ T E D
B E _ A _ E
T H R _ _ T

O objetivo do estudo foi identificar se pensar em um encontro atraente com uma pessoa do sexo oposto pode ter provocado pensamentos subconscientes sobre traição, evidenciado pela forma como o quebra-cabeça de palavras foi preenchido. Acontece que o quebra-cabeça consiste de palavras que podem ser identificadas como um sinal de comprometimento ou um sinal de traição.

Depois que as pessoas participaram do teste, surgiram diferenças marcantes entre o grupo que tinha paquera na cabeça e o grupo que tinha imaginado um encontro comum. As mulheres que tinham imaginado uma situação de paquera estavam mais propensas a identificar as palavras compromisso e ameaça.

Era mais provável que elas respondessem ao teste da seguinte forma:

L O Y A L (FIEL)
D E V O T E D (DEDICADO)
C O M M I T T E D (COMPROMETIDO)
I N V E S T E D (ENVOLVIDO)
B E W A R E (CAUTELA)
T H R E A T (AMEAÇA)

Os homens que tinham visualizado uma situação de paquera com uma mulher atraente estavam mais propensos a identificar as seguintes palavras:

L O C A L (LOCAL)
D E L E T E D (EXCLUÍDO)
C O M M I T T E E (COMITÊ)
I N V E N T E D (INVENTADO)
B E C A M E (TORNAR)
T H R O A T (GARGANTA)

O Dr. Lydon disse que as diferenças entre homens e mulheres eram tão impressionantes que sugerem que, para as mulheres, o simples pensamento de uma tentação fora do relacionamento ativa um "alarme" em seus cérebros, mas a tentação não parece ter o mesmo efeito sobre os homens.[23]

Em outro conjunto de experimentos, os pesquisadores estudaram encontros na vida real, em vez de experiências imaginárias. Eles observaram como homens e mulheres tratavam seus cônjuges após encontrarem uma pessoa atraente na vida real. Os pesquisadores misturaram os casais participantes com atores/atrizes atraentes e que foram treinados para flertar de forma sutil. Os atores fingiram ser outros participantes que se inscreveram na pesquisa. Para comparação, outro grupo foi misturado com atores que agiam de forma indiferente e não conversavam.

Depois de passar algum tempo com os desconhecidos que eram atraentes e estavam flertando, os casais foram convidados a imaginar que seu cônjuge tinha feito algo para aborrecê-los, como estar atrasado para um encontro ou mentir sobre onde estavam. Depois de deixar a pessoa nervosa com a transgressão, o pesquisador pediu que os homens e as mulheres explicassem se perdoariam seu cônjuge.

Entre os homens, aqueles que passaram um tempo flertando com uma atriz estavam menos propensos a perdoar o hipotético comportamento de suas esposas em relação aos homens que não tinham sido paquerados. Mas as mulheres tiveram uma reação contrária. Uma mulher que tinha flertado estava mais propensa a perdoar a transgressão de seu parceiro e até mesmo inventar desculpas para ele do que uma mulher que tinha estado com os atores que se mantiveram distantes.

Os resultados sugerem que, quando um homem é seduzido por uma pessoa atraente que parece interessada nele, ele começa a sentir-se menos comprometido, porque vê a nova mulher como uma boa alternativa. Mas as mulheres veem um homem que as seduz como uma ameaça, por isso, elas reforçam seus sentimentos pelo parceiro, desculpando o comportamento falho.

O objetivo da pesquisa de McGill é entender melhor como homens e mulheres reagem a uma paquera e identificar as formas que eles usam para se proteger das tentações da infidelidade. Ao estudar algumas das diferenças entre a forma como homens e mulheres reagem a pessoas atraentes, os pesquisadores podem agora oferecer algumas sugestões para reprogramar o cérebro a fim de resistir à tentação.

Uma estratégia é planejar o que vai acontecer com antecedência. Talvez isso pareça óbvio, mas homens e mulheres podem evitar a tentação planejando antecipadamente como vão lidar com isso. Isso não é diferente do motivo pelo qual os habitantes de um edifício participam de uma simulação de incêndio. O ato de simplesmente descer as escadas dá-lhe a memória muscular e mental para reagir de forma adequada durante uma crise, momento em que você pode não conseguir pensar em tudo de forma clara. Usando a mesma teoria, as pessoas que criam uma estratégia para lidar com os avanços de um colega ou com o encontro com um estranho em uma viagem de negócios podem estar mais propensas a resistir durante um momento de crise conjugal quando a tentação ocorre na vida real.

Em outro estudo, os homens tiveram de imaginar encontrar uma mulher atraente em um bar, durante um fim de semana em que sua namorada estava fora da cidade. Em seguida, alguns dos homens foram instruídos a "treinar-se" para a situação, completando a seguinte frase:

> Quando a mulher se aproximar, eu vou ______________________ para proteger meu relacionamento.

A fim de estudar se o método de treinamento poderia influenciar as reações de um homem com as mulheres, os homens foram convidados a jogar um jogo de realidade virtual que envolvia passar um tempo em várias salas. Em algumas salas, fotos de mulheres atraentes cintilaram por alguns milésimos de segundo, tão rápido que eram imperceptíveis para a mente consciente, mas ainda perceptíveis ao subconsciente, disseram os pesquisadores. Os homens que tinham acabado de completar a frase dada tenderam a evitar as áreas onde as imagens das mulheres eram projetadas. Mas os homens que não haviam completado o exercício acabaram atraídos para as salas com as mulheres.[24]

Estudos também mostram que é possível diminuir os pensamentos ilícitos quando você está predisposto a trair. Muitas vezes, um homem pode até tentar esse método, mas ele faz isso da forma errada, dizendo a si mesmo para "resistir, resistir, resistir" quando uma mulher atraente se aproxima dele.

Mas especialistas em relacionamento dizem que é um engano, quando confrontados com a tentação, concentrar-se no quanto você quer resistir. Pense em uma pessoa que está fazendo dieta e decide parar de comer sua comida favorita, como sorvete. Qual é a primeira reação dela? Ela deseja o sorvete. Da mesma forma, ao dizer a si mesmo que pensar em outra pessoa está fora dos limites, você corre o risco de fazer exatamente o oposto.

Em vez disso, uma solução melhor é encher sua cabeça com pensamentos da pessoa que você ama ou olhar uma foto dessa pessoa, o que, por sua vez, vai afastar da sua cabeça os pensamentos tentadores. Concentre-se em pensamentos de amor e de afeto, não no desejo sexual, que só alimenta a libido que está desconcentrando você.[25]

A pesquisa mostra que homens e mulheres podem treinar-se para resistir à tentação. E quase sem exceção, homens e mulheres dizem que valorizam a fidelidade em um casamento e que planejam permanecer fiéis a seus parceiros. A ciência e as estatísticas mostram claramente que, embora a monogamia possa não ser a regra no reino animal, é certamente possível que tanto os animais quanto os seres humanos permaneçam social e sexualmente fiéis a um parceiro. Com certeza, o desejo de fidelidade entre os seres humanos parece ser a exceção, e não a regra no reino animal, mas, de todas as formas, os seres humanos são criaturas excepcionais. Por que também não poderiam ser excepcionais quando se trata de monogamia? A essência da natureza humana é a capacidade de controlar seus impulsos – é uma das muitas características que os distinguem dos animais. O motivo pelo qual nos casamos é a vontade de encontrar um parceiro para toda a vida, e a ciência mostra claramente que somos feitos para o casamento e o compromisso.

Mas o que nos leva a procurar outra pessoa, alimenta nosso desejo de compromisso e nos motiva a declamar os votos do casamento? A resposta, com certeza, é o amor. Ele talvez seja o fator mais importante na equação biológica do casamento, porém, está entre as áreas mais complicadas de estudo na ciência do relacionamento humano.

3

AMAR E CUIDAR: PAQUERA, ATRAÇÃO E QUÍMICA DA PAIXÃO

O amor é apenas um truque sujo no qual caímos para alcançar a continuação da espécie.
W. Somerset Maugham

No final da década de 1960, a universitária Elaine Hatfield estudava Psicologia na Universidade de Stanford, onde seus colegas de sala estavam concentrados em desenvolver modelos matemáticos e estudar o comportamento de ratos na esperança de obter ideias sobre a mente humana. Mas o que realmente interessava a Srta. Hatfield eram as conversas que tinha frequentemente com seus colegas de classe depois das aulas. Quase sem exceções, estavam todos tentando entender o namoro, o amor, o casamento e descobrindo que, na verdade, eles sabiam muito pouco sobre como lidar com as relações humanas. A futura psicóloga e pesquisadora começou a se perguntar se a competência científica que estava desenvolvendo poderia ser aproveitada melhor para o estudo sobre casais. Seria o amor, ela se perguntava, um objeto de pesquisa válido?

A Dra. Hatfield logo embarcou em uma carreira acadêmica focada no estudo da atração física, das paixões, do amor passional e do desejo sexual. Em 1975, ela e alguns colegas se inscreveram para concorrer a uma bolsa da *National Science Foundation* [Fundação Nacional da Ciência] e receberam um subsídio de 84 mil dólares para prosseguir suas pesquisas.

Mas os estudos pouco ortodoxos da Dra. Hatfield sobre o amor chamaram a atenção do senador William Proxmire, que estava ficando famoso por identificar gastos excessivos do governo. Ele deu uma declaração criticando a pesquisa, argumentando que o amor, um dos maiores mistérios da vida, deveria permanecer a salvo das garras da ciência.

"Eu me oponho a isso porque ninguém, nem mesmo a *National Science Foundation*, pode dizer que se apaixonar seja uma ciência.", criticou o senador. "Também me oponho porque não quero saber a resposta." A maioria das pessoas, argumentou o senador, "prefere deixar que algumas coisas da vida permaneçam um mistério, e no topo dessa lista está a razão pela qual um homem se apaixona por uma mulher e vice-versa". [26]

A controvérsia colocou a Dra. Hatfield e a pesquisa sobre o amor no centro das atenções no cenário norte-americano. O jornal *Chicago Daily News* chegou até a promover um concurso questionando se amor e sexo eram temas válidos para uma pesquisa científica. O resultado? A ciência perdeu, com apenas 12,5 % dos votos. [27]

Mas, felizmente, não foi dessa vez que o ceticismo venceu. O influente colunista do jornal *New York Times*, James Reston, defendeu a pesquisa alegando que o estudo sobre as relações humanas seria uma busca importante para a ciência.

"Se sociólogos e psicólogos pudessem ao menos sugerir uma resposta para nosso padrão de amor romântico, casamento, desilusão, divórcio – e os filhos deixados para trás – já seria o melhor investimento de dinheiro federal desde que Jefferson fez a compra da Louisiana.", escreveu o Sr. Reston.

Finalmente, a controvérsia desvaneceu-se, e mais cientistas começaram, silenciosamente, a focar pesquisas sobre o amor como uma legítima disciplina acadêmica. Mais tarde, a Dra. Hatfield ganhou destaque nacional por ter desenvolvido uma escala amplamente utilizada por pesquisadores para medir o amor passional. (Você vai encontrar um teste da Dra. Hatfield sobre o amor passional mais adiante neste capítulo.)

Hoje, o estudo científico sobre o amor floresceu. Estudiosos de diversas disciplinas – historiadores, psicólogos sociais, antropólogos evolucionários, demógrafos, economistas, microbiologistas e neurocientistas – têm analisado, dissecado e desconstruído essa emoção amorfa e desenvolvido um grande e prático entendimento sobre a ciência do amor, da paixão e do romance.

A BIOLOGIA DA PAQUERA E DA ATRAÇÃO

Uma das revelações mais surpreendentes da pesquisa do amor é o quanto nossos próprios comportamentos românticos parecem estar pré-programados, mapeados em nosso DNA pelas pressões seletivas que garantiram a sobrevivência de nossos ancestrais comuns.

No reino animal, inúmeras espécies mostram diferentes maneiras de cortejar o sexo oposto: empinam-se, dançam e exibem-se para atrair atenção. Se você já assistiu a um documentário sobre a vida selvagem, deve ter visto lagartos dançar sua própria música interna de acasalamento e visto aves caminhar pomposamente. Os lobos acariciam, mordiscam uns aos outros e caminham bem juntos. Após esse ritual, o macho curva-se e inclina a cabeça, em um gesto de convite. O objetivo é chamar a atenção de um parceiro em potencial com uma exibição vistosa e irresistível que sugira boa forma e bons genes.

Se tudo isso parece muito familiar, é porque provavelmente você já o tenha feito. Os seres humanos também têm um repertório muito semelhante de rituais de namoro e gestos. Nós o chamamos de paquera.

Os primeiros estudos sobre a paquera foram conduzidos na década de 1960 pelo etólogo alemão Irenäus Eibl-Eibesfeldt. Etólogo é um cientista que estuda o comportamento dos animais no seu habitat natural. Mas o Dr. Eibl-Eibesfeldt passou a observar o animal humano, filmando homens e mulheres interagindo nas ilhas de South Sea, grandes cidades como Paris, Nova York e Sidney e em pequenos vilarejos do Extremo Oriente, da África e da América do Sul. Sua genialidade estava no uso de uma câmera especial que tirava fotos pela lateral, dessa forma, os casais não sabiam que estavam sendo filmados.

Por meio de sua lente, ele descobriu uma linguagem silenciosa do namoro, que é muito semelhante em todas as partes do mundo. As mulheres, de culturas primitivas ou de cidades modernas, realizaram praticamente a mesma linguagem corporal, os mesmo gestos e os mesmos movimentos quando na companhia dos homens. A linguagem da paquera inclui sorriso, sobrancelhas arqueadas e olhos bem abertos, um rápido abaixar de pálpebras, queixo dobrando para baixo e um olhar tímido para o lado. Depois de um olhar enviesado, as mulheres sempre trazem suas mãos para perto da boca e riem.

Assim como os animais exibem comportamentos submissos, como se estivessem tentando atrair um companheiro, os casais também mostram uns aos outros sinais de submissão e impotência: palmas para cima, ombros para baixo e cabeças inclinadas para expor o pescoço como um sinal de vulnerabilidade.

"Nossos parentes mais próximos, os chimpanzés, cumprimentam uns aos outros com as palmas das mãos viradas para mostrar 'Eu sou amigável'", ressalta o psicólogo e pesquisador do namoro David B. Givens. "Para os seres humanos, em todos os lugares, gesticular, com uma palma da mão aberta e levantada, é uma maneira convincente e testada pelo tempo para dizer: 'Confie em mim, não quero machucar você'. No mundo todo, as palmas para cima cativam e desarmam psicologicamente parceiros que não têm certeza das intenções dos outros."[28]

O Dr. Givens, junto com vários outros psicólogos sociais renomados, estudou os rituais do namoro humano nas sociedades modernas, mergulhando no mundo dos solteiros, frequentando bares pouco iluminados, restaurantes e bares de hotéis para decodificar os sinais verbais e não verbais que os homens e as mulheres enviam uns aos outros.

A comunidade científica desconstruiu todas as suas melhores cantadas. Os professores de Psicologia Michael Cunningham, da Universidade de Louisville, e Chris Kleinke, da Universidade do Alasca, coletaram montanhas de dados sobre cantadas. Outros estudaram o papel da atração física e até mesmo os diferentes tipos de olhares e olhadelas que homens e mulheres usam para cortejar uns aos outros.

Mesmo as intermináveis idas ao banheiro que as mulheres tanto praticam fazem parte do ritual e representam nada menos que um desfile no qual a mulher demonstra seu interesse num homem enquanto coloca sua própria disponibilidade sexual e boa forma reprodutiva à mostra. Lembra a dança dos lagartos e o andar pomposo dos pássaros? Durante a ida ao banheiro, a mulher pode balançar o quadril, lançar uma olhadela, molhar os lábios e mexer no cabelo.

Por sua vez, o homem para quem esse comportamento é dirigido pode se inclinar na cadeira para deixar o peito à mostra e o queixo levantado. (Imagine uma pomba.) Ele vai fazer seus gestos mais exagerados e responder a uma piada de um amigo com uma grande risada para tentar continuar atraindo a atenção da mulher. (Imagine um pavão.)

A Dra. Monica Moore, professora-adjunta do Departamento de Ciências Comportamentais e Sociais da Universidade Webster, em St. Louis, catalogou 52 comportamentos de namoro utilizados por mulheres a fim de atrair e manter a atenção de um parceiro em potencial. Entre os movimentos: olhares, jogar o cabelo, arrumar-se, acariciar-se, encostar-se, e dançar. [29] Notavelmente, a Dra. Moore descobriu que a atratividade física não é a forma mais garantida de conseguir um parceiro. Muito mais importante é a habilidade da mulher de flertar, ou seja, como ela envia os sinais não verbais apropriados que irão assegurar o homem de que ele tem permissão para abordá-la. Uma mulher menos atraente, mas que sinaliza com eficiência, irá ganhar mais atenção masculina do que uma mulher mais atraente que não envia sinal algum, diz a Dra. Moore.[30]

Uma vez que conseguimos a atenção de alguém, a linguagem silenciosa da paquera resultará no contato dos olhos e, em seguida, em um encontro cara a cara. Nessa fase inicial do contato, os casais encontram desculpas para se tocarem (pentear o cabelo ou tirar uma pequena sujeira da roupa). Conforme a atração se intensifica e o casal começa a se sentir mais confiante, eles literalmente entram em sincronia.

Vários estudos têm documentado o conceito de sincronia interacional, um fenômeno que ocorre quando duas pessoas, após passarem um tempo juntas, desenvolvem um ritmo gestual único, que espelha ou complementa o movimento do outro. O padrão de movimentos corporais em comum tem sido amplamente observado em animais, e vários estudos têm documentado o fenômeno entre mães e filhos.[31] O antropólogo Edward Hall nos conta a história de um de seus alunos na Universidade Northwestern, que filmou um grupo de crianças brincando. Enquanto via as crianças girar, pular para frente, para trás e com um pé só, notou que os padrões de movimento constituíam uma batida rítmica, que ele pôde até colocar ao som de uma música. As crianças pareciam estar, inconscientemente, mantendo-se no ritmo uns dos outros.

"O ritmo de um povo pode ser a mais poderosa força que une os seres humanos.", escreveu o Dr. Hall no livro *The Dance of Life: The Other Dimension of Time* [A dança da vida: a outra dimensão do tempo]. "Eu cheguei à conclusão de que a espécie humana vive em um mar de ritmos, indescritíveis para uns, mas bastante tangíveis para outros."[32]

Vários estudos sugerem que, assim como as crianças brincando e as mães com seus bebês parecem entrar num único ritmo, amantes em potencial também caem em um ritmo de movimento conforme seu interesse pelo outro se intensifica.

Em outro estudo, pesquisadores austríacos analisaram encontros de dez minutos entre alunos colegiais do sexo oposto que não conheciam uns aos outros. Os alunos foram informados que estavam participando de um experimento simples, que foi interrompido quando o pesquisador partiu para um telefonema urgente. As câmeras de vídeo focaram nos dois adolescentes que ficaram sozinhos na sala. Cada inclinação de cabeça, movimento e mudança de postura foi gravada e codificada. Questionários posteriores revelaram quais estudantes ficaram atraídos entre si durante o tempo de espera.

Os padrões de movimentos que surgiram foram complexos, mas ainda sugeriram que, mesmo nos primeiros estágios da atração, casais desenvolvem seu ritmo de movimento próprio e exclusivo. Um casal, por exemplo, repetiu o mesmo ciclo de movimentos três vezes diferentes: o garoto inclinou-se para trás, a garota mexeu no cabelo e, em seguida, ela tocou seu rosto.[33]

Outros estudos sugerem que casais ecoam ou espelham os movimentos uns dos outros quando se tornam romanticamente atraídos. Eles rodam seus assentos e se aproximam um do outro, levantando seus copos para beber mais ou menos na mesma velocidade. "Quando nos tornamos atraídos um pelo outro, começamos a manter um ritmo em comum.", escreve a antropóloga Helen Fisher Rutgers.[34]

Timothy Perper, psicólogo social da Filadélfia (outro pesquisador que passou horas e horas observando homens e mulheres em bares, restaurantes, festas e estações de trem frequentadas por solteiros) percebeu que a consistência da dança de acasalamento humana serve como um lembrete austero das poderosas forças biológicas que nos obrigam a procurar companhia. Os padrões que detectou em sua pesquisa, segundo ele, não serviam apenas para ficar com um parceiro em potencial em um bar. Ele disse que o toque no cabelo e movimentos rituais estão entre os sinais mais visíveis de que duas pessoas estão se apaixonando.[35]

A CIÊNCIA DE FAREJAR O SEU PARCEIRO GENÉTICO

Como vimos anteriormente, uma série de estudos de camisetas suadas deram ideias e caminhos aos cientistas sobre a base biológica de nossa escolha de parceiros. Pesquisadores suíços pediram para várias mulheres cheirarem camisetas sujas que pertenciam a um grupo de homens de vinte e poucos anos que tinham dormido com as camisetas por alguns dias. As mulheres mostraram forte preferência por certas camisetas, e os cientistas descobriram que elas, na verdade, estavam farejando um parceiro com o qual fossem mais compatíveis geneticamente.[36]

Nos estudos, as mulheres estavam farejando sem saber um conjunto de genes do sistema imunológico chamado complexo principal de histocompatibilidade, ou CPH. O corpo da mulher parece estar programado para encontrar um companheiro com CPH diferente do dela. Estudos mostram que ratos de laboratório não se relacionam com ratos com CPH muito semelhante, e os estudos das camisetas também sugerem que as mulheres têm uma preferência de cheiro por homens com CPH diferente. A capacidade de farejar companheiros geneticamente diferentes pode ter evoluído para evitar a procriação consanguínea, resultando em filhos mais saudáveis. Alguns pesquisadores acham que o beijo pode até ter evoluído como uma espécie de teste de sabor do CPH, com o intuito de verificar a compatibilidade com o sistema imunológico do amante em potencial. A lição para as mulheres pode ser: quanto mais gratificante for o beijo, mais agradável será o cheiro, mais provável que ela tenha encontrado um parceiro geneticamente compatível. Notavelmente, a atração do CPH parece influenciar a escolha de um companheiro por uma mulher, mas os homens não parecem ter desenvolvido a capacidade de farejar CPH compatível.

Algumas empresas comerciais têm tentado tirar proveito dos resultados por meio da oferta de testes genéticos para ajudar homens e mulheres a determinar sua compatibilidade de CPH com um parceiro. Os marqueteiros do CPH prometem melhor vida sexual, mais orgasmos, menor risco de traição, maior fertilidade e filhos saudáveis se você escolher um(a) parceiro(a) mais geneticamente compatível.[37]

Esse teste é intrigante, mas as promessas de marketing estão bem à frente da ciência. Casais não devem tomar decisões sobre o futuro de uma relação baseados nos resultados de um teste de saliva não comprovado.

Apesar de não haver muita coisa que homens e mulheres possam fazer para ter certeza de escolherem um parceiro geneticamente diferente, os cientistas possuem um conselho para as mulheres: parar de usar pílula e passar para outro tipo de anticoncepcional se você estiver considerando seriamente um parceiro em particular para o resto da vida. Já foi provado que contraceptivos hormonais cegam nossos instintos naturais que percebem as diferenças de CPH, e pesquisas sugerem que as mulheres deveriam ser cautelosas ao escolher um marido se estiverem tomando pílula.

Como é que a pílula interfere no processo de seleção? Em mais outros estudos com camisetas sujas, as mulheres que utilizavam pílulas anticoncepcionais pareciam escolher mal, demonstrando uma preferência por homens cujos genes de CPH eram muito semelhantes aos delas. A teoria é que a pílula engana o corpo, fazendo-o pensar que a mulher está grávida, e o teste biológico do cheiro para encontrar um companheiro não seria mais necessário. Como resultado, as mulheres que tomam pílula correm o risco de escolher um companheiro que não é geneticamente compatível.[38]

Apesar de os homens parecerem não estar equipados para farejar as diferenças genéticas, o cheiro de romance também parece influenciar as escolhas que um homem faz. O olfato de um homem parece guiá-lo rumo a uma mulher que está pronta para conceber. Considere um estudo recente que observou quanta atenção uma mulher recebeu durante as várias fases de seu ciclo menstrual, medida por meio da contagem das gorjetas pagas por homens às várias strippers. O estudo, publicado na revista *Evolution and Human Behavior*, mostrou que as mulheres que trabalham em clubes de striptease ganham mais dinheiro em seus dias mais férteis. Depois de comparar as gorjetas com os ciclos menstruais das mulheres, os pesquisadores descobriram que aquelas que estavam ovulando ganharam cerca de 335 dólares em gorjetas, por turnos de cinco horas. Nos dias em que não ovulavam, as mulheres ganharam apenas 260 dólares por turno. E se uma stripper estivesse menstruada, período do mês em que a mulher tem menos probabilidade de engravidar, suas gorjetas caíam para apenas 185 dólares por turno. Isso é uma queda de 45% no potencial de ganho da stripper entre a ovulação e a menstruação.[39]

Martie Haselton, professora-associada de Psicologia na Universidade da Califórnia, documentou outras formas em que a ovulação parece afetar os relacionamentos femininos.

Ela encontrou uma ligação entre a moda e a fertilidade, concluindo que as mulheres prestam mais atenção à sua aparência conforme a ovulação se aproxima.[40] Durante o período de alta fertilidade, a voz da mulher torna-se mais aguda e mais feminina.[41] E as mulheres relatam que os homens parecem ser mais carinhosos, atenciosos e significativamente mais ciumentos quando suas parceiras estão ovulando.[42] Essa pesquisa sugere que os homens têm um sexto sentido que indica que precisam cuidar mais de perto de sua companheira, a fim de proteger seu território de reprodução.

A QUÍMICA DO AMOR

Qualquer pessoa que tenha se apaixonado já se sentiu impotente diante da força da emoção. Quando o amor é novo, tudo pode ser muito intenso. O amor enche nossos corações, nossos corpos e nossos cérebros, distraindo-nos de nosso trabalho, nossos amigos e praticamente tudo que não seja o objeto de nossa afeição. Não há mais espaço para nada. Poetas e filósofos, muitas vezes, descrevem o amor como loucura e sofrimento. Como observou o filósofo e matemático francês Blaise Pascal: "O coração possui razões que a própria razão desconhece".

Mas enquanto os caprichos do coração permanecem um mistério, vários estudos sobre o amor mostram que ele não é apenas uma emoção selvagem e indomada. O amor é um estado físico, uma reação biológica e química que provoca inúmeras alterações no corpo todo.

Já está claro há algum tempo que uma variedade de neurotransmissores e hormônios estão ligados ao amor passional e ao desejo sexual. Donatella Marazziti, uma psiquiatra da Universidade de Pisa, na Itália, submeteu pessoas recém-apaixonadas a testes regulares de sangue, examinando como esse estado romântico influencia os níveis corporais de vários hormônios e substâncias químicas cerebrais.

Em um estudo, a Dra. Marazziti e seus colegas examinaram a relação entre o amor e a serotonina no cérebro, substância química que está associada ao humor, ao sono e à memória. Os pesquisadores estudaram os níveis de serotonina no sangue de pessoas recém-apaixonadas, comparadas a um grupo comum de pessoas que não estavam envolvidas em um romance recente. Um terceiro grupo também foi observado: pacientes com transtorno obsessivo-compulsivo, uma doença caracterizada por pensamentos persistentes e comportamentos ritualizados e repetitivos. Entre os três grupos, os pesquisadores descobriram que os participantes apaixonados mostraram uma notável semelhança com as pessoas com transtorno obsessivo-compulsivo. Esses participantes e as pessoas com TOC apresentaram declínios similares nos níveis de serotonina em comparação com os indivíduos que não eram doentes mentais ou doentes de amor.[43] A descoberta ajuda a explicar a natureza obsessiva do amor romântico repentino, quando não conseguimos parar de pensar na pessoa que acabamos de conhecer, chegando ao ponto de dificultar a concentração nas tarefas diárias. A Dra. Fisher, antropóloga da Rutgers, observou que as pessoas recém-apaixonadas gastam 85% do dia pensando em seus amados.

Em outros estudos, a Dra. Marazitti e seu colega pesquisador Domenico Canale observaram como o romance parece afetar outros hormônios e novamente encontraram dramáticas flutuações químicas relacionadas ao amor. Pense na testosterona, o hormônio sexual que serve para várias funções, tanto em homens quanto em mulheres. Quando as mulheres se apaixonam, o nível de testosterona aumenta, mas quando os homens estão apaixonados, a testosterona diminui. Os cientistas também observaram mudanças no cortisol, o hormônio relacionado ao estresse físico e psicológico, assim como no hormônio estimulante folicular (o FSH), um hormônio pituitário ligado à ovulação, na mulher, e à produção de espermatozoides, no homem. Embora essas mudanças mostrem que a paixão leva a mudanças físicas no corpo, é notável que essas flutuações químicas não durem. Quando os pesquisadores italianos testaram novamente os mesmos voluntários, 12 a 24 meses mais tarde, os níveis hormonais haviam retornado ao normal.

Vários pesquisadores também têm estudado o papel dos chamados "hormônios do amor" – a ocitocina e a vasopressina – nas relações humanas. A ocitocina induz ao trabalho de parto durante o nascimento da criança e é liberada quando uma mulher cuida de seu filho. Está também presente em níveis elevados durante o orgasmo feminino. A vasopressina possui uma variedade de efeitos sobre a pressão arterial e do cérebro, e os cientistas acreditam que essas duas substâncias químicas desempenham um papel na união e no compromisso. Eles são os mesmos hormônios detectados entre os fiéis e monógamos arganazes-da-pradaria que vimos no Capítulo 2.

Estudos em humanos também têm sugerido um papel para a ocitocina no amor passional. A Dra. Marazitti e seus colegas mediram os níveis de ocitocina em 44 voluntários, alguns dos quais eram recentes no amor, enquanto outros estavam em relacionamentos de longo prazo ou não envolvidos com alguém. Pessoas que tiveram altos níveis de ansiedade com a amada, uma característica comum do amor romântico, também apresentaram maiores níveis de ocitocina.[44]

MEDINDO A SUA PAIXÃO

Como o amor passional tende a marcar o início de todo relacionamento, ele é também ponto de referência para os casais que costumam usá-lo para avaliar a qualidade de seu relacionamento. Pessoas em casamentos felizes e duradouros, muitas vezes, recordam com nostalgia a química elétrica dos seus primeiros dias juntos. A professora de Psicologia Elaine Hatfield sugere que existem dois tipos básicos de amor que abrangem a maioria dos relacionamentos de casamentos.

- *Amor passional*: quando estamos no auge do amor passional, vivenciamos um estado quase constante de saudade da outra pessoa, marcado por profunda excitação fisiológica. Quando o sentimento é correspondido, sentimos satisfação e êxtase. O amor não correspondido nos faz sentir perturbados e vazios.
- *Amor companheiro*: esse amor é uma emoção muito menos intensa, mas não menos poderosa. Ele combina sentimentos de apego, compromisso e intimidade. Representa o carinho que sentimos por aqueles com quem estamos profundamente envolvidos.[45]

Para a maioria dos casais, a paixão e o romance desaparecem com o tempo, e um amor mais calmo e satisfatório surge com o passar dos anos. Uma vez que a paixão pode causar cansaço e desgaste emocional, a mudança para um amor mais fácil, mais comprometido, é muitas vezes bem-vinda para os casais.

Onde está o seu relacionamento no espectro do amor? A Escala de Amor Passional, desenvolvida pela Dra. Hatfield e por Susan Sprecher, professora de Psicologia e Sociologia na Universidade Estadual de Illinois, foi criada para avaliar os aspectos cognitivos, emocionais e comportamentais do amor passional. Apesar de a Escala de Amor Passional ser amplamente utilizada por pesquisadores de relacionamentos, a Dra. Hatfield ressalta que os casais devem fazer o teste só por diversão. Não tome decisões importantes baseadas na sua pontuação na escala de quinze itens. "O amor e a vida são muito complexos, e as emoções de uma pessoa são sempre cheias de nuanças.", diz a Dra. Hatfield.

O TESTE *NA ALEGRIA* Nº 2: O AMOR PASSIONAL

Responda as seguintes perguntas para testar o seu nível de amor passional. Pense na pessoa que você mais ama agora e responda marcando com um círculo a resposta adequada. As respostas variam de (1), totalmente falso a (9), muito verdadeiro. Em seguida, some a pontuação e verifique a tabela a seguir para ver o quanto a sua chama do amor ainda está acesa.

	FALSO...VERDADEIRO
Eu me sentiria totalmente desesperado se o meu parceiro me largasse.	1 2 3 4 5 6 7 8 9
Às vezes, sinto que não posso controlar meus pensamentos, pois eles estão obcecados pelo meu parceiro.	1 2 3 4 5 6 7 8 9
Sinto-me feliz quando faço alguma coisa para deixar meu parceiro feliz.	1 2 3 4 5 6 7 8 9
Prefiro estar com o meu parceiro a estar com qualquer outra pessoa.	1 2 3 4 5 6 7 8 9
Eu ficaria com ciúmes se eu pensasse que meu parceiro está apaixonado por outra pessoa.	1 2 3 4 5 6 7 8 9
Eu desejo saber tudo sobre o meu parceiro.	1 2 3 4 5 6 7 8 9
Eu quero ter o meu parceiro física, emocional e mentalmente.	1 2 3 4 5 6 7 8 9
Tenho um apetite insaciável por afeto do meu parceiro.	1 2 3 4 5 6 7 8 9
Para mim, o meu parceiro é o par romântico ideal.	1 2 3 4 5 6 7 8 9
Sinto o meu corpo responder quando o meu parceiro me toca.	1 2 3 4 5 6 7 8 9

	FALSO... VERDADEIRO
Meu parceiro parece estar sempre na minha mente.	1 2 3 4 5 6 7 8 9
Quero que meu parceiro me conheça, conheça meus pensamentos, meus medos, minhas esperanças.	1 2 3 4 5 6 7 8 9
Procuro ansiosamente por sinais que indiquem o desejo do meu parceiro por mim.	1 2 3 4 5 6 7 8 9
Possuo uma forte atração por meu parceiro.	1 2 3 4 5 6 7 8 9
Fico extremamente deprimido quando as coisas não vão bem no relacionamento com meu parceiro.	1 2 3 4 5 6 7 8 9

Escala de pontuação para amor passional

106–135 pontos – Extremamente passional. Seu amor é selvagem e irresponsável.

86–105 pontos – Passional. A chama da paixão ainda está acesa, mas não tão intensamente.

66–85 pontos – Médio. Contentamento, com faíscas ocasionais.

45–65 pontos – Frio. Paixão morna e pouco frequente.

15–44 pontos – Extremamente frio. A chama se apagou.

O AMOR NO CÉREBRO

Claramente, o amor gera o caos químico dentro de nossos corpos, uma descoberta que não é tão surpreendente se você pensar em todo o nervosismo e todas as sensações emocionantes que associamos a um novo relacionamento. Mas os cientistas que estudam as muitas variações nas substâncias químicas e nos hormônios do cérebro durante o período da paixão decidiram que queriam saber mais. Que aparência tem o amor no cérebro?

Era uma questão que, até algum tempo atrás, não podia ser respondida. A capacidade dos cientistas de estudar o cérebro apaixonado veio de uma inovação tecnológica desenvolvida na década de 1990 chamada ressonância magnética funcional, ou RMf. As máquinas convencionais de ressonância magnética utilizam um ímã forte e ondas de rádio para produzir imagens detalhadas do cérebro e de outras estruturas do corpo. Os escâneres de ressonância magnética podem ser utilizados para diagnosticar tumores cerebrais, derrames e outros problemas do cérebro.

Mas a ressonância magnética funcional dá um passo além, monitorando os níveis sanguíneos de oxigênio no cérebro. Sempre que qualquer parte do cérebro fica ativa, os pequenos vasos sanguíneos da região dilatam, fazendo que mais sangue circule. Com isso, os escâneres de ressonância podem ser utilizados para observar a resposta do cérebro a quase qualquer tipo de estímulo emocional, incluindo sons ou imagens visuais.

Em 1993, um grupo de neurocientistas alemães foi um dos primeiros a fazer uma varredura do cérebro para ver como ele ficava nos vários estados emocionais, inclusive no do amor passional. O resultado permitiu aos cientistas concluir que os padrões românticos eram equivalentes a um "caos mental".[46] Apenas sete anos depois, os cientistas Andreas Bartels e Semir Zecki, da University College London, decidiram usar a tecnologia numa tentativa de entender as bases neurais do amor romântico. Eles queriam entender quais partes do cérebro reagem quando as pessoas experimentam os sentimentos intensos do amor passional. Eles selecionaram onze mulheres e seis homens que tiveram os resultados mais altos na Escala de Amor Passional. Esses voluntários afirmaram estarem "verdadeira, profunda e loucamente apaixonados".

Mas estudar o amor no cérebro é um negócio complicado. As pessoas apaixonadas gostam mais intensamente de seus amores, é claro, mas também sentem fortes emoções por amigos próximos e familiares queridos. A questão é se o cérebro reage diferentemente a uma pessoa, por quem sentimos o amor passional, em comparação a outras pessoas que amamos muito, como nossos filhos, pais e amigos próximos. Para descobrir isso, os pesquisadores mostraram aos voluntários quatro fotos similares. Mulheres apaixonadas viram fotos de seus namorados e de três amigos do sexo masculino, com idade semelhante e por quem tinham afeição. Homens apaixonados viram fotos das suas namoradas e de três amigas semelhantes. E, finalmente, para explicar as diferenças de afeto entre os velhos e os novos amigos, os pesquisadores certificaram-se de que os voluntários conhecessem seus amigos pelo menos pelo mesmo tempo de seus amores.

Como garantia final, para terem certeza de que estavam realmente estudando pessoas no auge da paixão, os voluntários foram submetidos a duas medidas adicionais. Primeiro, eles foram convidados a avaliar seus sentimentos de amor e de excitação sexual durante a visualização das fotos de seus amores e amigos. Além disso, enquanto olhavam as fotografias, foi medida a resposta galvânica da pele, um componente do teste de polígrafo que é usado para analisar a excitação das emoções.

Os resultados não desapontaram. As imagens do cérebro mostraram que certas partes específicas se ativam quando os seres humanos veem o rosto de alguém por quem estão apaixonados. "Foi possível ver que sob uma das mais ricas experiências da humanidade existe um sistema funcionalmente especializado do cérebro.", escreveram os autores.[47]

A paixão produziu o aumento da atividade nas áreas do cérebro associadas à euforia e à recompensa e a diminuição nos níveis de atividade nas áreas associadas à angústia e à depressão. Os resultados mostraram que o amor não é apenas uma emoção poderosa, é um estado físico dramático que produz mudanças reais e visíveis em nossos padrões cerebrais.

O AMOR DIFICULTA SEU JULGAMENTO?

Uma das descobertas mais interessantes dos estudos sobre a varredura do cérebro mostrou que o amor passional aparentemente desativa partes do cérebro associadas ao pensamento crítico. Em outras palavras, estar apaixonado pode prejudicar seu julgamento.

As descobertas podem ajudar a explicar por que as pessoas apaixonadas parecem, muitas vezes, tomar más decisões. Quantas vezes você já viu um amigo tão apaixonado por um novo amor a ponto de ignorar sinais evidentes de problemas, como mau humor, esquecer-se de ligar ou mesmo sinais de que a pessoa pode ser casada? Uma pessoa apaixonada pode fazer coisas que não faria normalmente, como chegar atrasado ao trabalho ou ignorar um prazo importante, para satisfazer o seu amor. Ela tende a idealizar o parceiro e a ignorar os erros mais óbvios do seu amor, isso porque as partes do cérebro que controlam a avaliação crítica social e as emoções negativas foram bloqueadas.

As imagens mostradas nas varreduras do cérebro também ajudam a explicar a ligação especial que sentimos com a pessoa amada. Os exames mostram que o amor passional ativa a mesma parte do cérebro envolvida com a recompensa e o vício. Quando estamos apaixonados, nós simplesmente não nos saciamos daquela pessoa. Segundo os autores, as imagens do cérebro explicam "o poder do amor de nos motivar e animar".[48] Outros estudos da Dra. Fisher, do psicólogo Arthur Aron, da Universidade de Stonybrook, em Nova York, e da pesquisadora Lucy Brown, da Faculdade de Medicina Albert Einstein ajudam a esclarecer o singular sistema do cérebro que alimenta o amor romântico. A atração romântica ativa partes do cérebro com uma alta concentração de receptores de dopamina, mensageiros químicos relacionados à dependência tóxica, aos desejos e à euforia.[49] A Dra. Fisher percebeu que os jovens amantes mostram sinais de efeito da dopamina: possuem energia ilimitada, não conseguem dormir, perdem o apetite e desejam intensamente a atenção de seu amor. Sem dúvida, a pessoa apaixonada é um tipo de viciado. Como se fosse alguém passando por uma desintoxicação, uma pessoa apaixonada passa a ficar ansiosa e incapaz de se concentrar na ausência de seu parceiro ou parceira. Mas mesmo uma pequena dose de carinho – um telefonema ou uma mensagem de texto – dá-lhes o seu "conforto" e os acalma, pelo menos temporariamente.

De muitas maneiras, os estudos da varredura do cérebro mostram que os sentimentos do amor enlouquecedor são essencialmente uma grave crise de saúde mental. A tempestade química de mudanças no cérebro causada pela paixão é muito semelhante à dependência de drogas e ao transtorno obsessivo-compulsivo. O amor realmente nos deixa loucos.

"O sistema cerebral envolvido no amor romântico é poderoso.", diz a Dra. Fisher. "Tudo o que acontece no cérebro, tudo que acontece com o amor romântico possui uma base química."[50]

Em um estudo recente de varredura do cérebro, a Dra. Fisher e seus colegas observaram quinze indivíduos que estavam loucamente apaixonados, mas que tiveram seus corações partidos. Enquanto estavam sendo escaneados, foi mostrado a eles fotos "neutras" de alguém que conheciam, mas por quem não tinham sentimentos intensos e românticos. Em seguida, eles viam um retrato da pessoa amada.

As imagens dos cérebros dos indivíduos desprezados no amor também nos deram pistas a respeito do motivo pelo qual o fim do relacionamento pode causar tanta angústia. Os indivíduos lidando com relacionamentos fracassados apresentaram atividade no sistema da dopamina, sugerindo que eles ainda tinham intensos sentimentos pela pessoa amada. Mas eles também mostraram atividade em regiões cerebrais associadas ao risco, ao controle da raiva e a problemas de transtorno obsessivo-compulsivo. Notavelmente, os exames mostraram também atividade em uma parte do cérebro ligada à dor física.

O uso de imagens cerebrais para estudar as alterações emocionais ainda é uma ciência nova. Mas as imagens sinalizam o potencial preço dos problemas de relacionamento e por que uma briga com um cônjuge ou uma ruptura romântica pode ser realmente dolorosa. Uma pessoa apaixonada mais a rejeição da pessoa amada "não fazem uma boa combinação", observa a Dra. Fischer. "Você está sentindo um amor intenso e romântico, está disposto a correr grandes riscos, está sentindo dor física, pensando obsessivamente em uma pessoa e lutando para controlar sua raiva.", diz ela.

"Você não está operando com sua ampla gama de habilidades cognitivas. É possível que parte da mente racional esteja simplesmente desligada."[51] Acabar com um relacionamento é difícil. De muitas formas, é tranquilizador saber que nossos instintos mais primitivos provavelmente nos levaram até o nosso companheiro, e é esse instinto ancestral que também nos ajuda a nos manter juntos, com melhores chances de termos filhos saudáveis, uma vida sexual plena e maior probabilidade de um relacionamento fiel.

Aquilo que sentimos quando nos apaixonamos parece muito real e poderoso no momento, mas a verdade é que muito disso é causado porque mexemos na panela química do nosso sistema hormonal. Apesar de ser o desejo biológico e o comportamento baseado na Genética que acendem as chamas da atração, a história não acaba aí. Assim que encontramos um parceiro, cabe a cada um de nós tomar conta dos incêndios do amor e trabalhar para reacender a paixão que nos uniu no primeiro encontro.

Lições da ciência do amor para melhorar seu casamento

O amor é uma emoção tão complexa que a língua árabe usa mais do que uma dúzia de palavras para descrevê-lo adequadamente, um fenômeno descrito no livro *O mapa do amor*, da romancista Ahdaf Soueif.

> *"Hubb" é amor; "ishq" é o amor que enlaça duas pessoas; "shaghaf" é o amor que se fixa nas câmaras do coração; "hayam" é o amor que vaga pela terra; "teeh" é o amor em que você próprio se perde; "walah" é o amor que carrega a tristeza consigo; "sababah" é o amor que emana de seus poros; "hawa" é o amor que compartilha seu nome com "ar" e com "queda"; "gharm" é o amor que está disposto a pagar o preço.*[52]

Qualquer pessoa que já amou não precisa de uma lição de árabe para entender que todos os amores não são iguais. O amor que sentimos por nossos filhos é diferente do que compartilhamos com nossos amigos, amantes ou cônjuges. E mesmo em um relacionamento romântico, experimentamos vários graus de amores, e até mesmo o tipo de amor que sentimos pode mudar ao longo do tempo. Há a paixão nervosa do começo de um romance, o contentamento estabelecido do casamento e a grande devoção das relações que duram para o resto da vida.

A Dra. Fisher aponta que a capacidade do ser humano de sentir diferentes tipos de amor é um subproduto da evolução. Sentimentos de excitação, atração e emoção estão associados a diferentes neurotransmissores e hormônios, e esses sistemas de "motivações emocionais" evoluíram para influenciar três aspectos distintos da reprodução. O impulso sexual motiva as pessoas a procurarem um parceiro. Os circuitos neurais associados à atração motivam os homens e as mulheres a escolherem um parceiro geneticamente compatível. E o sistema cerebral relacionado às emoções sustenta um relacionamento por tempo suficiente para permitir a geração e a proteção dos filhos.

Mas essa explicação científica simples contradiz a complexidade emocional dos vários tipos de amores. Se tivermos sorte, e felizmente, a maioria de nós tem, em algum momento de nossas vidas nós encontraremos o amor, embora ele possa assumir muitas formas. O amor romântico é vertiginoso, o amor companheiro é reconfortante e amor consumado é duradouro. Compreender as diferentes formas de amor e como ele pode mudar e evoluir ao longo do tempo pode ajudar os casais a reconhecer suas emoções e suas relações.

Vamos começar com a expressão mais básica do amor, a frase de três palavras "eu amo você".

O que essas palavras significam para você? A maioria de nós acha que sabe a resposta, mas a realidade é que as pessoas, muitas vezes, expressam coisas diferentes quando dizem "eu amo você". A socióloga Terry Hatkoff, da Universidade Estadual da Califórnia, identificou seis estilos básicos de amor. São eles:

- *romântico*: marcado pela paixão e pela atração sexual;
- *melhores amigos*: sentimentos de profundo afeto e carinho;
- *lógico*: quando questões de ordem prática como dinheiro, religião, valores e sentimentos são influentes;
- *brincalhão*: a excitação da paquera e das interações desafiadoras;
- *possessivo*: marcado por sentimentos de ciúme e obsessão;
- *altruísta*: marcado por carinho, bondade e sacrifício.

A Dra. Hatkoff desenvolveu uma escala de amor para medir a maneira como diferentes indivíduos definem, de forma pessoal, o amor. A escala foi testada por milhares de homens e mulheres e, agora, é comumente utilizada como ferramenta de investigação e de diagnóstico por terapeutas familiares.

Segundo a Dra. Hatkoff, quando ela administra o teste do amor, a maioria das pessoas descobre que possui duas ou três formas dominantes de amor. Mas, muitas vezes, maridos e esposas respondem ao teste de forma diferente. Embora seja útil compreender o seu próprio significado do amor, é ainda mais importante saber como seu parceiro se sente.

Considere a seguinte situação:

Um marido e sua mulher saem para jantar. Quando o garçom paquera sua esposa, o homem parece não perceber. Em vez disso, ele diz que trocou o óleo do carro dela. A mulher fica preocupada com a falta de ciúme do marido, e ele se incomoda que ela não aprecia seus dotes com a manutenção do carro.

"Ela fica pensando: 'Se ele me amasse, ficaria com ciúmes ao ver outro homem me cantando, e ele nunca tem ciúmes'.", explica a Dra. Hatkoff. "Mas ele não define isso como componente importante do amor. Já ela considera isso muito importante. Ela está julgando-o de acordo com sua visão."

Provavelmente, o teste do amor mostraria que os resultados da mulher são altos na área do amor possessivo – na mente dela, o ciúme é uma forma de medir o nível de afeição de alguém. Mas o marido tem baixos resultados na categoria de amor possessivo. Ao contrário, ele tem bons resultados no domínio do amor lógico. Se a mulher percebesse isso sobre seu marido, ela iria entender que o fato de ele ter passado um tempo trocando o óleo do carro dela era um forte sinal do seu amor. E sabendo que sua esposa teve bons resultados no amor possessivo, o marido poderia provocá-la suavemente após a paquera do garçom.

Fazer o teste de amor da Dra. Hatkoff irá ajudá-lo a identificar que qualidades amorosas você mais valoriza. Você pode ser surpreendido por aquilo que vai aprender sobre si mesmo. Compare seus resultados com os de seu parceiro(a).

O TESTE *NA ALEGRIA* Nº 3:
DEFININDO SEU ESTILO DE AMOR

Responda Verdadeiro ou Falso para cada questão. Mesmo que uma questão não descreva exatamente seus sentimentos, você deve escolher uma resposta.

(V) (F) 1. Creio que o "amor à primeira vista" seja possível.

(V) (F) 2. A primeira vez que nos beijamos ou roçamos o rosto, eu senti definitivamente uma resposta genital (lubrificação, ereção).

(V) (F) 3. Beijamo-nos logo depois de nos conhecermos, porque nós dois queríamos.

(V) (F) 4. Normalmente, a primeira coisa que chama a minha atenção em uma pessoa é sua boa aparência física.

(V) (F) 5. No primeiro toque de sua mão, eu soube que o amor era uma possibilidade real.

(V) (F) 6. Antes de eu me apaixonar, tinha uma imagem bem clara do físico que teria o meu verdadeiro amor.

(V) (F) 7. Eu gosto da ideia de ter os mesmos tipos de roupas, chapéus, plantas, bicicletas, carros etc. que meu amor.

(V) (F) 8. Eu não percebi que estava apaixonada até eu realmente estar há algum tempo.

(V) (F) 9. Você não pode amar, a menos que, primeiro, tenha gostado da pessoa por um tempo.

V F 10. Eu ainda tenho uma boa amizade com quase todos com quem já estive envolvida em um relacionamento amoroso.

V F 11. O melhor tipo de amor nasce de uma longa amizade.

V F 12. A melhor parte do amor é viver juntos, construir uma casa juntos e criar os filhos juntos.

V F 13. Beijos, carícias e sexo não devem acontecer tão rápido. Eles vão acontecer naturalmente quando a intimidade tiver evoluído o suficiente.

V F 14. É difícil dizer exatamente quando nos apaixonamos.

V F 15. As melhores relações amorosas são aquelas que duram mais.

V F 16. Quando as coisas não estão indo bem para nós, meu estômago fica atacado.

V F 17. Quando meus namoros acabam, fico tão deprimida que até penso em suicídio.

V F 18. Às vezes, fico tão animada por estar apaixonada que nem consigo dormir.

V F 19. Quando meu namorado não me dá atenção, me sinto muito mal.

V F 20. Quando estou apaixonada, tenho dificuldade para me concentrar em qualquer coisa.

V F 21. Eu não consigo relaxar se eu suspeitar que meu namorado está com outra pessoa.

V F 22. Mesmo que eu não queira ficar com ciúmes, não consigo segurar quando o meu amor dá atenção a outra pessoa.

V F 23. Pelo menos uma vez, quando achei que tudo tinha acabado, eu o vi de novo, e os velhos sentimentos vieram à tona.

V F 24. Se o meu amor me ignora por um tempo, às vezes faço coisas muito estúpidas para tentar chamar a sua atenção.

V F 25. Do ponto de vista prático, devo considerar o que uma pessoa vai se tornar na vida antes que eu me comprometa a amá-la.

V F 26. É bom planejar, cuidadosamente, a vida antes de escolher um amante.

V F 27. O melhor é amar alguém com um histórico parecido com o seu.

V F 28. A principal coisa na escolha de um amor é a forma como ele reflete sobre a minha família.

V F 29. A primeira coisa a considerar na escolha de um parceiro é se ele vai ser um bom pai.

V F 30. Eu não poderia amar verdadeiramente alguém com quem eu não estivesse disposta a me casar.

V F 31. Não ficaria com alguém por quem eu não quisesse me apaixonar.

V F 32. A primeira coisa a considerar na escolha de um parceiro é a forma como ele reflete sobre sua carreira.

Ⓥ Ⓕ 33. Antes de ficar muito envolvida com alguém, eu tento comparar sua compatibilidade genética com a minha, para o caso de termos filhos.

Ⓥ Ⓕ 34. É sempre uma boa ideia manter o seu amor um pouco em dúvida em relação ao quanto você se entrega a ele.

Ⓥ Ⓕ 35. Parte da diversão de estar apaixonado é testar a habilidade em manter a coisa fluindo e conseguir o que se quer ao mesmo tempo.

Ⓥ Ⓕ 36. Até aonde o meu amor vai, o que ele não sabe sobre mim não vai machucá-lo.

Ⓥ Ⓕ 37. Eu tive, pelo menos uma vez, de tomar cuidado para manter dois amores sem que um descobrisse o outro.

Ⓥ Ⓕ 38. Eu consigo me recuperar de relacionamentos com muita facilidade e rapidez.

Ⓥ Ⓕ 39. Gosto de paquerar pessoas atraentes.

Ⓥ Ⓕ 40. Meu amor iria ficar chateado se conhecesse algumas das coisas que eu fiz com outras pessoas.

Ⓥ Ⓕ 41. Seria divertido saber se eu consigo fazer uma determinada pessoa ficar comigo, mesmo não querendo me envolver com essa pessoa.

Ⓥ Ⓕ 42. Eu tento usar a minha própria força para ajudar o meu amor nos momentos difíceis, mesmo quando ele estiver se comportando como um tolo.

Ⓥ Ⓕ 43. Eu prefiro sofrer a fazer o meu amor sofrer.

Ⓥ Ⓕ 44. Não consigo ser feliz se eu não colocar a felicidade do meu amor antes da minha.

(V) (F) 45. Quando eu termino com alguém, saio da minha rotina para ver se ele está bem.

(V) (F) 46. Eu geralmente estou disposta a sacrificar meus desejos para deixar o meu amor alcançar os dele.

(V) (F) 47. Se meu namorado tivesse tido um filho com outra pessoa, eu gostaria de criá-lo, amá-lo e cuidar dele como se fosse meu.

(V) (F) 48. Eu prefiro terminar com meu amor a ficar em seu caminho.

(V) (F) 49. Tudo o que eu tiver o meu amor pode usar como e quando ele quiser.

(V) (F) 50. Quando o meu amor não me vir ou me ligar por um tempo, eu assumo que ele tenha um bom motivo.

Agora, veja sua pontuação checando onde estão agrupadas as suas respostas Verdadeiras.

ESTILO DE AMOR	**QUESTÕES**	**Nº DE RESPOSTAS VERDADEIRAS**
Romântico	1–7	
Melhores amigos	8–15	
Possessivo	16–24	
Lógico	25–33	
Brincalhão	34–41	
Altruísta	42–50	

Provavelmente, você tenha respondido Verdadeiro pelo menos uma vez na maioria das categorias. Mas observe as duas ou três categorias em que obteve o maior número de respostas Verdadeiras para ter uma ideia de como você define o amor. E, mais importante ainda, peça para seu parceiro fazer o teste e saiba como ele define o amor.

"Eu tenho aplicado este teste a milhares e milhares de pessoas e ninguém nunca tirou cem em uma área e zero nas outras cinco. Todo mundo fica com, geralmente, a combinação de todas as seis", diz ela. "Você não tem de ter a mesma definição do seu parceiro. Tem apenas de entender a definição dele para que não cometa o erro da falha de comunicação."

4

A CIÊNCIA DO SEXO: O QUE REALMENTE ACONTECE NO LEITO CONJUGAL

Que costume feliz e divino têm os amantes que descansam no mesmo travesseiro.

Nathaniel Hawthorne

Zsa Zsa Gabor, que já caminhou no altar mais vezes do que qualquer um de nós, uma vez disse que não sabia nada sobre sexo. "Porque eu sempre estava casada.", ela explicou.

É uma crença comum de que o caminho mais seguro para acabar com sua vida sexual é casar-se. Mas a realidade é bem mais complicada. Embora seja verdade que para muitos casais o desejo sexual desaparece no casamento, em média as estatísticas sobre a vida sexual de homens e mulheres mostram que os casados fazem mais sexo do que os outros.

Agora, se você for casado, vai achar difícil acreditar nessa estatística. Mas há anos, estudo após estudo vem demonstrando que a frequência do sexo é realmente maior entre os casados em comparação aos solteiros, divorciados ou viúvos, ou mesmo em relação aos não casados que vivem juntos. Isso não necessariamente significa que as pessoas casadas fazem mais e mais sexo. Mas demonstra que a grama não é necessariamente mais verde fora do casamento. Certamente, a vida de solteiro pode resultar em relações sexuais ocasionais, excitantes e regulares com um ou mais parceiros, mas ser solteiro também significa épocas frequentes de seca em sua vida sexual. Apesar de os casados não se esbaldarem todas as noites, o casamento ainda é a maneira mais garantida de ter acesso consistente a sexo.

Mesmo assim, o sexo é motivo comum de conflitos matrimoniais entre casais heterossexuais. (A probabilidade de casais de gays e lésbicas discutirem por causa de sexo é bem menor.) Muitos maridos são frustrados por quererem fazer sexo com mais frequência que suas esposas. As esposas se frustram porque seus maridos parecem ignorar os muitos fatores no dia de uma mulher (trabalho, casa e filhos) que a fazem sentir de tudo, menos excitação. Em muitos casamentos, o sexo é a última prioridade. As mulheres dizem que ficariam mais dispostas a fazer sexo com mais frequência se seus maridos ajudassem mais com as crianças, se importassem mais com a casa e dessem mais provas de amor e carinho que as excitassem. Os maridos, por outro lado, dizem que, sem sexo regular, eles ficam rancorosos e irritados, e o sexo mais regular os tornaria mais carinhosos, prestativos e amorosos no dia a dia.

Muitos fatores – diferenças biológicas, questões de saúde, estresse e problemas do relacionamento – podem influenciar a qualidade e a quantidade do sexo na vida de um casal. Compreender como essas questões podem influenciar o desejo sexual de uma pessoa pode ajudar os casais a resolverem os conflitos de intimidade. Alguns casais estão resignados a ter pouca ou nenhuma relação sexual e encontraram uma maneira de aceitar e gostar de seus parceiros, apesar de terem um casamento sem sexo.

Mas para a maioria dos casais, quanto mais sexo fizerem, mais feliz será o casamento. Paixão e sexo são as qualidades distintas de um relacionamento romântico. Tudo indica que a atração física e a química sexual são grande parte do que aproxima as pessoas, e a intimidade e o sexo continuam sendo ingredientes essenciais de um bom casamento. Naturalmente, a maioria de nós já sabe disso.

O desafio para os casais é saber como manter uma vida sexual ativa durante o casamento ou reacender as chamas de uma vida sexual abalada. Felizmente, vários estudos sobre o sexo conjugal dão boas ideias e respostas sobre o assunto.

O EFEITO LUA DE MEL

Vários pesquisadores têm tentado entender como a vida sexual dos casais muda ao longo do tempo. A socióloga Guillermina Jasso, da Universidade de Nova York, constatou que, após o primeiro e vertiginoso ano do casamento, os casais passam por uma queda drástica no sexo. Até o aniversário de casamento de treze meses, os casais fazem sexo uma vez por semana com menos frequência (isto é, 52 vezes menos por ano) do que eles faziam em seu aniversário de um mês. (Outros estudos têm mostrado uma queda de cerca de 50% após o primeiro ano de casamento.) O declínio continua no segundo ano, mas muito mais lentamente. Um mês após o aniversário de dois anos, os casais estavam fazendo sexo doze vezes menos comparado a um ano atrás. Pelo décimo ano de casamento, a atividade sexual já tinha caído para cerca de uma vez por mês – menos do que no quinto ano de casamento.[53]

Para comparar a vida sexual dos casais em todo o mundo, as pesquisadoras Alexandra Brewis e Mary Meyer, da Universidade da Geórgia, estudaram uma série de dados de mais de 90 mil mulheres em dezenove países da Ásia, da África e das Américas.[54] Embora houvesse diferenças sutis, de modo geral, o padrão foi claro: quanto mais tempo um casal permanecer casado, menos frequente será o sexo.

Sua vida sexual já seguiu um padrão semelhante ao previsto pela pesquisa? Faça o teste a seguir para ver como sua vida sexual pode mudar após dez anos de casamento. Naturalmente, esses resultados são médias com base em uma amostra nacional (dados dos EUA).[55] Algumas pessoas sustentam vidas sexuais arrojadas durante o casamento, enquanto outros passam por um declínio drástico. Se você estiver fazendo mais sexo do que o previsto, bom para você! É um sinal de que o sexo continua a ser uma prioridade importante em seu casamento. Se está fazendo menos sexo do que o previsto, você pode se concentrar em sua vida sexual e trabalhar na restauração da intimidade física do seu casamento.

O TESTE *NA ALEGRIA* Nº 4: O TEMPO MUDOU SUA VIDA SEXUAL?

Com base nas conclusões da pesquisa nacional, calcule o efeito que o passar dos anos pode ter sobre sua vida sexual. Comece indicando quantas vezes por semana você manteve relações sexuais no primeiro ano do seu casamento.

a) Uma vez por semana: 52 vezes por ano.
b) Duas vezes por semana: 104 vezes por ano.
c) Três vezes por semana: 156 vezes por ano.
d) Quatro ou mais vezes por semana: 208 vezes ou mais por ano.

Como será a sua vida sexual no terceiro ano do seu casamento? Escolha a letra que corresponde à sua primeira resposta para estimar quantas vezes você manterá relações sexuais com seu cônjuge depois de três anos.

a) Uma ou duas vezes por mês.
b) Cerca de uma vez por semana.
c) Duas vezes por semana.
d) Três vezes por semana.

Como será a sua vida sexual no décimo ano de casamento? Escolha a letra que corresponde à sua primeira resposta para estimar a frequência das relações sexuais após dez anos de casamento.

a) Às vezes.
b) Cerca de três vezes por mês.
c) Cerca de duas vezes por semana.
d) Duas a três vezes por semana.

Por que o sexo diminui no casamento? Parte disso pode ser porque as pessoas envelhecem. A exceção a essa regra é para as mulheres mais jovens; alguns estudos sugerem que a frequência do sexo para as mulheres, na verdade, aumenta até os trinta anos. Mas no geral, conforme as pessoas envelhecem, a frequência das relações sexuais diminui em cerca de 20% a cada década após os trinta anos e se reduz ainda mais após os sessenta e cinco.

E a maioria das pessoas que já foi casada por qualquer período de tempo sabe que a chama do romance que arde no começo do namoro geralmente começa a extinguir-se à medida que o tempo em que o casal fica junto aumenta. Muito disso tem a ver com a química cerebral do amor romântico, que aciona o sistema de dopamina nos primeiros dias do namoro, mas diminui essa substância até chegar a um estado de companheirismo satisfatório e comprometido à medida que um casal permanece mais tempo juntos.

A professora Cindy Hazan, da Universidade de Cornell, empenhou-se em documentar quanto tempo realmente dura a chama sexual da fase inicial de um relacionamento. Ela entrevistou 5 mil homens e mulheres em 37 culturas sobre suas vidas sexuais durante o namoro e o casamento. Descobriu que, para a maioria dos casais, a chama do amor passional apaga-se após dezoito a trinta meses. Outros estudos mostram que a prática do sexo cai cerca de 50% no primeiro ano de casamento, uma descoberta que foi chamada de "efeito lua de mel".[56] Algumas pesquisas sugerem que a queda da atividade sexual, após os primeiros anos do relacionamento, acontece por causa da perda da novidade. Quando o sexo é novo e excitante, procuramos mais sexo e o fazemos com abundância. Mas, assim como com um carro novo, um local de férias predileto ou uma comida favorita, uma vez que essa novidade some, simplesmente não ficamos mais tão excitados como antes.

Uma teoria mais otimista para a redução na frequência sexual depois do casamento é que os casais são mais experientes em sexo e, embora a frequência diminua, a qualidade melhora. Dados da pesquisa *National Health and Social Life Survey* [Pesquisa Nacional sobre Saúde e Vida Social], analisados pelas pesquisadoras de relacionamentos Linda Waite e Kara Joyner, sustentam a noção de que os casados praticam sexo mais satisfatório do que as pessoas solteiras ou os casais que vivem juntos sem estarem casados. Uma ótima noite de amor aos quarenta anos, quando os parceiros sabem como atingir todos os pontos certos do parceiro, pode ser muito mais gratificante do que várias noites menos qualificadas, típicas de um casal nos primeiros anos.[57]

Alguns estudos sugerem que o ato de entrar em um relacionamento duradouro pode diminuir o interesse feminino por sexo, uma descoberta que pode não ser tão surpreendente para muitos homens. Pesquisadores da Universidade de Hamburg-Eppendorf, na Alemanha, entrevistaram 530 homens e mulheres sobre seus relacionamentos e seu interesse por sexo. Eles descobriram que 60% das mulheres de trinta anos que participaram queriam sexo "frequente" no início do relacionamento. Mas com o passar de quatro anos, esse número caiu para menos da metade, e em vinte anos, apenas uma em cada cinco mulheres queriam sexo regular. A redução acentuada do interesse sexual não foi observada entre homens neste estudo. A proporção de homens que queriam sexo regular se manteve entre 60% e 80%.

O estudo identificou outra diferença marcante entre homens e mulheres. Cerca de 90% das mulheres disseram que "sensibilidade" era importante, independentemente de quanto tempo estivessem em um relacionamento. No entanto, neste estudo, a sensibilidade era uma baixa prioridade para os homens casados há muito tempo. Apenas um em cada quatro homens que estavam com suas parceiras por dez anos ou mais disse ter "sensibilidade" no relacionamento.[58]

O SEXO EM ESTATÍSTICAS

Os pesquisadores passaram muito tempo tentando entender a vida sexual dos seres humanos. Os cientistas criaram falos equipados com câmeras e sêmen artificial misturado com marcadores brilhantes para estudar o que se passa dentro do corpo de uma mulher durante o orgasmo. A equipe de William Masters e Virgínia E. Johnson observou centenas de casais praticando sexo para documentar as fases do ciclo da resposta sexual humana. (São elas: excitação, ato, orgasmo e resolução.) O famoso pesquisador especializado em sexo, Alfred Kinsey, recrutou trezentos homens para participar de um estudo sobre a distância percorrida pelo sêmen ejaculado. A pesquisa foi elaborada para estudar se a força com a qual o sêmen é expelido era um fator potencial para a fertilidade. A resposta foi negativa.[59]

Mas enquanto tudo isso é divertido e fascinante de uma forma picante, não é particularmente útil para aqueles que tentam navegar um relacionamento humano fora do laboratório.

Nos Estados Unidos, as melhores informações sobre a vida sexual dos norte-americanos são provenientes da *General Social Survey* [Pesquisa Social Geral], um estudo sobre as atitudes e os comportamentos realizados pela *National Opinion Research Centers* [Centros de Pesquisa de Opinião Nacional], sediado no campus da Universidade de Chicago. A pesquisa foca os norte-americanos, mas um estudo similar, chamado ISSP [Programa Internacional de Pesquisa Social] coleta dados de 41 países. Desde 1988, o GSS coletou dados, perguntando às pessoas sobre o número de parceiros sexuais e a frequência de relações e relacionamentos extraconjugais. Embora o GSS tenha detectado altos e baixos na atividade sexual nas décadas de 1970 e 1980, os números permaneceram praticamente os mesmos desde 1998.

A pesquisa mostra que o adulto faz sexo, em média, 58 vezes por ano, ou uma vez por semana, com a adição de alguns dias de felicidade extra. O encontro sexual dura, em média, cerca de trinta minutos.[60]

Naturalmente, esses números são médias ponderadas. Algumas pessoas praticam muito mais sexo; e outras, muito menos. Na pesquisa, cerca de 5% das pessoas disseram praticar relações sexuais pelo menos três vezes por semana. Cerca de 20% das pessoas, a maioria delas viúva, mantiveram-se sozinhas por pelo menos um ano. Todos os outros se encaixam em algum lugar entre esses.

E as pessoas casadas, em média, praticam mais sexo do que todo o restante. Lembre-se, a frequência média de relações sexuais inclui pessoas que estavam recentemente divorciadas, viúvas, idosas, ou em namoro recente. Em algum momento, essas pessoas poderão ter bastante sorte e encontrar oportunidades frequentes para sexo. Mas, como qualquer pessoa que nunca se casou ou se divorciou recentemente sabe, às vezes, até o solteirão ou a solteirona mais experiente no sexo pode passar por uma seca, ficando sem um parceiro sexual por longos períodos. Os casais, por sua vez, não conseguem praticar o tipo de sexo que eles faziam quando estavam namorando, mas ao menos, estão praticando sexo.

A típica pessoa casada faz sexo, em média, 66 vezes por ano, embora os casais "muito felizes" tenham relações sexuais, em média, 74 vezes por ano. As pessoas casadas, com menos de trinta anos, fazem sexo cerca de 112 vezes ao ano. Em comparação, a frequência do sexo das pessoas solteiras, com idade entre 18 e 29 anos, é de, em média, 69 vezes ao ano. Em média, o sexo cai para 69 vezes ao ano para pessoas casadas já com seus quarenta anos, em comparação a cinquenta vezes para os solteiros com a mesma idade. Para aqueles com mais de setenta anos, o sexo acontece, em média, apenas três vezes ao ano, mas para aqueles com mais de setenta que são casados, o sexo ocorre dezesseis vezes por ano.[61]

Média anual da frequência do sexo praticado por adultos, solteiros e casados

IDADE	NÃO CASADOS	CASADOS
18–29	69	112
30–39	66	86
40–49	50	69
50–59	31	54
60–69	16	33
70+	3	16

Fonte: National Opinion Research Center.

Na análise dos dados, os pesquisadores observaram as seguintes tendências:[62]

- *Sexo reduz com a idade.* Após os trinta anos de idade, a frequência do sexo cai em cerca de 20% a cada década, até os 64 anos. A média cai para mais de 60% após os 65 anos e cai novamente para 50% depois dos setenta anos. Grande parte da brusca diminuição próxima ao final da vida acontece por causa de problemas de saúde e viuvez. As viúvas são responsáveis por mais de 20% das pessoas que disseram manterem-se solteiras no ano anterior.

- *Sexo, como a riqueza, é distribuído de forma desigual.* Estudos mostram que a maior parte da riqueza é acumulada por uma porcentagem minúscula da população. O mesmo vale para o sexo. Cerca de 15% dos adultos têm a metade de todos os encontros sexuais.
- *Trabalhadores são melhores amantes.* Surpreendentemente, as pessoas que trabalham jornadas maiores estão mais propensas a terem relações sexuais. Pessoas que relataram uma jornada de sessenta horas por semana ou mais praticam sexo em torno de 10% a mais, em média, do que pessoas que têm muito tempo livre.
- *Os filhos nem sempre atrapalham.* Os pais queixam-se com frequência que não têm tempo para fazer sexo depois de terem filhos. Mas os pais ainda fazem mais sexo do que as pessoas solteiras.
- *Se a música é o alimento do amor, toque jazz.* Os amantes do jazz são 30% mais ativos sexualmente do que as outras pessoas.
- *As crenças religiosas influenciam a vida sexual.* Judeus ou agnósticos mantêm 20% a mais de relações sexuais do que seus concorrentes cristãos.
- *Paixão política inflama a paixão sexual.* Ser apaixonado por seu ideal político em qualquer direção está associado ao sexo mais frequente. Liberais extremistas fazem mais sexo do que os conservadores radicais. Mas as pessoas que estão longe de ambos os lados do espectro político fazem mais sexo do que aqueles que se consideram moderados ou pouco conservadores.
- *Os ricos e os pobres praticam mais sexo do que a classe média.* Pessoas de renda muito baixa e muito alta têm relações sexuais mais frequentemente do que todo o restante. Homens que ganham 75.000 dólares por ano fazem sexo, em média, doze dias a menos ao ano do que homens que ganham cerca de 25.000 dólares por ano.

- *Pessoas ativas praticam mais sexo.* As pessoas que estão envolvidas com a vida, seja em atividades desportivas, seja em atividades sociais, praticam mais sexo.
- *Os pecadores transam mais.* As pessoas que fumam e bebem praticam mais sexo. Fumantes reportam 10% a mais de sexo do que os não fumantes. As pessoas que bebem mantêm relações sexuais 20% a mais do que abstêmios. E as pessoas que tanto fumam quanto bebem praticam sexo duas vezes mais em relação àquelas que não fazem nem um nem outro.
- *Os formados em cursos superiores praticam menos sexo.* Em média, a educação extra está associada a cerca de uma semana a menos de sexo ao ano. Pessoas com diplomas do ensino médio ou aquelas que não terminaram a faculdade fazem mais sexo do que aquelas que se graduaram.
- *Casamento não é garantia de sexo.* Na pesquisa, 16% das pessoas casadas não tinham tido relações sexuais há um mês, e 7% não faziam sexo há um ano.
- *Algumas pessoas estão morrendo por sexo.* Há uma estimativa de 11.250 mortes relacionadas ao sexo nos EUA por ano.

Quando o sexo deixa o casamento

Embora cada casal provavelmente passe, em algum momento no casamento, por um período de recessão na vida sexual, alguns casais simplesmente param totalmente de ter relações. Cerca de 15% dos casais não tinham feito sexo com seu cônjuge nos últimos seis meses a um ano.

Denise A. Donnelly, professora-adjunta de Sociologia na Universidade Estadual da Geórgia, que estudou casamentos assexuados, diz que a falta de sexo pelo menos uma vez ao mês é um forte indicador de infelicidade conjugal e divórcio.

Casamentos em que não há sexo, ou há pouco sexo, nem sempre estão fadados ao fracasso. Às vezes, os cônjuges se contentam com pouco ou nenhum sexo no casamento, e por isso, a falta de sexo não gera mais problemas.

Um homem, que estava casado há mais de trinta anos, escreveu-me para explicar como o casamento com pouco sexo funciona para ele e sua esposa.

"Nas primeiras duas décadas, minha esposa e eu não conseguíamos o suficiente um do outro", explicou. "Então, quando chegamos aos quarenta anos, nossos problemas de saúde mudaram nossa vida amorosa para sempre. Minha esposa teve de fazer uma histerectomia total, e eu desenvolvi diabetes do tipo II. Só essas duas coisas já alteraram significativamente o nosso desejo individual por sexo, mas não acabou com a intimidade entre nós, na verdade, isso a fortaleceu e a aumentou".

Disse que ele e sua esposa ainda fazem sexo ocasionalmente, mas muito menos do que no passado. Mas sua história de trinta anos, uma vida de respeito mútuo e amor, parece superar a falta de apetite por sexo em seu casamento. Ele diz que seu relacionamento não é definido por suas "mudanças no corpo", mas é baseado em amizade e dedicação.

Mas com muita frequência, um dos parceiros fica descontente com a falta de contato físico e intimidade com o cônjuge. Um estudo de 1993, feito pela Dra. Donnelly, mostrou que as pessoas, em casamentos com falta de sexo, estavam mais suscetíveis a terem pensado no divórcio do que aquelas em casamentos sexualmente ativos.

"Há uma relação de troca na maioria dos casais entre a felicidade e o sexo.", diz a Dra. Donnelly. "Os casais felizes praticam mais sexo, e quanto mais sexo um casal pratica, mais felizes eles são. Mas lembre-se de que sexo é apenas uma forma de intimidade e de que alguns casais são bastante felizes (e íntimos), mesmo sem sexo. Não há nenhum nível ideal de atividade sexual, o nível ideal é que os parceiros estejam satisfeitos, e quando um (ou ambos) estão infelizes, então haverá problemas conjugais."

Michele Weiner Davis, de Woodstock, Illinois, é terapeuta e autora de *The Sex-Starved Marriage* [O casamento sedento por sexo] e diz que pelo menos uma em três pessoas passa dificuldades porque um dos parceiros tem a libido baixa.

Depois de escrever uma história sobre o casamento sem sexo, recebi e-mails de mais de mil homens e mulheres que mantinham relações sem sexo. Um pequeno número era composto por homens e mulheres que alegavam se contentar com casamentos em que havia pouco ou nenhum sexo. Mas a maioria das pessoas ficou devastada quando o sexo acabou, e muitas tinham se divorciado e mudado para relacionamentos mais satisfatórios. Outros observaram que, por causa dos filhos ou de questões financeiras, eles não tinham a opção do divórcio. Alguns leitores ainda contaram histórias sobre casos extraconjugais com outro homem ou outra mulher casados, que também tinham vivido um casamento sem sexo. A situação permitiu-lhes ficar casados com alguém que amavam e desfrutar intimidade física com um parceiro "seguro", alguém que esteve em situação parecida e não representava uma ameaça para o seu casamento.

Para os casais lutando contra pouco ou nenhum sexo no casamento, o primeiro passo importante é procurar um médico. Para homens e mulheres, o baixo desejo sexual pode estar associado a uma condição médica, tais como baixos níveis de testosterona, disfunção erétil, menopausa ou depressão, e também pode ser um efeito colateral de certos medicamentos ou tratamento do câncer. Vários leitores que me escreveram disseram que o sexo tinha sido vítima de doença, menopausa, cirurgia da próstata ou depressão. Uma mulher chamada Mary disse-me que seus problemas de saúde tinham acabado com o sexo no casamento, mas ela e o marido ficaram juntos.

"Estar em um relacionamento que em algum momento teve sexo, e já não tem mais, é no mínimo desafiador.", ela me disse. "Na verdade, eu acho que as duas pessoas devem se perguntar: 'Quero continuar compartilhando todas as outras partes da minha vida com essa pessoa? Podemos ser íntimos de outras maneiras? A nossa história comum, o respeito e amor contínuo valem mais do que o sexo?'. Para alguns, a resposta continua sendo sim."

Outra leitora, Tanya, disse-me que seus problemas de saúde melhoraram, mas sua vida sexual, não.

"Depois de ter me recuperado de uma doença que retirou muito da minha força e vida, o meu desejo caiu a ponto de meu marido e eu não termos relações sexuais por meses.", disse ela. "É muito deprimente para os dois, e isso é um problema real. Eu simplesmente não tenho mais 'aquilo'. Meu cérebro me diz que eu deveria querer, mas meu corpo não se importa mais."

A boa notícia é que muitos desses problemas podem ser tratados se os homens e as mulheres estiverem dispostos a procurar ajuda e discutir o assunto com um médico. Por exemplo, Tanya observou que, durante sua doença, ela se sentiu abandonada pelo marido, e essa mágoa permaneceu e pode explicar pelo menos alguns dos motivos por que ela não quer mais sexo com ele. De certa forma, Tanya tem sorte porque ela entende, pelo menos, algumas das razões psicológicas responsáveis por sua perda de interesse. A terapia de casais e o aconselhamento médico provavelmente poderiam unir os dois, se ambos estivessem dispostos a procurar ajuda.

Apesar de as mulheres geralmente serem responsabilizadas pela falta de interesse por sexo, a pesquisa mostra que os homens, muitas vezes, são os que perdem o interesse. Em um estudo com 75 pessoas que viviam casamentos sexualmente inativos, a Dra. Donnelly concluiu que, de quase dois em cada três casamentos em que havia a falta de sexo, o homem era quem tinha perdido o interesse.

Ao escrever sobre casamento e relacionamentos, ouvi muitas dessas mulheres. Muitas vezes, elas diziam que seus maridos simplesmente se recusavam a discutir o problema, tornando-se extremamente difícil viver como um casal.

"Eu vivi um casamento sem sexo por quase três anos, e meu marido se recusa a falar sobre isso.", escreveu uma mulher chamada Jéssica. "Essa total falta de intimidade com meu marido é uma sombra negra que carrego na vida. Isto me deixa muito solitária."

Há várias explicações sobre o motivo pelo qual um casamento se torna assexuado. Nos estudos das relações sem sexo, algumas das pessoas nunca tiveram muitas relações sexuais em primeiro lugar. Outros identificaram um momento ou evento específico que apagou as chamas da vida sexual, como o parto ou uma relação extraconjugal.

Familiaridade e tédio podem se tornar um bloqueio na vida sexual do casal. Às vezes, é o estresse (as demandas diárias para criar uma família e responsabilidades profissionais) que entra no caminho de uma vida sexual ativa. Surpreendentemente, foi o ex-secretário das relações do trabalho dos EUA, Robert Reich, que chamou a atenção nacional para este problema, ao falar em uma conferência, em 2003, sobre o trabalho e o equilíbrio de vida. Você provavelmente já ouviu falar de Yuppies (jovens profissionais urbanos) e DINKS (renda dupla, sem filhos). O Sr. Reich falou sobre os DINS (renda dupla, casais sem sexo). Sua afirmação de que os casais norte-americanos estavam tão desgastados pelo malabarismo da vida profissional que não tinham mais energia para o sexo ganhou as páginas do jornal *The Wall Street Journal*.[63] Os casais que se encontram em casamentos sem sexo deveriam considerar se o problema deriva mais de sua vida profissional frenética ou de problemas em sua vida conjugal.

Algumas pessoas poderiam ter impulsos sexuais naturalmente baixos ou até mesmo se absterem do sexo. Eles podem manter algumas relações sexuais com seus parceiros no início, mas isso se torna irrelevante para eles, e o sexo desaparece de suas vidas. Uma quantidade menor de casais mostrou um padrão misto entre "banquete e fome", que significa períodos de muito sexo seguidos por uma longa seca.

Uma mulher chamada Sharon contou que nunca teve interesse por sexo. "Para mim, é mais fácil e mais agradável começar a minha sessão de 'endorfina' correndo de 25 a 30 quilômetros por semana. Sexo é totalmente desnecessário!", ela disse.

Um homem chamado Brennan concorda com ela. "Sexo é muito trabalho para tão pouca recompensa.", explica ele. "Eu prefiro passar o tempo cozinhando uma boa comida."

A fadiga é um motivo comum para que mulheres se recusem a manter relações sexuais, e não é apenas um problema entre as mulheres que trabalham fora de casa. Janet Hyde, professora na Universidade de Wisconsin-Madison, estudou mais de quinhentas esposas e maridos. As esposas que ficavam em casa relataram mais perda do desejo sexual relacionada à fadiga em relação às mulheres empregadas.[64]

Não está claro se o casamento sem sexo está se tornando mais comum, ou se nós estamos apenas ouvindo falar mais sobre isso. Alguns cientistas especulam que o aumento do uso de antidepressivos, como Prozac e Paxil, que podem ser responsáveis pela redução do desejo sexual, pode estar contribuindo para o aumento de casamentos sem sexo.

A Dra. Donnelly diz que outros fatores podem estar influenciando o aumento da consciência sobre as relações sem sexo. "Naqueles tempos anteriores ao controle confiável de natalidade, manter um casamento sem sexo era uma forma de limitar o tamanho da família.", diz ela. "Aqueles também foram os tempos em que as mulheres não deviam desfrutar do sexo e, muitas vezes, usaram isso como ferramenta de negociação em seus casamentos (porque foram socializadas para fazê-lo). E mais, casais infelizes (com menos tendência a fazer sexo) tiveram mais chances de permanecerem juntos por causa das expectativas sociais, ou porque tinham filhos que estavam criando."

Depois de o casamento sem sexo ter perdurado por muito tempo, é muito difícil reacender a chama sexual. "Um ou os dois podem ter muito medo de se machucar ou serem rejeitados, ou apenas serem totalmente apáticos ao seu parceiro.", diz a Dra. Donnelly. "Eles podem não ter falado de sexo por muito tempo (ou nunca o fizeram) e têm dificuldade em falar sobre isso. Casais que falam sobre suas vidas sexuais (bem como sobre outros aspectos do seu casamento) tendem a ter casamentos mais saudáveis, mas é difícil fazer um casal conversar, uma vez que foi estabelecido um padrão de não comunicação."

Existem opiniões conflitantes sobre o que fazer para reacender a chama conjugal. Para os casais que recentemente passaram a ter menos sexo, pode ser tão simples quanto tirar um fim de semana longe dos filhos, férias, um cruzeiro ou apenas passar algum tempo fora, sozinhos. Outros podem precisar de ajuda profissional. A Dra. Donnelly aconselha os casais a encontrar um conselheiro que esteja disposto a conversar sobre a vida sexual do casal, em vez de se concentrar em questões mais amplas. "Falar especificamente sobre sexo é essencial.", diz ela.

Muitos terapeutas vão pedir que os homens e as mulheres forcem o assunto, que façam sexo mesmo quando não tiverem vontade. O que os casais costumam perceber é que, em poucos segundos, eles começam a se lembrar do que está faltando. O corpo responde a uma inundação de químicas do cérebro, e em poucos minutos, o sexo volta a ser algo natural. Mas forçar-se a voltar para a cama pode ser difícil. Um homem me disse que as tentativas de sua esposa para reacender sua vida sexual fizeram-lhe mal ao estômago.

Uma mulher me disse que ficou mais retraída com os avanços de seu marido depois de anos sem praticar sexo. Para esses casais, o primeiro passo não é o salto para a cama, mas apenas falar sobre o problema e procurar ajuda profissional.

Outra mulher me disse: “Para aquelas pessoas que vivem casamentos sem sexo e são infelizes, converse com seu cônjuge e procure ajuda. Depois de três crianças e duas doenças crônicas, pensei que tinha perdido o interesse por sexo e que meu marido também tivesse, até que olhei em seu laptop e descobri que ele tinha gastado milhares de dólares em pornografia na internet. Depois do aconselhamento matrimonial e de algumas terapias hormonais, não vivemos mais um casamento sem sexo e estamos felizes.”

Os casais também precisam considerar a possibilidade de que a falta de sexo no casamento possa ser um sinal de que toda a intimidade no relacionamento acabou. “Alguns de nossos entrevistados anteriores já entraram em contato comigo, e os mais felizes são realmente aqueles que trocaram de parceiros.”, observa a Dra. Donnelly. “Pode ser uma solução melhor, em vez de viver um casamento que seja prejudicial e insatisfatório.”

LIÇÕES PARA MELHORAR A VIDA SEXUAL E O CASAMENTO

Enquanto o sexo é uma questão difícil em muitos casamentos, ele é também uma forma muito eficaz para resolver problemas e reparar erros e injustiças que ocorrem diariamente em um relacionamento. Pode parecer o contrário daquilo que escutamos (para sempre falar as coisas em alto e bom som), mas a intimidade do sexo pode preencher as várias lacunas que não resolvemos com uma simples conversa. Ela dispara uma reação física e emocional em cadeia que causa um curto-circuito no processo discursivo. Manter essa conexão física, mesmo sexo sem vontade, é crucial para a saúde de um casamento.

Frequentemente, os casais se queixam de não terem tempo para o sexo, mas terapeutas experientes dizem que isso não é desculpa.

Sheldon Isenberg, um psicoterapeuta e consultor de Naperville, Illinois, diz que quando os clientes reclamam de falta de tempo para o sexo, ele diz: "Sabe de uma coisa, se você tivesse um caso, encontraria muitas maneiras de fazer sexo".

É também importante que se pense sobre o que se quer do sexo. Em um estudo de 1981, pesquisadores entrevistaram cinquenta casais. A maioria deles estava muito bem casada e relatou uma boa vida sexual. Mas os homens e as mulheres relataram razões muito diferentes para o início do sexo. As mulheres disseram que estavam procurando "o amor, a intimidade e a exploração". Os homens disseram que queriam o sexo para a satisfação sexual. [65]

Como pesquisadora de relacionamentos, Elaine Hatfield explica:

> *As mulheres gostariam, basicamente, da paquera do romance tradicional: à luz de velas, com vinho, música e cenários românticos, com tempo livre para cortejo e amor. Elas não queriam algo rápido ou uma relação amorosa que acontecesse no fim da noite, às pressas na cama, mas sim algo lento, com sensualidade ao longo do caminho, carícias de amor, abraços, beijos e toques estimulantes ou massagem sem sexo com apenas agressividade ocasional. Elas queriam ser cortejadas, ouvir elogios e dividir com seu parceiro suas ideias, pensamentos e sentimentos sobre coisas em geral. Queriam rir, brincar e desfrutar da vida com seus cônjuges, fora da cama. Elas buscavam elogios tanto para o lado humano quanto para o lado sexual. O sexo surgiu lentamente destas ações e acontecia porque as mulheres se sentiam amadas.*

Uma minoria significativa de homens, 40%, disse que também gostava de ações suaves no sexo, que incluía carícias, massagem e sedução. Os 60% restantes queriam que suas esposas pedissem sexo sem rodeios e gostavam quando suas esposas agiam com agressividade e não se mostravam inibidas. Muitas vezes, os homens disseram que queriam se sentir "irresistíveis" e totalmente desejados por suas esposas.

Em uma série de estudos, a Dra. Hatfield entrevistou homens e mulheres sobre a forma como eles gostariam que seus parceiros se comportassem durante o sexo.[66] Eles gostariam que seus parceiros fossem mais diretos e precisos sobre o que queriam na transa. Ao mesmo tempo, homens e mulheres assumiam, muitas vezes, que era difícil agir de forma tão direta com seus parceiros ao falar o que desejavam e queriam fazer.

Mas durante a pesquisa, os participantes finalmente ficaram dispostos a revelar o que desejavam. Homens e mulheres tinham desejos sexuais muito específicos que queriam realizar com seu cônjuge.

Você não precisa se envolver em um estudo universitário para encontrar respostas similares para o seu próprio casamento. Todos os casais podem imitar esse teste escrevendo cinco coisas que gostaria de fazer com o(a) seu(sua) parceiro(a) durante uma transa. A lição da pesquisa é que os casais possuem muito mais fantasias sexuais em comum do que eles imaginam. Tudo o que eles precisam é querer falar sobre elas.

Sente-se com sua esposa ou seu marido e faça o seguinte teste.

O TESTE *NA ALEGRIA* Nº 5: O QUE VOCÊ QUER DE SEU PARCEIRO?

Pense em cinco coisas que você gostaria que sua esposa ou marido dissesse ou fizesse durante a transa. Tente não focar ações específicas ou posições. O objetivo aqui é determinar mudanças gerais de comportamento que poderiam proporcionar mais prazer na cama. Talvez você queira que seu(sua) parceiro(a) converse mais, seja mais carinhoso(a), mais experimental ou aventureiro(a), ou mais específico(a) sobre seus desejos. Anote suas respostas.

Durante o sexo, eu gostaria que meu marido:

1. ______________________________

2. ______________________________

3. ______________________________

4. ______________________________

5. ______________________________

Durante o sexo, eu gostaria que minha esposa:

1. ____

2. ____

3. ____

4. ____

5. ____

Compare suas respostas com as de seu(sua) parceiro(a). Você pode se surpreender com a quantidade de respostas em comum. Preste atenção nas diferenças e no que você poderia fazer para deixar seu(sua) parceiro(a) mais feliz.

Agora, veja como suas respostas combinam com as respostas de outros casais que fizeram o mesmo teste. Segue o que os casais da pesquisa da Dra. Hatfield disseram sobre o sexo:

As coisas que os maridos queriam que suas esposas fizessem:

1. Que fossem mais sedutoras.
2. Que iniciassem o sexo com mais frequência.
3. Que experimentassem mais.
4. Que fossem mais selvagens e sexy.
5. Que dessem mais instruções.

O que as esposas queriam de seus maridos:

1. Que fossem mais carinhosos e elogiassem mais.
2. Que fossem mais sedutores.
3. Que experimentassem mais.
4. Que dessem mais instruções.
5. Que fossem mais calorosos e mais comprometidos.

Algo intrigante nessa pesquisa é a quantidade de coisas que os homens e as mulheres tinham em comum quando o assunto era sexo. Os dois queriam um parceiro que fosse mais sedutor. Também queriam um parceiro que fosse mais direto e gostasse de dar instruções. E, surpreendentemente, ambos estavam procurando um parceiro que gostasse de experimentar coisas novas.

Também ficou claro onde eles se diferenciavam. Homens queriam que suas esposas iniciassem o sexo com mais frequência e fossem mais selvagens e sexy no quarto.

No entanto, as fantasias das mulheres eram sustentadas tanto no interior como no exterior do quarto. Elas queriam que seus parceiros fossem mais calorosos e mais comprometidos em suas vidas. Queriam que seus maridos falassem com elas com mais carinho e as elogiassem mais.

A importância do sexo no casamento não pode ser subestimada. Muitos casais acreditam que quedas bruscas em suas vidas sexuais sejam inevitáveis depois do casamento, e quando a paixão começa a diminuir, eles só aceitam tal queda porque acontece com todos os casais depois de muitos anos juntos. Mas as lições do estudo científico sobre o sexo e o casamento nos ensinam que o sexo frequente deve e pode ser parte de um bom casamento, e que mesmo que a atividade sexual seja reduzida com o passar do tempo, ela não deve sumir por completo.

"Nós rimos bastante, nos preservamos esbeltos e atraentes o máximo possível um para o outro, amamos muito uns aos outros de várias formas.", diz o doutor. "Sexo é só uma parte de todo o nosso relacionamento, mas é uma parte maravilhosa."

E embora mais e melhor sexo seja certamente um objetivo alcançável para casais que queiram reanimar sua vida amorosa, existe ainda outro benefício. Gozar de uma vida sexual ativa é um forte indicador de boa saúde física em geral e uma maneira de os casais ficarem sintonizados pelo bem-estar físico do outro. De fato, sexo, saúde e casamento estão intrinsecamente ligados.

5

Na saúde e na doença: como o casamento afeta a sua saúde?

Desejo a você boa saúde enquanto estivermos juntos.

Autor desconhecido

Em algum ponto entre caminhar até o altar e o primeiro beijo do casamento, muitos casais fazem a promessa de permanecer juntos "na saúde e na doença". O que muitos não percebem é o quanto significativas são essas palavras. A partir do momento em que dizemos "sim", o ato de se casar tem uma influência marcante em nossa saúde e em nosso bem-estar.

O casamento está associado a uma saúde melhor para o marido e para a mulher, em relação às pessoas solteiras, divorciadas ou viúvas. Além disso, as pessoas casadas, em média, tendem a viver mais do que as solteiras. Isso não significa que solteiros, divorciados e viúvos estão destinados a ter problemas de saúde. O que isso sugere é que o casamento oferece benefícios significativos, que vão desde carinho até segurança financeira, o que pode levar a uma saúde melhor. Mesmo assim, os estudos mostram que o casamento não é suficiente para proteger a saúde. A qualidade do relacionamento também é importante. Cada vez mais, os estudos mostram que um bom casamento faz bem para as pessoas, mas se você estiver em um mau casamento, cheio de conflitos e infelicidade, seria melhor para sua saúde, em longo prazo, ficar solteiro novamente. Na verdade, um casamento ruim causa um impacto profundamente negativo no seu bem-estar, e alguns estudos mostram que um mau casamento resulta em mudanças físicas para o coração similares àquelas causadas por tabagismo.

Mesmo um bom casamento pode afetar sua saúde de forma inesperada. Embora o casamento seja uma grande fonte de apoio emocional, ele pode também reforçar maus hábitos, como comer demais. Estudos recentes demonstram que a obesidade em um casamento pode ser contagiosa. O estilo de discussão de seu parceiro, e como você reage a ele, também tem um efeito mensurável na sua saúde. E se seu parceiro roncar, isso afetará a qualidade do seu sono, da sua saúde em longo prazo e da sua audição com o passar do tempo.

A VANTAGEM DO CASAMENTO

Por que ser casado melhora a saúde?

Uma razão é que o casamento essencialmente duplica os recursos. Uma renda maior está associada à melhor saúde em relação àqueles com baixa renda ou àqueles que vivem na pobreza. Não só se tem renda maior com o casamento, mas também se ganha um novo grupo de familiares e amigos. O benefício para a saúde pode vir na forma de apoio emocional, por exemplo, ter alguém para segurar sua mão em momentos de estresse, que pode ser tanto seu cônjuge quanto os amigos e familiares trazidos pelo relacionamento. Um casamento também oferece apoio prático – amigos, familiares e cônjuges podem cuidar das crianças quando se está doente, podem pegar uma receita médica, levá-lo ao médico ou cuidar de você enquanto se recupera de uma doença. Um cônjuge também pode ser o primeiro a perceber quando os problemas de saúde acontecem – como a disfunção erétil relacionada a doenças do coração, ronco, que pode indicar uma condição perigosa chamada apneia do sono ou sede excessiva, que pode ser sinal do diabetes.

Estudos mostram que pessoas casadas têm menos probabilidade de contrair resfriados, câncer, artrite ou ataques cardíacos. As mulheres casadas têm sistemas imunológicos mais fortes do que as solteiras.[67] E as pessoas felizes no casamento têm pressão arterial mais baixa. Pesquisadores suecos mostraram que o casamento na meia-idade pode reduzir o risco de demência com o passar do tempo.[68]

E se você sente que poderia simplesmente morrer sem seu cônjuge, uma pesquisa sobre a saúde conjugal mostra que isso pode estar certo. Durante um determinado período, as pessoas casadas têm menos probabilidade de morrer do que as pessoas solteiras. Um grande estudo sobre morte e registros de casamento na Holanda analisou algumas dezenas de causas de morte e descobriu que as pessoas solteiras apresentaram um risco de mortalidade muito maior do que as pessoas casadas em praticamente todas as categorias, que vão desde mortes violentas, acidentes, homicídios até várias formas de câncer.[69] De acordo com estatísticas canadenses, os homens casados vivem aproximadamente sete anos a mais do que aqueles que nunca se casaram, enquanto as mulheres vivem cerca de três anos a mais do aquelas que nunca se casaram.[70]

Esses dados estão longe de serem conclusivos. Alguns estudos apontam que muitas das mortes precoces acontecem entre os homens homossexuais em situação de risco, causadas pelo HIV e pela AIDS, fato que pode distorcer os dados em favor da saúde conjugal.[71] Além disso, pessoas com doenças crônicas ou outros problemas de saúde estão menos propensas a se casarem, ou podem se divorciar por causa de seus problemas de saúde. Apesar dessas preocupações, muitas pesquisas têm mostrado consistentemente uma forte ligação entre casamento e uma saúde melhor.

Os resultados são diferentes para homens e mulheres. Quando um homem se casa, o seu risco de morte cai imediatamente; para as mulheres, as vantagens do casamento só aparecem anos mais tarde. A teoria é que os homens se beneficiam imediatamente porque o casamento geralmente inibe alguns de seus comportamentos de risco, como beber em excesso, ficar fora até tarde e sair por aí com más influências.

Para os homens, o casamento conduz normalmente a maiores laços sociais, que foram negligenciados durante a vida de solteiro. Isso porque as mulheres tendem a cultivar e a manter relacionamentos com amigos e familiares – mantendo contato com os pais e irmãos, organizando eventos sociais, enviando cartões postais etc. Tudo isso se traduz em apoio social, que tem sido associado a uma saúde melhor. Além disso, as mulheres trazem essas relações de cuidados com a saúde para o relacionamento. Elas estão mais propensas a ir ao médico, agendar consultas e gerenciar a saúde da família. Por fim, as mulheres fazem muitas das tarefas domésticas, cozinham e limpam – tudo o que beneficia a saúde do homem em longo prazo, pois ele pode estar, definitivamente, comendo melhor e de forma mais regular do que antes.

Como muitas vezes as mulheres já têm fortes redes sociais e familiares antes de se casarem, para elas, grande parte do benefício para a saúde trazido pelo casamento parece estar relacionada a ganhos financeiros. O casamento proporciona maior renda familiar, maior acesso aos cuidados com a saúde, nutrição, melhor habitação e, possivelmente, um emprego mais estável. Essas melhorias não necessariamente conduzem a ganhos imediatos na saúde, mas em longo prazo, a saúde da mulher casada fica melhor do que a de uma mulher solteira.

Esposas: guardiãs da saúde familiar

Um dos benefícios do casamento geralmente negligenciados pelos homens é que as mulheres são muito mais atentas a possíveis problemas de saúde. Alguns anos atrás, entrevistei Phil e Rachael, um casal de San Jose, Califórnia, que tinha dois filhos e um terceiro a caminho. Phil sentia-se deprimido na maior parte do tempo, mas presumiu que fosse porque as exigências da família e das viagens excessivas do trabalho tinham-no deixado cansado e com problemas para se adequar ao fuso horário. Ele estava reformando sua casa e tinha decidido, talvez sem pensar, parar de tomar café. E estava com 49 anos de idade. É claro que estava cansado!

Mas sua mulher, Rachael, não via dessa maneira. O que ela percebeu foi que o marido, frequentemente ativo e elétrico, não estava apenas um pouco sonolento. Ele estava cansado e exausto, bebendo muita água e perdendo peso. Ela suspeitou do diabetes. Ele achava que ela estava assistindo a muitos programas médicos.

Rachael não podia forçar seu marido a consultar um médico, mas como mãe de duas crianças e com um bebê a caminho, ia frequentemente ao médico, por um motivo ou por outro. Duas semanas depois que seu bebê nasceu, ela conversou com o pediatra de seu filho sobre a saúde do marido. Os pediatras e ginecologistas dizem que não é algo tão fora do comum as mulheres discutirem outras questões de saúde da família durante a consulta. Felizmente para Rachael e Phil, o pediatra da família já entendia o fato de que os homens não vão ao médico e ofereceu apoio. Ele entregou à nova mãe uma caixa com tiras de teste do diabetes para que ela levasse para casa e entregasse ao marido, que, por sua vez, poderia verificar o nível de açúcar no sangue sozinho, sem precisar ir ao médico.

Quando ela voltou para casa, falou com marido sobre o teste. Como já esperava, ele recusou-se a usá-lo. Mas como ele estava se preparando para uma viagem fora da cidade, ela colocou as tiras de teste em sua mala, insistindo que fizesse o teste no hotel.

Apesar dos protestos de Phil, as preocupações de sua esposa estavam quase se tornando as dele. Recentemente, um colega tinha lhe falado que o achou nervoso durante uma apresentação no trabalho. Ele, na verdade, não estava nervoso na palestra, mas o que o colega tinha notado era que ele estava bebendo bastante água. Quando foi desfazer a mala, mais tarde, no hotel, viu a tira de teste e decidiu realizá-lo. Para sua surpresa, o resultado revelou claramente o grande nível de açúcar no sangue. Ele ligou para um médico, que agendou uma consulta para dali a duas semanas.

Mas a intervenção de sua mulher não parou por ali: ela ligou de volta e convenceu o consultório a marcar a consulta para o seu marido imediatamente. Com precisão, o exame revelou que o nível de açúcar no sangue de Phil estava perigosamente alto, e o seu diabetes tipo 2 (diabetes adulto) foi diagnosticado e tratado.

Phil me falou de uma música de Jimmy Buffett, em que ele diz sua namorada: "Você trata seu corpo como um templo. Eu trato o meu corpo como uma tenda". "Isso remonta ao valor do casamento. Se eu continuasse solteiro, sem alguém que investiu tanto na minha vida, eu não sei o que poderia ter acontecido. Por falta de conhecimento, eu me recusava a fazer algo."

Os médicos dizem que o caso de Phil e Rachael não é algo inusitado, é comum que uma mulher comece a incentivar o marido a ir ao médico muito antes de ele achar que precisa ir. As pesquisas mostram que os homens, comparados às mulheres, tendem a não ter médico pessoal. E mesmo quando excluímos o pré-natal e as consultas a pediatra, as mulheres ainda tendem a ir ao médico duas vezes mais do que os homens.

Mesmo quando os homens vão ao médico, eles resistem a falar sobre sua saúde. O médico Harvey Simon, editor da *newsletter Harvard Men's Health Watch*, diz que é comum que os homens "culpem" suas esposas quando eles finalmente vão ao médico. "Quando os homens finalmente entram no consultório, eles ficam, muitas vezes, calados por um tempo.", diz o Dr. Simon. "E então eles puxam um papel e dizem: 'Minha mulher me disse para perguntar sobre isso'. Eles ainda sentem a necessidade de se esconder atrás das perguntas de sua esposa."

A mulher torna-se notavelmente persistente, uma vez que ela começa a se preocupar com a saúde de seu marido. Ridwan Shabsigh, diretor de Urologia no Maimonides Medical Center, no Brooklyn, Nova York, me contou que um de seus próprios amigos recusava-se a ir ao médico. A mulher desse amigo tinha começado a notar sinais de disfunção erétil e estava preocupada com o coração do marido. Lágrimas, birras e ameaças de não fazer sexo não funcionaram. Mas ela não desistiu. Na época do imposto de renda, ela viu sua oportunidade e se recusou a assinar a declaração para ressarcir o imposto, a menos que seu marido fosse ao médico. Funcionou, e seu marido retornou com a prescrição para tratar o colesterol e a hipertensão.

Os médicos dizem que as mulheres estão numa posição privilegiada para convencer seus maridos a buscar cuidados médicos. Porque a função erétil é um indicador importante da saúde de um homem, uma mulher geralmente é a primeira a notar mudanças sutis que podem sinalizar um problema de saúde, como doenças cardíacas.

E como geralmente as mulheres têm contato regular com o pediatra e seus próprios médicos obstetras e ginecologistas, elas podem pedir orientação e encaminhamento aos médicos apropriados, mesmo que seus maridos não compareçam às consultas.[72]

O BENEFÍCIO DE DAR AS MÃOS

As esposas não recebem todo o mérito por melhorar a saúde de seu parceiro. Um estudo revelou que, quando o marido segura a mão de sua esposa, ele está fazendo mais do que um simples gesto de afeição. Ele está baixando o nível de estresse dela.

Isso é o que James A. Coan, professor-adjunto de Psicologia e Neurociência na Universidade da Virgínia, descobriu isso quando estava estudando os efeitos, em mulheres estressadas, do ato de segurar as mãos. O Dr. Coan recrutou dezesseis mulheres casadas que haviam tido um resultado alto em um teste de satisfação conjugal. O objetivo do estudo era determinar se um gesto reconfortante do marido poderia baixar os níveis de estresse da mulher. No laboratório, o objeto estressante foi um leve choque elétrico, administrado enquanto as mulheres eram submetidas ao exame de ressonância magnética de seus cérebros.

Os pesquisadores analisaram os cérebros de mulheres em três cenários. Um exame mostrava a mulher recebendo o choque, sem o conforto de outra pessoa. Nas duas próximas vezes em que o choque foi aplicado, a mulher estava segurando a mão do marido ou a mão de um estranho.

Os exames mostraram que qualquer ato de segurar a mão oferecia conforto e reduzia o aparecimento do estresse nas imagens de ressonância magnética. Mas os maiores ganhos foram observados quando a mulher estava segurando a mão do marido.

Segurar as mãos, em geral, tranquilizava essencialmente certas partes do cérebro relacionadas à resposta ao estresse. Mas quando uma mulher estava segurando a mão do marido, o exame mostrou maior calma na região do cérebro que controla a resposta emocional. Os cientistas viram outras diferenças no estudo quando comparavam as mulheres que eram mais felizes no casamento. Entre essas mulheres, o ato de o cônjuge segurar a mão causava um efeito ainda maior, acalmando as regiões do cérebro associadas à dor, igual ao efeito causado por um analgésico.

O estudo mostra que, quando alguém está dando apoio, o cérebro não precisa trabalhar tanto. Infelizmente, os pesquisadores não estudaram se o ato de segurar a mão tem o mesmo efeito no cérebro de um homem como tem no de uma mulher.[74]

O casamento engorda?

Os efeitos físicos nas pessoas também se originam da forma como os hábitos de cada um influenciam as pessoas com quem eles convivem. Considerando que 60% da população adulta está acima do peso ou obesa, não se pode culpar o casamento por todo o peso que se ganha. Mas à medida que os pesquisadores filtram os dados sobre o casamento e a saúde, a relação entre casamento e ganho de peso vem, recentemente, recebendo muito mais atenção. As pessoas casadas tendem a ter mais excesso de peso do que as solteiras. Um estudo de seis anos, na Finlândia, descobriu que as pessoas que se casaram ganharam peso, mas perdiam peso quando o cônjuge falecia. Três estudos nos EUA mostraram que homens e mulheres ganharam peso depois que se casaram e perderam peso quando terminaram o casamento.[74]

Muitos comportamentos pouco saudáveis e arriscados são deixados de lado quando nos casamos. Após o casamento, nós nos acomodamos e passamos a beber e a fumar menos, usamos menos drogas ilícitas, fazemos refeições mais regulares e dormimos mais horas. Mas o casamento possui outro efeito interessante. Comemos mais, praticamos menos exercícios e fumamos menos: todos os comportamentos associados ao ganho de peso.

- Ter alguém para ajudá-lo a cozinhar, a fazer compras e ficar à mesa de jantar com você traduz-se em alguns quilos a mais.
- Alguns estudos sugerem que as pessoas praticam menos exercícios quando se casam, principalmente os homens. Pode ser que estejamos passando o tempo livre com nosso cônjuge, em vez de praticarmos uma aula de ginástica com os amigos, jogar uma partida de basquete, ou pode ser que os homens sintam menos necessidade de ficar em forma para manter uma boa aparência com o intuito de atrair uma parceira.
- Fumar está relacionado a ter menor peso corporal, e dois estudos mostraram que as pessoas casadas tendem a parar

de fumar. Os solteiros, divorciados ou viúvos fumam mais do que os casados.

O que fazer sobre isso? Podemos influenciar uns aos outros de forma positiva e negativa. Estudos mostram que os casais que fazem dieta e exercícios físicos juntos também têm uma maior probabilidade de perder peso e de cuidar do corpo.

VIDA SEXUAL, ENVELHECIMENTO E SAÚDE

Apesar de os casados praticarem sexo mais do que as outras pessoas, os problemas de saúde podem atrapalhar a vida sexual, principalmente à medida que se envelhece. A disfunção erétil e a menopausa podem trazer problemas mais graves. Cerca de um em cada três homens, com idades entre quarenta e setenta anos, sofre de algum nível significativo de disfunção erétil. A maioria deles, cerca de 80%, nunca procura tratamento.

A disfunção erétil pode causar um impacto nocivo no seu relacionamento. Homens que têm disfunção erétil frequentemente sofrem sozinhos. Não só reduzem a prática de sexo, mas também evitam todo contato físico com a mulher, com a preocupação de que isso leve a mais um fracasso sexual. Irving, texano de 52 anos, que me contou uma história sobre disfunção erétil, disse: "Eu não queria dar as mãos ou ficar abraçado com ela no teatro. Quando não conseguimos fazer sexo, paramos de fazer todas essas coisas."

Há três remédios para problemas de ereção: Viagra®, Levitra® e Cialis®. Todos funcionam quase da mesma forma. O homem que eu entrevistei começou a usar um remédio para ajudar na disfunção erétil e, quase imediatamente, recuperou a intimidade que tinha sido perdida entre ele e sua esposa. "Sim, o sexo é possível.", ele me disse. "Mas o bom é que não estamos mais com medo de nos tocar ou dar as mãos."

Apesar de histórias publicadas na mídia popular sugerirem que o Viagra® leva à infidelidade e ao divórcio, o mais provável é que as pessoas infelizes em seus casamentos corram risco de infidelidade e divórcio independentemente de usar Viagra® ou não. Para as pessoas que querem reacender a chama sexual, remédios contra problemas de ereção podem salvar relacionamentos. Em um estudo sobre o Viagra®, pesquisadores observaram casais em que e o homem sofria de disfunção erétil. Eles perguntaram a homens e mulheres qual era a frequência com a qual eles brigavam e como eles avaliavam seus relacionamentos no que se refere a carinho e união. Após o tratamento com Viagra®, os homens relataram melhoria no relacionamento de forma geral, com menos conflitos e mais carinho e união. Suas parceiras também apresentaram melhorias significativas em termos de carinho e união.[75]

Existem outras razões para os casais procurarem ajuda profissional para problemas de ereção. A função erétil do homem não é apenas uma questão de "estilo de vida", mas um importante indicador de sua saúde em geral. Alterações na função erétil podem ser um sinal de alerta para um problema de saúde mais grave. Um estudo italiano mostrou que, em dois terços dos pacientes com doenças cardíacas e disfunção erétil, os problemas com a ereção surgiram, em média, três anos antes de outros sintomas mais evidentes, tais como dor no peito.

"O pênis é um barômetro da funcionalidade do sistema vascular.", diz Andrew McCullough, diretor do Departamento da Saúde Sexual e Fertilidade Masculina na Faculdade de Medicina da Universidade de Nova York.[76]

O motivo de a função erétil estar tão intimamente ligada ao coração e à funcionalidade vascular é que o pênis é sustentado por duas artérias principais. Se um homem tem uma doença vascular, que provoca estreitamento das artérias ou acúmulo de placa, os danos, muitas vezes, aparecem em primeiro lugar nas pequenas artérias do pênis, em vez de aparecer nas artérias maiores que vão ao coração. Problemas de ereção são muito comuns entre os homens com um ou mais fatores de risco cardiovascular, como hipertensão, e estão mais associados à falta de exercícios.

A vida sexual do casal também entra em risco quando a mulher entra na menopausa, época em que os níveis de hormônios na mulher flutuam descontroladamente e ela passa por uma série de sintomas inconvenientes. Os calores e os problemas de sono podem deixar as mulheres exaustas e desinteressadas em sexo. O ressecamento vaginal pode tornar o sexo doloroso. O ganho de peso, comum na fase da menopausa, pode deixar uma mulher insegura e fazê-la perder a vontade de ficar nua. E todos os outros desafios da meia-idade, a velhice dos pais, adolescentes na faculdade e as demandas do trabalho podem aumentar o estresse e diminuir o interesse por sexo.

Mas a vida sexual durante a menopausa não é totalmente controlada pelos hormônios. O projeto *Melbourne Women's Midlife Health Project* [Projeto de Saúde para Mulheres da Meia-idade em Melbourne] descobriu que um dos maiores determinantes da função sexual durante a menopausa é a função sexual da mulher antes da menopausa. Se você tem uma vida sexual ativa e satisfatória antes da menopausa, é bastante provável que continue a tê-la, apesar de todos os desafios físicos da menopausa.

No entanto, o estudo de Melbourne descobriu que a menopausa está associada a um aumento significativo na porcentagem de mulheres com disfunção sexual. No início da menopausa, 42% das mulheres sofrem de disfunção sexual. Conforme os níveis de estrogênio diminuem, essa porcentagem salta para 88%. Quando as mulheres saem da menopausa, elas relatam menos interesse por sexo, menos desejo sexual, mais ressecamento vaginal e dor. Os sentimentos das mulheres em relação a seus parceiros também se tornam mais negativos à medida que elas passam pela menopausa.

Mulheres com vida sexual menos ativa antes da menopausa tinham mais probabilidades de sofrer a disfunção sexual por causa das mudanças hormonais que elas tinham nesta transição da vida. Se a mulher ficava períodos sem fazer sexo, se teve um relacionamento ruim ou se simplesmente não era sexualmente ativa em seus anos reprodutivos, então as coisas vão ficar muito parecidas ou piorar durante a menopausa, a menos que ela resolva as questões subjacentes que atrapalham a vida sexual. O histórico sexual pessoal da mulher é o fator de mais importância na vida sexual dela após a menopausa.[77]

Dormindo bem, dormindo juntos

Uma das características que definem um casamento ou um relacionamento de longo prazo é o casal dormir na mesma cama.

E para os casais felizes, acontecem muito mais coisas na cama do que só sexo. A cama se torna um refúgio para escapar das crianças e do estresse no trabalho, acompanhar os acontecimentos do dia, ter conversas íntimas, desfrutar do contato físico, de abraços e de carícias, que não só reduzem o estresse e a ansiedade, mas também reforçam os laços do relacionamento. Na verdade, vários estudos sobre o sono têm mostrado que as pessoas casadas parecem apreciar mais o sono do que as pessoas solteiras. Dormir mais e melhor não só está associado a um casamento feliz, mas também está associado, em geral, a uma saúde melhor. Pessoas que não dormem bem sofrem maior risco de diabetes, doenças cardíacas e outros.

Pesquisadores da Universidade de Pittsburgh descobriram, em um estudo de oito anos com cerca de 2 mil mulheres, que as mulheres casadas ou que têm parceiros estáveis parecem dormir melhor do que as mulheres que nunca se casaram ou que perderam um parceiro.[78] Sentir-se feliz e satisfeita no casamento reduz o risco de problemas do sono, enquanto o estresse conjugal aumenta o risco de um sono insuficiente. A grande exceção foi entre as recém-casadas. Os casais parecem sofrer um período de adaptação antes de se acostumarem a dormir com um parceiro. As mulheres que eram solteiras no início do estudo, mas que conseguiram um parceiro depois, tinham o sono mais agitado do que as mulheres que já estavam casadas.

Um estudo da Universidade do Arizona concluiu que, quando os homens dormem melhor, mostram sentimentos mais positivos com a sua parceira no dia seguinte. E as mulheres que relataram ter problemas de relacionamento, muitas vezes, também diziam dormir mal. Os pesquisadores dizem que casais enfrentam um "ciclo vicioso", em que problemas do sono afetam o relacionamento e problemas do relacionamento afetam o sono.[79]

Brant Hasler, doutorando em Psicologia Clínica pela Universidade do Arizona, disse que os dados sugerem que o sono e a felicidade no relacionamento estão intimamente ligados. A lição para os casais, especialmente para aqueles que estão lutando contra conflitos no relacionamento, é que dar atenção aos hábitos de sono pode ajudar a resolver essas questões. O Dr. Hasler disse que os casais devem trabalhar para resolver os problemas antes de dormir e evitar discutir temas difíceis quando um ou ambos não tiverem dormido bem, ou no final de um longo dia, quando um ou os dois estiverem cansados e, talvez, irritados com a falta de sono.

Mas muitos casais têm sérios problemas para dormir juntos, fato que cobra um preço alto tanto para o casamento quanto para a saúde. Uma das fontes mais comuns de problemas do sono em um casamento é o ronco, muitas vezes decorrente da apneia do sono. A apneia obstrutiva do sono ocorre quando o tecido na parte posterior da garganta obstrui a via aérea. O resultado é uma pausa na respiração, que pode durar dez segundos ou mais e pode ocorrer várias vezes dentro de uma hora. As pessoas que sofrem de apneia do sono acabam tendo alarmantes níveis baixos de oxigênio no sangue e correm o risco de hipertensão, derrame e problemas cardíacos.

Mas assim como a apneia do sono é um risco para quem ronca, o ronco, os engasgos e a falta de ar durante a noite também são altos, desagradáveis e cansativos para o parceiro de cama. Em uma pesquisa por telefone, com mais de mil adultos, 67% disseram que seus parceiros de cama roncavam. Cerca de uma em cada três pessoas diz utilizar um quarto separado ou tampões para lidar com o problema de sono do seu parceiro de cama.[80]

Não há muitos estudos sobre o ronco e problemas de sono em um casamento. Mas recentemente, alguns pesquisadores afirmaram que, além dos vários riscos para a saúde que os pacientes com apneia enfrentam, eles também correm maior risco de divórcio. Em um pequeno estudo com dez casais, os médicos do Centro Médico da Universidade Rush, em Chicago, descobriram que as esposas de homens com apneia do sono e ronco também sofriam privação de sono. Os pesquisadores dizem que o problema é mais do que só um leve aborrecimento. A falta de sono pode colocar pressão intensa sobre o casamento.[81]

Em um dos casais estudados em Rush, o ronco do marido estava acordando sua esposa várias vezes na noite. Tampões de ouvido não ajudaram, então ela decidiu dormir sozinha, o que causou uma forte pressão no casamento. Depois que o marido começou a usar um aparato domiciliar especial para amenizar a apneia, o sono da esposa também melhorou. E o índice de satisfação conjugal do casal quase duplicou.

Muitas vezes, a pessoa que ronca não leva a sério seu problema e não aceita os pedidos de seu cônjuge para que busque ajuda médica. Disso se conclui que pouca atenção tem sido dada ao efeito colateral do ronco e da apneia no cônjuge ou parceiro de cama. A pesquisa mostra que pessoas que dormem ao lado de roncadores acordam tanto quanto pessoas com distúrbios clínicos do sono. Um estudo da Mayo Clinic provou que os cônjuges dos roncadores acordavam, pelo menos parcialmente, em média 21 vezes por hora, quase tão frequente quanto as 27 vezes em que os roncadores eram despertados por seu caso clínico de sono.[82]

Não está claro quão prejudiciais são os efeitos do ronco passivo. Cônjuges dos roncadores e pessoas com apneia do sono se queixam de sonolência diurna excessiva e fadiga, o que pode afetar os relacionamentos no trabalho e no lar. No Centro de Distúrbios do Sono da Mayo Clinic, em Scottsdale, Arizona, foram estudados 54 pacientes com apneia do sono documentada, juntamente com seus cônjuges. Os pacientes e os cônjuges fizeram avaliações sobre a qualidade de vida e testes de sono.

Nas pesquisas, os cônjuges queixaram-se de mais dor em comparação às médias nacionais, embora não estivesse claro o motivo. Curiosamente, os cônjuges dos roncadores inicialmente apresentaram os mesmos índices de qualidade de vida que a média nacional. Os pesquisadores acham que os cônjuges simplesmente aceitaram o ronco como parte da rotina. Uma vez que a apneia do sono e o ronco foram tratados, a pontuação da qualidade de vida aumentou significativamente, mostrando que eles tinham sofrido mais do que imaginavam. E a pontuação do sono dos cônjuges aumentou em 20% quando os problemas foram tratados.

"O que o estudo mostrou é que toda a qualidade de vida dessas pessoas foi reduzida [...] e isso aumentou significativamente quando [o cônjuge] foi tratado", diz James M. Parish, diretor médico do Mayo Clinic. "Temos de levar em conta que isso afeta o cônjuge de forma significativa tanto quanto o paciente."[83]

A publicação médica *Journal of Otolaryngology* publicou um estudo piloto, com apenas quatro roncadores e seus parceiros de cama, conduzido por pesquisadores da Queen's University, em Kingston, Ontário. Eles descobriram que todos os parceiros de cama mostraram perda de grande parte da audição por causa dos ruídos. Todos quatro pacientes tinham dormido ao lado de um roncador por 15 a 39 anos, e os danos ficaram limitados ao ouvido que estava mais exposto ao ronco.[84]

O ronco pode alcançar níveis tão altos quanto 90 a 120 decibéis. Para algumas pessoas, dormir ao lado de alguém que ronca é o equivalente ao som de "dormir ao lado de uma máquina industrial por dez ou quinze anos", diz o coautor do estudo Andre Tan, que dirige o Departamento de Otorrinolaringologia da Queen's University. No local de trabalho, os trabalhadores que ficam expostos ao ruído que excede 85 a 90 decibéis por oito horas ou mais são geralmente obrigados a usar tampões de ouvido.[85]

Apesar de tampões serem uma opção, muitas pessoas não querem correr o risco de não acordar com o despertador ou com qualquer emergência noturna. A solução em longo prazo envolve o tratamento do problema do ronco ou da apneia em si. Para alguns pacientes, a perda de peso pode acabar por ser a melhoria mais significativa. Alguns problemas podem ser tratados com um aparelho dental que ajuda a abrir uma via nasal do roncador. As técnicas cirúrgicas, em que se utiliza o calor da frequência de rádio, laser, injeções ou pequenos implantes podem reduzir o tamanho do palato mole e abrir as vias nasais, ou ajudar o tecido rígido que vibra durante o ronco. Não se sabe ao certo o quanto os métodos cirúrgicos funcionam ou por quanto tempo eles duram, mas cerca de 80% dos pacientes relatam pelo menos alguma melhora nos níveis de ronco. Os problemas mais graves de apneia do sono podem ser tratados com uma máscara de ar que o roncador utiliza à noite.

Por que você acha então que estou há tanto tempo falando sobre o sono e o ronco no casamento? Se as pesquisas nacionais são alguma indicação, pelo menos um terço dos casais geralmente se separa por causa de problemas do sono. Casais que estão irritados e brigando muito precisam parar um pouco e se perguntar se os problemas não são provenientes de problemas do sono, em vez de frustrações do dia a dia. Eles podem apenas estar irritados e cansados, em vez de realmente zangados uns com os outros.

Para determinar como o sono pode afetar seu relacionamento, faça a avaliação do próprio sono conjugal. O seu parceiro ronca? Você cria horários de dormir para evitar o ronco do seu parceiro? Para determinar quanto o ronco do parceiro pode estar afetando você, tire duas semanas de "férias do sono". Durma em outro quarto durante a noite por duas semanas e veja se nota alguma diferença em seu sono, fadiga diurna ou irritabilidade. Dormir em um quarto separado não é uma boa solução em longo prazo para casais, mas ajudará os parceiros a reconhecerem o quanto o problema do sono é sério e complicado. Se você é o roncador no relacionamento, procure ajuda médica para a saúde e o bem-estar de seu cônjuge e do seu casamento.

Quando você fica doente por causa do seu cônjuge

O estresse de um casamento infeliz cobra um preço alto para sua saúde. Ao contrário do estresse com dinheiro ou com trabalho, o estresse do casamento parece ser particularmente ameaçador para a saúde porque é muito pessoal.

Segundo Annmarie Cano, professora-adjunta de Psicologia na Wayne State University, em Detroit, "você não pode escapar do estresse conjugal da maneira que consegue escapar dos outros tipos de estresse.". A Dra. Cano pesquisou a relação entre dor crônica e estresse do casamento, mostrando que cônjuges estressados sofrem mais dor do que aqueles que vivem um casamento feliz.[86]

"A maioria das pessoas pensa que o casamento é uma zona de conforto e um lugar onde podemos relaxar.", diz a Dra. Cano. "Mas quando o casamento fica estressante, não há mais refúgio seguro."

Cientistas da Universidade Estadual de Ohio conduziram dezenas de estudos documentando o efeito prejudicial que o estresse conjugal pode causar no sistema imunológico. Algumas das pesquisas mais surpreendentes sobre o estresse conjugal focou um grupo de recém-casados que obtiveram altos níveis em testes de felicidade conjugal e pareciam, de acordo com os pesquisadores, "gloriosamente felizes" uns com os outros.

Nesses estudos, os casais responderam a questões sobre seus casamentos, e os pesquisadores mediram as diferenças de personalidade e comportamentos individuais na resolução de problemas. Para começar o estudo, os casais foram convidados a discutir um tema que normalmente causa conflito em seu relacionamento, e a interação foi filmada e codificada com o intuito de medir os níveis de negativismo e desentendimento que preveem conflitos conjugais. Foram coletadas amostras sanguíneas de hora em hora, por um período de 24 horas, para medir os níveis de diferentes hormônios do estresse.

Dez anos depois, os pesquisadores analisaram os casais novamente. Eles descobriram que 19% tinham se divorciado. Mas resgatando o passado deles, verificou-se que o teste sanguíneo de hormônios realizado nos estágios iniciais desses casamentos já havia previsto quem iria se separar e quem ficaria junto. Três dos hormônios do estresse medidos durante os estudos sobre o conflito – epinefrina (adrenalina), norepinefrina e ACTH (hormônio adenocorticotrófico) – estavam significativamente elevados nos casais que acabaram se divorciando.[87]

Janice Kiecolt-Glaser, da Universidade do Estado de Ohio, observa que os indivíduos com níveis hormonais elevados não eram geralmente aqueles que ficaram exaltados em outras situações. E no início do estudo, testes de felicidade conjugal realizados por todos os casais revelaram que os casais que acabaram se divorciando não eram menos felizes em comparação com os casais recém-casados que permaneceram juntos. "Eles eram muito felizes no que diziam, mas o que seus hormônios nos disseram é que uma parte deles estava muito desconfortável.", diz a dra. Kiecolt-Glaser.

Os pesquisadores da Universidade do Estado de Ohio realizaram estudos semelhantes para medir que efeito o estresse conjugal tem sobre o sistema imunológico do corpo. Eles descobriram que o estresse vivenciado por um casal durante uma discussão rotineira de meia hora prejudica o sistema imunológico de maneira significativa.

Um estudo focou 42 casais que estavam juntos há pelo menos doze anos. Por um período de dois meses, cada casal concordou em ficar duas noites no laboratório. A cada visita, tanto o marido quanto a esposa eram submetidos a um dispositivo de sucção que deixava oito pequenas bolhas em seus braços. Outro dispositivo foi colocado sobre as feridas para protegê-las e permitir que os pesquisadores retirassem líquidos que normalmente enchem as bolhas.

O objetivo era estudar como as interações conjugais influenciavam a cicatrização das feridas, que é uma maneira de medir a resistência do sistema imunológico do corpo.

Os casais participaram de dois tipos de discussão. Na primeira visita, eles conversavam de uma forma favorável e positiva sobre a qualidade ou o comportamento que cada um gostaria de mudar em seu cônjuge. Na segunda visita, o casal falou sobre uma fonte de conflito regular, que muitas vezes provocava uma reação emocional de um ou dos dois.

O estudo mostrou que, após a discussão carregada de emoções, as feridas levavam um dia inteiro a mais para se curar comparado aos resultados da discussão anterior. Entre os casais que apresentavam níveis elevados de hostilidade um com o outro, a cicatrização levou dois dias a mais do que entre os casais que demonstraram pouca animosidade durante a conversa.[88]

As amostras de sangue mostraram que os casais hostis também obtiveram uma resposta do sistema imunológico associada a uma variedade de problemas de saúde, incluindo doenças cardíacas, câncer e diabetes.

"O estresse do casamento é único porque ele, basicamente, retira o que deveria ser sua fonte de apoio primária e a transforma em sua fonte primária de estresse.", diz a professora Kiecolt-Glaser.

Outros estudos compararam os efeitos do estresse conjugal e do estresse no trabalho sobre a saúde, descobrindo que a aflição conjugal estava associada a um espessamento do ventrículo esquerdo do coração, igual ao visto em ecocardiogramas de quem fuma e bebe em excesso. Mas o estresse do trabalho não teve o mesmo efeito.[89]

O quanto interagimos com nosso cônjuge em um casamento bom ou ruim também pode influenciar nossa saúde. O mesmo estudo constatou que, entre as pessoas vivendo casamentos infelizes, aquelas que passaram menos tempo com o cônjuge tinham a pressão arterial mais baixa do que aquelas que tinham tido muito contato. Entre aquelas que viviam bons casamentos, as pessoas que passavam muito tempo com seus cônjuges tinham pressão arterial ainda menor.

OS EFEITOS DE SAÚDE APÓS O FIM DO CASAMENTO

O casamento leva a uma saúde melhor. Será que podemos manter esses ganhos mesmo quando o casamento acaba? Como se sabe, o fim de um casamento é muito mais do que emocional. Quando pessoas casadas se separam, elas geralmente sofrem um declínio na saúde física, do qual elas nunca se recuperam por completo, mesmo se casando novamente.

Em um estudo com cerca de 9 mil pessoas, homens e mulheres que vivenciaram o divórcio ou a morte de um cônjuge obtiveram em torno de 20% mais problemas crônicos de saúde, tais como doenças cardíacas, diabetes e câncer, em comparação com aquelas que sempre foram casadas. As pessoas que foram casadas anteriormente também tiveram mais tendências a ter problemas de mobilidade, como dificuldade para subir escadas ou caminhar distâncias significativas.[90]

O estudo não prova que a perda de um casamento provoca problemas de saúde, só revela que os dois estão associados. Pode ser que as pessoas que não praticam exercícios físicos, comem mal e não conseguem controlar o estresse tenham também mais probabilidades de se divorciar. Ainda assim, os pesquisadores destacam que, como o efeito é observado tanto nos divorciados quanto nos viúvos, os dados sugerem uma forte associação entre qualquer tipo de perda conjugal e saúde debilitada.

Um dos motivos podem ser as alterações nos níveis celulares durante períodos de muito estresse. Altos níveis de estresse afetam as pessoas em nível genético, causando danos cromossômicos que podem significar abertura à reprodução de genes ruins. Em um estudo, o estresse sofrido por alguém que cuida de um paciente com Alzheimer resultou em danos aos telômeros (estruturas que protegem as extremidades reprodutivas dos cromossomos) associados a uma redução de quatro a oito anos de vida. O estresse do divórcio ou da viuvez pode ter um peso similar.

Embora casar-se novamente levasse a uma melhoria na saúde, o estudo mostrou que a maioria das pessoas casadas que se separou nunca se recuperou totalmente dos problemas físicos associados à perda conjugal. Em comparação com aquelas que sempre foram casadas, as pessoas em um segundo casamento tiveram 12% a mais de problemas crônicos de saúde e 19% a mais de problemas de mobilidade. Em contrapartida, os pesquisadores também analisaram os sintomas depressivos e verificaram que um segundo casamento parecia curar as feridas emocionais: uma vez que a pessoa se casasse novamente, o nível de sintomas depressivos era semelhante ao das pessoas que sempre foram casadas.

Embora esses dados não sugiram que as pessoas devam permanecer casadas a todo custo, os resultados mostram que o histórico conjugal é um indicador importante de saúde. Se uma pessoa estiver solteira ou tiver ficado recentemente, por divórcio ou por morte do cônjuge, ela deverá estar bastante atenta às questões de saúde sobre as quais um indivíduo tem algum tipo de controle, como gerenciamento do estresse, dieta e exercícios.

Outros estudos sugerem que o fim de um casamento causa efeitos diferentes em homens e mulheres. Assim como os homens recebem uma recompensa de saúde imediata quando se casam, essa vantagem também se vai logo que o casamento acaba.

Homens divorciados e viúvos enfrentam risco de mortalidade em um determinado período igual ao de antes de se casarem. O motivo talvez seja porque os homens divorciados e viúvos voltam rapidamente à vida instável da época de solteiro e perdem as habilidades de gerenciamento domiciliar de suas esposas. O resultado é dar menos atenção à própria saúde, maus hábitos alimentares, fumo e bebida e outros comportamentos de risco. Sabendo-se que as mulheres, muitas vezes, convencem os maridos a irem ao médico, acredita-se que os divorciados e viúvos não costumem procurar atendimento médico quando precisam. O mesmo não se aplica às mulheres.

Eu, pessoalmente, surpreendi-me com a forma como essas observações científicas refletem minhas próprias experiências com amigos, colegas e familiares. Vários homens divorciados que conheço compraram uma moto assim que terminaram o casamento – suas esposas haviam proibido o hobby, alegando que era muito perigoso ou consumista. Outros aumentaram o consumo de maconha ou de álcool após o divórcio e começaram a passar mais tempo em bares. Mas para as mulheres, o divórcio é geralmente uma experiência muito diferente. As mulheres divorciadas normalmente permanecem as principais responsáveis pelas crianças, então, mesmo que quisessem, elas não teriam a opção de voltar à vida de festas (e menos saudável) de seus dias de solteira.

Mesmo assim, as mulheres também passam por queda imediata na saúde após o divórcio. Todos os ganhos de saúde provenientes do casamento também desaparecem quando seu marido põe a moto dele na estrada. O que é interessante é que apenas as mulheres que se divorciam perdem a vantagem do casamento. As mulheres que perdem seus maridos por morte vivenciam algo diferente. A saúde continua a mesma e se assemelha àquela das mulheres casadas.

Por que a morte de um cônjuge é mais fácil para as mulheres do que o divórcio? Isso remonta ao fato de que, para as mulheres, o benefício do casamento tende a ser mais financeiro do que emocional ou comportamental. Na viuvez, elas tendem mais a manter a casa da família e os bens do marido. As mulheres divorciadas, muitas vezes, perdem a casa e pelo menos metade da renda familiar e dos bens.

Lições para manter-se saudável e permanecer casado

O casamento, por si só, não é suficiente para proteger sua saúde, e a perspectiva de melhorar a saúde certamente não é o único motivo para se casar. O que realmente importa é a qualidade de seu relacionamento. É muito simplista dizer que se casar é sempre bom. A verdade é que só um *bom* casamento é bom para você. Um casamento conturbado, cheio de estresse, conflitos e brigas pode se tornar um problema grave para sua saúde mental e física. É mais provável que um relacionamento amargo ou irreversivelmente prejudicado não ofereça nenhum benefício conjugal de saúde, e em termos de saúde pessoal, você estará melhor solteira.

O conflito é parte inevitável do casamento, e muitos casais podem brigar sem que isso vire um problema de saúde. Mas certos tipos de discussão podem resultar em altos níveis de estresse e estão associados a graves problemas de saúde.

Em um estudo com 4 mil homens e mulheres, os participantes foram questionados se revelavam seus sentimentos ou ficavam quietos nas discussões com seus cônjuges. Cerca de um em cada três homens e uma em cada quatro mulheres disseram, no geral, que escondiam seus sentimentos durante uma briga conjugal.[91]

Nos homens, manter o silêncio durante uma briga não tinha nenhum efeito sobre a saúde passível de ser medido. Mas as mulheres que não expressam seus sentimentos durante as brigas tinham quatro vezes maior probabilidade de morte durante os dez anos do estudo em comparação com as mulheres que diziam aos seus maridos como se sentiam. Não importava que ela achasse que tinha um casamento bom ou ruim. O risco era o mesmo.

Segundo Elaine Eaker, epidemiologista em Gaithersburg, Maryland, que foi a principal autora do estudo, a tendência de conter sentimentos durante uma briga é conhecida como autossilenciamento. Em um casamento, as mulheres, em particular, precisam aprender a expressar seus sentimentos de frustração e raiva de maneira construtiva, não só para proteger o casamento, mas também para proteger sua saúde em longo prazo. "Isso não significa que as mulheres devam começar a jogar pratos nos maridos.", diz a Dra. Eaker. "Mas é preciso haver um ambiente seguro, onde os cônjuges possam se comunicar de forma igual".

Outros estudos coordenados por Dana Crowley Jack, professora de Estudos Interdisciplinares na Universidade Western Washington, em Bellingham, Washington, relacionaram o autossilenciamento a inúmeros riscos para a saúde física e psicológica, incluindo depressão, distúrbios alimentares e doença cardíaca.

Manter o silêncio durante uma briga com um cônjuge é algo "que todos nós temos de fazer algumas vezes.", disse Jack. "Mas nos preocupamos com as pessoas que fazem isso de forma mais intensa. "

Apesar de o autossilenciamento não ser um problema para os homens, os maridos ainda são afetados pelo tom emocional de uma discussão.

Pesquisadores de Utah filmaram 150 casais a fim de medir o efeito que o estilo de discussão conjugal traz para o risco cardíaco. Os homens e as mulheres estavam, na maioria, na casa dos sessenta anos, estavam casados, em média, há mais de trinta anos e não apresentavam sinais de doença cardíaca. Os casais receberam assuntos estressantes para discutir, como dinheiro ou trabalhos domésticos, e os comentários feitos durante as discussões subsequentes foram categorizados em reconfortantes, hostis, controladores ou submissos. Os homens e as mulheres também passaram por avaliações cardíacas para medir o cálcio na artéria coronária, um indicador de risco de doença cardíaca.[92]

Os pesquisadores descobriram que o estilo de discussão detectado nas sessões de vídeo era um poderoso indicador do risco que um homem ou uma mulher tem para doença cardíaca subjacente. Na verdade, a forma como o casal interagia era um fator de risco cardíaco tão importante quanto se eles fumassem ou tivessem alto nível de colesterol, diz Timothy W. Smith, professor de Psicologia da Universidade de Utah.

Para as mulheres, se o estilo de discussão do marido fosse reconfortante ou hostil, isso causava maior efeito na saúde do coração dela. Aqui estão dois exemplos tirados do estudo em que os maridos estavam discutindo com suas esposas sobre dinheiro.

Marido 1: "Você *passou* em matemática na escola?"
Marido 2: "Você pode não ser tão boa com o talão de cheques, mas ainda bem que é boa em outras coisas."

Nas duas interações, o marido estava criticando as habilidades de sua esposa em gerenciar o dinheiro, mas o segundo comentário foi feito para não magoar a esposa. No estudo, um estilo reconfortante de discussão, por qualquer dos cônjuges, baixou o risco de doença cardíaca na esposa.

O estilo de discussão afetou homens e mulheres de forma diferente. O nível de afeto ou hostilidade não teve efeito na saúde do coração do homem. Para ele, o risco cardíaco aumentava se os desentendimentos com sua esposa envolvessem uma batalha por controle. E isso não importava se ele ou sua esposa fosse aquele que tecesse os comentários sobre controle. Um exemplo de estilo de argumento controlador que apareceu na gravação partiu de um homem que discutia com sua mulher sobre dinheiro. "Você realmente deveria confiar em mim nessa questão.", ele disse.

"Os desacordos em um casamento são inevitáveis, mas é a forma como eles são conduzidos que faz a diferença.", disse o Dr. Smith. "Será possível fazer isso de forma que suas preocupações sejam abordadas, mas sem causar danos ao mesmo tempo? Isso não é algo tão fácil para alguns casais."

Para os casais que estão lutando no casamento, os dados sobre a saúde e o casamento mostram que os riscos são maiores do que muitas pessoas imaginam. Um casamento melhor não só o fará mais feliz, mas também poderá deixá-lo mais saudável. As pessoas casadas, em média, têm vidas mais saudáveis e mais felizes. Elas geralmente têm menos dores de cabeça e nas costas. Tendem a não fumar ou beber em excesso e procuram praticar mais esportes. As pessoas casadas dormem melhor e recebem mais apoio logístico quando sofrem uma doença grave.

Não fazer nada e permitir que problemas conjugais piorem não ajuda o seu casamento e podem causar sérios danos à sua saúde e à saúde de seu parceiro.

Resumindo os benefícios do casamento

Até agora, eu espero, você está se sentindo muito bem com a parte "na alegria" dos votos do seu casamento. Há muito para se aproveitar numa relação desse tipo.

As mudanças sociais e econômicas ao longo das últimas quatro décadas significam que os casais de hoje estão demorando mais para se casar, e o resultado é que os casamentos modernos parecem ser mais resistentes e duráveis do que os casamentos das gerações anteriores. O divórcio torna-se menos comum a cada década que passa, e como o casamento mais tardio beneficia a escolha de parceiros mais compatíveis, homens e mulheres estão entrando em relacionamentos com maior potencial de resistir à prova do tempo.

A decisão sobre com quem e quando se casar é, obviamente, influenciada por vários fatores. Os psicólogos dizem que nós, geralmente, nos casamos com pessoas que têm os mesmos antecedentes étnicos e socioeconômicos. Escolhemos os companheiros que têm níveis de beleza física, inteligência e educação similares. Não é nenhuma surpresa que gostamos de estar com pessoas que têm um senso de humor parecido, opiniões políticas, valores e metas de longo prazo similares.

A ciência do relacionamento também nos ensina que a química do cérebro, hormônios e necessidades biológicas nos guiam na escolha de um companheiro para a vida. Valores culturais, pressões sociais e experiências pessoais influenciam nosso modo de pensar, sentir e comportar-nos em ambientes românticos.

Em um estudo transcultural, o pesquisador David Buss, da Universidade do Texas, perguntou a 10 mil homens e mulheres de 37 países quais características eles procuravam em companheiros em potencial. Mundialmente, as mulheres e os homens queriam companheiros que fossem inteligentes, gentis, compreensivos, seguros e saudáveis.[93] No final, as decisões que tomamos em relação a quando e com quem se casar são o resultado de uma interação complexa entre o nosso histórico genético e evolucionário e as nossas experiências pessoais e culturais, misturadas com grandes doses de acaso.

Os estudos mostram consistentemente que o casamento é bom para o ser humano, resultando em mais sexo, melhor sono, melhor saúde mental e física, entre outras coisas. Mas isso não significa que não seja uma luta. O casamento mudou drasticamente ao longo dos últimos cinquenta anos, e hoje, os casais têm altas expectativas para seus relacionamentos. Isso fez do casamento moderno um empreendimento de manutenção surpreendentemente alta. Casar é relativamente fácil. Mas manter os altos padrões que estabelecemos para nós mesmos no casamento é a parte em que entra o trabalho árduo.

E, embora muitas vezes fique claro quando as coisas não estão indo bem em um casamento, nós realmente não sabemos por onde começar para fazer as coisas melhorarem. A discórdia é sempre um sinal de conflito conjugal? Ou há momentos em que brigar com seu marido ou sua esposa é realmente bom para o seu casamento? Os filhos aproximam um casal, ou começar uma família gera uma dinâmica totalmente nova e desafiadora para o casamento? O que as preocupações com dinheiro e as brigas domésticas dizem sobre a vida do seu relacionamento de forma geral? Os pesquisadores de relacionamento colocaram o casamento sob o microscópio e estudaram cuidadosamente os maiores problemas que os casais enfrentam. Eles descobriram novas formas de diagnosticar a vida do seu casamento e identificaram os padrões de conflito que podem sinalizar um casamento saudável ou um casamento destinado ao fracasso. Seja os desafios de criar os filhos, seja as brigas por causa de trabalho doméstico e dinheiro, um vasto conjunto de estudos realizados por pesquisadores do relacionamento oferece agora conselhos simples e práticos para fazer pequenas mudanças que podem levar a grandes melhorias nos relacionamentos.

Então, o que os casais devem fazer quando "na alegria" se torna "na tristeza"? As respostas que vamos explorar no próximo capítulo poderão surpreendê-lo.

Parte II

Na tristeza (mas você quer que seja na alegria!)

6

A CIÊNCIA DO CASAMENTO: DIAGNOSTICANDO A SAÚDE DE UM RELACIONAMENTO

Um casamento de sucesso requer apaixonar-se muitas vezes, sempre pela mesma pessoa.
Mignon McLaughlin

Você acha que consegue identificar um bom casamento? Uma das lições mais importantes do estudo científico sobre casamento é que muitos de nós estão se concentrando nas coisas erradas quando se trata de tentar avaliar e melhorar a qualidade de um relacionamento.

O notável pesquisador de casamento Robert Levenson, da Universidade da Califórnia, conduziu um experimento fascinante a fim de determinar se existem sinais óbvios de um bom ou de um mau relacionamento. Ele reuniu em um vídeo dez casais conversando e discutindo sobre assuntos de rotina e sobre assuntos polêmicos. Na ocasião em que o vídeo foi feito, todos os participantes eram casados, mas o Dr. Levenson sabia que cinco deles acabariam se divorciando. Os pesquisadores que estudaram esses homens e essas mulheres gravaram a interação deles em fita, muito antes que os casais pudessem perceber que seu relacionamento estava fadado ao fracasso.

Ele pediu que duzentas pessoas assistissem às gravações e adivinhassem quais casais haviam se divorciado no final. Entre os observadores do vídeo estavam estudantes universitários, pessoas recém-divorciadas, pessoas casadas há muito tempo, pastores, terapeutas de casais e cientistas de relacionamento. De modo geral, os espectadores acertaram apenas cerca de 50%. Eles teriam se saído melhor se tivessem apostado no cara ou coroa.

Embora ninguém tenha feito nada além de prever o divórcio, houve dois tipos de pessoas que se saíram um pouco melhor na identificação dos casamentos em que um ou ambos os parceiros estavam infelizes. As pessoas que tinham acabado de experimentar um divórcio e casais que já estavam juntos há muito tempo tiveram um resultado acima da média ao identificar os relacionamentos insatisfatórios. As pessoas que experimentaram, recentemente, relacionamentos conturbados podem ter aprendido a identificar um relacionamento ruim quando veem um.

E os casados há muito tempo, que têm dominado a arte dos relacionamentos, também descobriram uma coisinha ou outra sobre o que faz um casamento dar certo. Mas, para a maioria das pessoas, as aparências conjugais podem ser enganosas. O experimento do Dr. Levenson mostrou que a diferença entre um bom casamento e um casamento ruim não é tão óbvia quanto se poderia imaginar.

Pense em um casal que parece brigar demais. Brigas, raiva e negatividade parecem sintomas de um mau casamento. Mas os estudos mostram, consistentemente, que a frequência com que o casal discute não prevê risco de divórcio. Alguns estudos ainda sugerem que o conflito é um bom sinal, que mostra o desejo do casal em resolver os problemas, em vez de deixá-los maiores. De fato, as pesquisas mostram que a frequência com a qual você briga ou discute com seu cônjuge não importa tanto assim. É a qualidade da discussão e *como* se discute que contam para a felicidade conjugal.

Ao mesmo tempo, um casal sorrindo e brincando parece ser uma boa aposta de um casamento feliz. Mas os estudos sobre como os casais em crise interagem mostram que o humor nem sempre é um fator positivo. Às vezes, a risada e o sorriso aparecem para aliviar a tensão e encobrir problemas mais profundos.

O fato é que o casamento típico é composto por uma série de emoções complicadas, interações e eventos. E grande parte do que acontece entre os casais não é um indicador confiável para se medir a qualidade de seu relacionamento. Mas o que os pesquisadores aprenderam é que existem alguns indicadores simples e poderosos para diagnosticar os conflitos conjugais muito antes de o relacionamento começar a se deteriorar.

Será que o seu casamento tem sinais de boa saúde ou de possíveis problemas? Aqui vão algumas formas como você poder diagnosticar a saúde de seu relacionamento.

A HISTÓRIA DE COMO VOCÊS SE CONHECERAM

Como vocês se conheceram? Foi amor à primeira vista? Vocês namoraram por muito tempo ou foi um romance rápido?

Os recém-casados e os casados há muito tempo são convidados, com frequência, a descrever os detalhes de seu primeiro encontro, de seu namoro ou mesmo da proposta de casamento. Talvez foram namorados no colégio ou talvez se conheceram por meio de um serviço de namoro on-line, ou na mercearia, ou num encontro às escuras arranjado pelos amigos. As histórias do primeiro encontro são quase sempre interessantes, sejam elas engraçadas, picantes ou mergulhadas em descobertas ao acaso.

Mas o que a história de como vocês se conheceram anos atrás tem a ver com como você está lidando com seu cônjuge hoje? Os pesquisadores de relacionamentos estão muito interessados em ouvir como os casais se conheceram, como uma forma de medir a qualidade do relacionamento atual. Mas os detalhes reais da história são muito menos importantes do que o *modo* como o casal a conta. Sua narrativa romântica pessoal, expressa por você ou seu parceiro, está repleta de pistas sobre o estado de seu relacionamento hoje e pode prever se o problema ficará maior.

Esse foi o trabalho do autor Studs Terkel, vencedor do prêmio Pulitzer, conhecido por captar a história oral e os insights das pessoas que viveram durante a Crise de 1929 e a Segunda Guerra Mundial, que despertou o interesse de dois pesquisadores especializados em casamentos, Lowell J. Krokoff e John M. Gottman.

Com base na abordagem que o Sr. Terkel utilizava para fazer as pessoas falarem, os pesquisadores desenvolveram um tipo de entrevista que incentivava os casais a contarem sua história, perguntando a homens e mulheres sobre seus encontros e sua história conjugal, sua filosofia para o casamento e como o casamento mudou com o passar do tempo.[94]

Desde então, estudos mostram que os eventos que começaram a história do casal são particularmente reveladores do estado de seu relacionamento. Um dos primeiros estudos sobre o valor das histórias de como os casais se conheceram foi publicado em 1992. O Dr. Gottman e seus colegas da Universidade de Washington coletaram as histórias verbais de 52 casais que foram codificadas e desconstruídas. Os casais também participaram de discussões em laboratórios, à frente de câmeras e ligados a dispositivos de monitoramento corporal. Com base em todas as evidências que os pesquisadores recolheram, eles puderam ter uma excelente ideia de quais casais eram felizes e daqueles que estavam a caminho do divórcio.

Três anos mais tarde, os pesquisadores analisaram aqueles casais novamente. Eles foram praticamente perfeitos em sua avaliação. A história sobre como os casais se conheceram havia previsto, com 94% de acerto, quais casais romperiam e quais permaneceriam unidos.[95]

Esse tipo de história é útil, mas menos previsível com recém-casados – o relacionamento ainda está se desenvolvendo, e os casais ainda estão estabelecendo um padrão. Ainda assim, conversar com um casal sobre o início de seu romance, mesmo que eles ainda estejam no meio dele, pode identificar os relacionamentos potencialmente problemáticos. Em um estudo, os pesquisadores coletaram as histórias sobre como 95 recém-casados se conheceram e as examinaram novamente em intervalos diferentes pelos nove anos seguintes.

No intervalo de quatro para seis anos, a história acertou 86% ao prever quem ainda estaria junto. No final do estudo de nove anos, a exatidão da história de como os casais se conheceram havia baixado para 81%.[96] Entre os 79 casais que ainda estavam casados nove anos mais tarde, os pesquisadores previram corretamente que 68 deles ainda ficariam juntos. E a "história de como nos conhecemos" havia previsto, corretamente, treze dos dezesseis divórcios.

Pense no que isso significa. A "história de como nos conhecemos", quer contada no início do casamento, quer muitos anos mais tarde, serve como uma espécie de bola de cristal que prevê o estado do casamento até nove anos à frente. Isso mostra que a forma como um casal vê seu relacionamento no início do casamento é um forte indicador de como o casal estará anos mais tarde.

O TESTE *NA ALEGRIA* Nº6: A HISTÓRIA DE COMO VOCÊS SE CONHECERAM

A seguir estão algumas das perguntas que os pesquisadores utilizam para conseguir que os casais falem sobre como se conheceram. Antes de continuar a leitura deste capítulo, leia as questões e escreva suas respostas. Você não precisa responder todas as questões, apenas escolha uma ou duas perguntas que o incentivem a falar. O objetivo aqui é documentar as lembranças dos primeiros dias de seu relacionamento.

É importante que você responda às perguntas agora, assim você não será influenciado pelas descobertas dos pesquisadores, descritas após as questões.

1. Vocês se lembram de quando se encontraram pela primeira vez? Quais foram suas primeiras impressões?

2. Há quanto tempo vocês se conheciam antes de se casarem? Que tipo de coisas vocês fizeram juntos?

3. Como vocês decidiram se casar? Essa decisão foi fácil ou difícil?

4. De todas as pessoas no mundo, o que levou você a decidir que esta era a pessoa que você queria como cônjuge?

5. O que vocês lembram sobre seu casamento? E sua lua de mel?

6. Quando você olha para trás, para o primeiro ano de casados, do que se recorda?

7. Quais os momentos que realmente se destacam como bons momentos em seu casamento?

8. Quais ocasiões se destacam como tempos realmente difíceis? Por que acha que ficaram juntos?

9. Por que acha que alguns casamentos dão certo e outros não?

10. Como era o casamento de seus pais?

As perguntas parecem bastante simples, mas as respostas estão repletas de *insights*. Por que a "história de como nos conhecemos" é tão importante? Tipicamente, os primeiros dias de um relacionamento são os mais românticos e apaixonados. Coloque-nos em um escâner cerebral quando estamos nos primeiros dias de um amor romântico e pareceremos loucos ou drogados. As partes de nosso cérebro responsáveis pelo pensamento crítico são desligadas – é por isso que não nos incomodamos com falhas óbvias, como um apartamento imundo ou gastos desnecessários. Enquanto isso, nossos cérebros são inundados por uma onda de dopamina, e nos sentimos tontos e embriagados de amor. Todas as lembranças que criamos durante esse período são tingidas de tons cor-de-rosa dos recém-apaixonados.

Quando estamos felizes em nosso relacionamento, nos lembramos dos primeiros dias com o mesmo otimismo cor-de-rosa. Mas, uma vez que ficamos insatisfeitos com nosso parceiro, em algum momento nossas percepções mudam. Isso não quer dizer que criamos problemas que nunca existiram. Apenas torna-se mais fácil recordar-se dos maus momentos, em vez dos bons momentos. E acabamos remodelando a história para refletir nosso atual estado de descontentamento.

A história de seu namoro está repleta de nostalgia e otimismo? Ou está tingida por negatividade e arrependimento? Vocês se lembram de ficar perdidos na chuva juntos em seu primeiro encontro? Ou você se lembra apenas do fato de ele ter se recusado a parar para pedir informações?

Cônjuges que são felizes em seus casamentos recontam, com frequência, o início de seu relacionamento com risadas, sorrisos e saudade, mesmo quando falam sobre momentos difíceis, como a perda do emprego ou dificuldades financeiras. Casais infelizes, entretanto, tendem a remodelar seu passado juntos de forma fortemente negativa.

Por exemplo, imagine um casal contando a história da primeira vez em que a esposa visitou o apartamento imundo de seu futuro marido.

"*Meu Deus, o lugar estava um caos! Meias por toda parte, garrafas vazias de cerveja. Era, definitivamente, um apartamento de solteiro.*"

Ou ela pode lembrar-se assim:

"*Era nojento. Mesmo naquela época, ele era um completo vagabundo.*"

É a mesma história sobre o mesmo apartamento bagunçado, dita de duas formas diferentes. Porém, está claro qual esposa está mais feliz em seu relacionamento.

Veja minha própria história de como foi meu primeiro encontro com meu marido em Austin, Texas. Nos primeiros dias de meu casamento, eu teria contado a história assim:

"*Depois do jantar, ele sugeriu que caminhássemos até o edifício do Capitólio. Eu tinha acabado de fazer uma cirurgia no pé, mas estava me divertindo e nem me importei. Não queria estragar o momento, então fui, mancando, passear ao redor do Capitólio.*" Mas depois, quando a relação começou a azedar, conto, às vezes, a história desta forma:

"*Depois do jantar, ele sugeriu que caminhássemos até o edifício do Capitólio. Eu tinha acabado de operar meu pé. É claro que ele nem percebeu que eu mal podia andar.*"

Mesmo que eu costumasse rir enquanto contava a história, tenho certeza de que um terapeuta experiente veria pistas da minha negatividade muito antes que eu sequer tivesse conhecimento disso. E esse é o valor da "história de como nos conhecemos". Além de ouvir seu parceiro contando essa história, ouça a si mesmo e perceba como *você* conta a história de seu namoro. Isso vai oferecer uma avaliação útil sobre o estado de seu casamento hoje.

Aqui vão algumas pistas do que procurar ao recontar sua narrativa conjugal.

Decepção e desilusão

Quando os pesquisadores da Universidade de Washington analisaram as "histórias de como nos conhecemos" de 52 casais estudados, descobriram que o indício mais poderoso para o divórcio era se o marido expressasse sentimentos de desapontamento ou desilusão ao recontar sua narrativa. Aqui está um exemplo de desilusão:

"*Gostaria que tivéssemos esperado um pouco mais antes de nos casarmos, porque ninguém me disse que seria tão difícil. Foi uma decisão emocional e não muito racional.*"[97]

À medida que os pesquisadores entrevistavam os homens e mulheres, alguns dos homens ofereciam várias percepções diferentes sobre o casamento, que sugeriam desapontamento ou desilusão com sua situação atual. Um homem diria que nunca viu, realmente, um exemplo de bom casamento. Ou poderia mencionar que tinha expectativas não realistas sobre o casamento quando ele e sua esposa estavam começando. Às vezes, ele iria oferecer conselhos ao entrevistador, que incluiriam sinais sutis de que ele se sentia arrependido por suas próprias escolhas.

Aqui temos um exemplo de comentário tingido por desapontamento pessoal.

"*Antes de se casar, tenha certeza de que você já realizou todas as viagens e teve toda a diversão que queria. Eu não tinha ideia de onde estava entrando quando me casei. Meus pais tiveram um relacionamento terrível, e eu nunca soube como se comportava um casal feliz.*"

No estudo, apenas a desilusão dos maridos era um indício de divórcio. Isso não significa que o marido, em última instância, é a razão para os problemas no casamento. Significa apenas que, quando o marido começa a reformular os primeiros dias do namoro com um sentimento de desilusão, provavelmente o relacionamento tenha chegado a um ponto sério de deterioração.

A escolha do pronome

Casais felizes dizem “nós”, “conosco” e “nosso” ao contar suas histórias. As histórias de como se conheceram estão cheias de união. Os pesquisadores da Universidade de Washington chamam isto de “condição-Nós”. Casais infelizes evitam, com frequência, todos os pronomes em primeira pessoa do plural, cravando “eu”, “meu”, “você” e “seu”.

Aqui está um exemplo da “condição-Nós”:

“*Fizemos uma caminhada pelas montanhas e acabamos nos perdendo. Ficamos muito distraídos com a paisagem.*”, ela diz.

“*Nós nunca mais fizemos caminhadas pelas montanhas novamente, mas aquela ainda é nossa melhor viagem juntos*”, ele completa.

Frequentemente, casais que não pensam em si mesmos como “nós” estão vivendo vidas paralelas e não se sentem conectados aos seus cônjuges. Imagine este tipo de casal contando a mesma história sobre o passeio na montanha.

“*Você perdeu o mapa naquele dia e levamos horas para voltar a casa. Eu estava exausta.*”, ela diz.

“*Você nunca gostou de fazer caminhadas mesmo*”, ele diz.

Afeição

É fácil perceber quando se está na companhia de um homem e de uma mulher que realmente se gostam. Eles mostram afeição e muitas vezes elogiam um ao outro ou se gabam das realizações do outro:

“*Foi formidável! Midge nunca esteve tão bonita quanto no dia de nosso casamento.*”[98]

Embora elogiar sua esposa em seu vestido de noiva possa não parecer algo grande, percebe-se o sentimento de afeição que não aparece em todas as histórias sobre o dia do casamento. Na pesquisa, homens que apresentaram baixos resultados para “afeição” não demonstraram afeto em relação a suas esposas durante a entrevista. Ao recontarem as histórias de como se conheceram, os casais que possuíam baixos resultados para afeição não elogiaram ou expressaram orgulho em relação a seus cônjuges.

Expansividade

Cônjuges felizes frequentemente repetem ou ampliam suas histórias. Em um exemplo, uma mulher pode afirmar que o marido levou uma eternidade para decidir se casar. Ele amplia tal pensamento de uma forma positiva.

"*Sim, era um tempo bom. Mesmo agora, ainda é um muito bom. Ser cauteloso foi algo que valeu a pena para nós dois.*" [99]

Caso seu parceiro não queira falar sobre os primeiros dias de seu relacionamento, isso pode ser um sinal de afastamento, um fator de risco para problemas.

"*Você sabe que não gosto de falar desse assunto.*"

Recontando as dificuldades

É possível que a narrativa dos primeiros dias juntos inclua alguns momentos difíceis. Talvez vocês tenham tido dificuldades financeiras ou dúvidas sobre o próprio relacionamento. Mesmo se tempos difíceis fizerem parte da narrativa do início do romance, casais felizes ou infelizes irão contar a história de suas dificuldades de modos diferentes. Casais infelizes geralmente relatam o "caos" ao contarem a história das primeiras brigas. Casais felizes "glorificam" as brigas. Aqui vão dois exemplos. Perceba o uso dos pronomes "eu" e "nós" e o tom positivo ou negativo de cada exemplo:

"*A vida era difícil naqueles anos. Eu gastava toda a minha energia tentando colocar comida na mesa.*"[100]

"*A vida era difícil naqueles anos. Às vezes batalhávamos para colocar comida na mesa, mas superamos isso.*"

Embora a "história de como nos conhecemos" tenha provado ser uma ferramenta útil para o diagnóstico da saúde do casamento, é importante lembrar que ela não é 100% confiável. Lembre-se de que, no estudo de recém-casados, havia quinze casais que pareciam bastante incomodados com suas histórias, mas nove anos mais tarde, eles ainda estavam casados. Além disso, três casais que pareciam felizes pelo modo como recontaram o início de seu amor ainda assim se divorciaram.

Atente-se aos pronomes

Uma quantidade surpreendente de bolsas de estudos tem sido dedicada à análise de nossa escolha de palavras e pronomes em geral. Freud começou essa prática com o estudo de "atos falhos" – aqueles pequenos deslizes na fala que revelam os sentimentos mais profundos de uma pessoa. Vários pesquisadores têm estudado como a escolha das palavras reflete a carência de uma pessoa e, até mesmo, se a pessoa pode sofrer de transtorno bipolar ou outros problemas médicos. A informática causou um enorme impacto no estudo da linguagem. Um programa chamado *Linguistic Inquiry and Word Count* categoriza palavras que escrevemos e dizemos em mais de 70 grupos "psicologicamente relevantes". O computador pode identificar palavras que encobrem emoções positivas e negativas, pronomes, preposições e outras palavras.

Um dos líderes neste campo, o pesquisador linguista James W. Pennebaker, da Universidade do Texas, em Austin, notou que, quando o programa foi inicialmente introduzido, os acadêmicos o utilizaram concentrando-se em conteúdos de nossas conversas e textos escritos, como a morte, a religião ou o dinheiro. Mas o estudo da linguagem e do uso das palavras mostrou que todas as pessoas desenvolvem um estilo linguístico pessoal, não importa sobre o que estão falando.

As poderosas mensagens que enviamos por meio das palavras que escolhemos são particularmente aparentes em investigações criminais. Por exemplo, em 1994, uma mãe chamada Susan Smith relatou que seus dois filhos pequenos haviam sido sequestrados. Ela disse aos jornalistas: "Meus filhos gostavam de mim. Eles precisavam de mim. E agora não posso ajudá-los".

Os investigadores do FBI tomaram nota disso. O fato de ela ter falado no tempo passado sugeriu que ela sabia que seus filhos não estavam mais vivos. A maioria dos pais fala dos filhos desaparecidos no tempo presente. Logo foi descoberto que a Sra. Smith havia afogado os filhos em um lago.[101]

A escolha das palavras é sempre reveladora, mas, notavelmente, são as pequenas palavras aquelas que dizem mais, e não as grandes ou descritivas. Os artigos, pronomes, preposições e conjunções que utilizamos criam um número de padrões. E uma das mais ricas fontes de informações sobre a saúde psicológica e mesmo física de uma pessoa é o pronome. Em um artigo fascinante intitulado *What Our Words Can Say About Us* [O que nossas palavras podem dizer sobre nós], o Dr. Pennebaker descreve algumas descobertas relacionadas ao uso do pronome.[102]

- Ao escrever sobre as experiências da faculdade, os estudantes que utilizam mais os pronomes de primeira pessoa são mais suscetíveis à depressão.
- Poetas que cometem suicídio tendem a utilizar mais a primeira pessoa do singular em seus poemas. Eles também fazem pouca referência a outras pessoas, sugerindo isolamento social.
- Amplo trauma social aumenta a utilização da palavra "nós". Um exemplo disso foi visto após a morte da princesa Diana. Em salas de bate-papo, o uso da palavra "nós" teve um aumento de 135%, enquanto que o uso da palavra "eu" caiu 12%.

Em outro estudo, os pesquisadores realizaram vários experimentos sobre mentira, no qual os estudantes mentiriam intencionalmente sobre suas opiniões quanto ao aborto, seus sentimentos em relação às pessoas das quais gostavam ou não, ou se haviam roubado uma nota de dólar deixada dentro de um livro. Analisando centenas de conversas e materiais escritos, os pesquisadores encontraram uma notável tendência: quando as pessoas mentem, elas ficam menos propensas a usar a primeira pessoa do singular. Parece que a pessoas, quando estão mentindo, tentam se distanciar da inverdade, evitando o uso do pronome "eu". De fato, os pesquisadores concluíram que utilizar a palavra "eu" é um excelente indicador de honestidade.[103]

Em outro trabalho, os estudos mostram que as pessoas têm diferentes padrões para o uso de pronomes quando estão doentes e quando estão saudáveis. As pessoas doentes utilizam pouco os pronomes em primeira pessoa, talvez como um meio para distanciá-las de suas enfermidades. Quando a saúde da pessoa começa a melhorar, ela aumenta a mistura de pronomes em primeira pessoa do plural e os pronomes no singular que utiliza.[104]

Dada a importância dos pronomes para a compreensão da saúde psicológica, das motivações e do bem-estar de uma pessoa, não é surpresa que eles sejam particularmente interessantes para os pesquisadores de relacionamentos. Lembra-se da história de como casais se conheceram? O uso de palavras como "nós", "conosco", "nosso" e "ambos" é particularmente importante, evocando o que os pesquisadores chamam de "condição-Nós", e sugere que o casal está prosperando na parceria do casamento.

Um estudo da Universidade da Pensilvânia e da Universidade da Carolina do Norte observou o uso dos pronomes "eu" e "outros" entre 59 casais. Não eram casais típicos, porque um dos parceiros tinha um diagnóstico de transtorno obsessivo-compulsivo ou transtorno do pânico. Mas o grupo foi particularmente interessante porque metade dos pacientes e 40% dos cônjuges relataram ser infelizes em seus casamentos.

Observando as transcrições das discussões dos casais sobre vários problemas, os pesquisadores encontraram inclinações no uso dos pronomes. A utilização dos pronomes em primeira pessoa, tanto "eu" quanto "nós", estava associada a melhor habilidade para solução de problemas. Entretanto, casais que utilizaram regularmente o pronome "você" ao discutirem problemas pareceram ter mais negatividade em suas conversas e menos felicidade conjugal.[105]

Da próxima vez que tiver um desentendimento com seu cônjuge, preste atenção aos pronomes. Tente evitar frases como "você sempre" ou "você nunca". De modo geral, tente evitar a palavra "você" quando tiver uma discussão. Tente ficar com a primeira pessoa "eu" ou com o "nós" e evitar o acusatório "você".

Considere essa discussão de um casal em um apartamento bagunçado. Aqui vai um modo de iniciar a discussão:

"*Você é um relaxado. Você nunca guarda suas coisas.*"

E aqui, uma alternativa:

"*Eu estou realmente decepcionada com a bagunça dessa casa. Nós precisamos descobrir uma forma de manter a casa limpa. Eu preciso de ajuda.*"

Embora possa parecer uma mudança pequena, qualquer pessoa que tenha recebido acusações com o pronome "você" sabe como essa palavra pode ser desagradável e confrontante.

O QUE OS OLHOS DIZEM SOBRE UM CASAMENTO

Às vezes, a melhor informação sobre o estado de um casamento está escrito no rosto da pessoa. As expressões faciais podem ser um fator poderoso para prever os sentimentos, mesmo quando as palavras escolhidas parecem neutras ou agradáveis.

Mas descobrir quais expressões faciais mais importam para um casamento não é fácil. Em geral, os cientistas acham a face surpreendentemente difícil de estudar. O sorriso é particularmente complicado. Ele pode esconder alegria, orgulho, vergonha, amor ou até mesmo desprezo.[106] Um estudo da década de 1950 sobre a ciência da expressão facial chamou a face de "pesadelo dos pesquisadores".

Há mais de cem anos, o médico francês Guillaume Duchenne encontrou um meio para detectar um genuíno sorriso de alegria. Um "sorriso Duchenne", como ficou conhecido, envolve atividade muscular ao redor da boca e dos olhos e ocorre quando as pessoas realmente estão felizes. Um sorriso que envolve apenas os músculos da boca é frequentemente visto como pouco sincero e pode acontecer quando as pessoas estão tentando mascarar infelicidade ou decepção.[107]

Mas o divisor de águas aconteceu quando os pesquisadores pararam de tentar estudar as expressões faciais e começaram a estudar os movimentos dos músculos individualmente. Na década de 1970, um sistema de codificação facial anatômica foi desenvolvido e atribuiu números para descrever as milhares de combinações possíveis para os movimentos dos músculos faciais. Levantar ou abaixar a sobrancelha, inflar as bochechas, enrugar o nariz, olhar de soslaio, apertar os lábios, deixar cair o queixo, expirar forte pelas narinas, pestanejar, fechar os olhos, arregalar os olhos e franzir os lábios foram todos codificados. Notavelmente, a maioria das ações na face ocorre ao redor da boca, com muita ajuda das sobrancelhas, dos olhos e do nariz. Mas a primeira versão desse sistema era de difícil manuseio e lenta. Com mais pesquisas, um novo sistema de codificação facial foi desenvolvido e concentrou-se apenas nas sobrancelhas, nos olhos, na porção média da face e na boca. Isso permitiu aos pesquisadores codificar as emoções mais rapidamente, com tanta precisão quanto o sistema de código mais complicado.

Em um dos primeiros estudos para codificar as expressões faciais de casais, os pesquisadores estudaram uma amostra de 79 casais de Bloomington, Indiana. Os homens tinham, em média, 32 anos de idade; as mulheres, 29. Em média, eles estavam casados por aproximadamente cinco anos.

Os casais participaram juntos da entrevista oral padrão, em casa. Então, foram separados por oito horas e se encontraram novamente no laboratório. Eles receberam sensores corporais e foram colocados em frente a câmeras de vídeo. (Parece assustador, mas estudo após estudo tem mostrado que os casais rapidamente esquecem quem está ao seu redor e ficam tão felizes em brigar no laboratório como ficam na intimidade de suas próprias casas.) Os homens e as mulheres tiveram de falar por quinze minutos sobre os acontecimentos gerais do dia (trabalho, filhos, notícias, o clima), seguido por um período de silêncio de cinco minutos. Isso deu aos pesquisadores uma noção de como os casais interagem normalmente.

Então, houve mais quinze minutos de discussões sobre a área mais problemática do casamento (dinheiro, sogros, sexo), seguidos por outros cinco minutos de silêncio. Em seguida, falaram por outros quinze minutos sobre assuntos agradáveis em que havia a concordância mútua (férias em família, reforma da casa, os animais de estimação).

Quatro anos depois, a maioria dos casais retornou ao laboratório para a continuação do estudo. Os pesquisadores descobriram que expressões faciais que haviam aparecido até mesmo durante as conversas aparentemente benignas quatro anos antes tinham previsto a infelicidade mais tarde. As expressões faciais que mais importam são as relacionadas à raiva, à aversão, ao desprezo, à tristeza e ao medo. O tipo de sorriso usado em conversas também importa. Um sorriso genuíno, que produz "pés de galinha" ao redor dos olhos, é um bom sinal. Um sorriso que envolve apenas os lábios é um sinal de felicidade "falsa" e, frequentemente, prediz problemas futuros.

A complexidade desse sistema de código não pode ser subestimada. Conversas aparentemente maçantes sobre o cachorro da família ou os sogros são traduzidas em linhas de números que criam um modelo matemático para o estilo de relacionamento do casal. Os dados de monitores cardíacos, eletrodos e outros sensores são sincronizados com a codificação do vídeo. A mulher, no vídeo, pode estar dizendo algo positivo, pode, até mesmo, estar sorrindo, mas um codificador astuto vê que o sorriso é forçado e não envolve os músculos dos olhos. Os sensores corpóreos mostram que a frequência cardíaca da mulher está sob tensão, sugerindo que ela esteja menos feliz do que aparenta.

Todas essas informações são alimentadas em uma equação complexa que permite aos pesquisadores de relacionamentos estudar, objetivamente, como os casais interagem. Porém, embora todos esses dados sejam fascinantes e extremamente úteis para os propósitos da pesquisa, não se pode pedir que os casais filmem suas brigas e submetam tais vídeos a sistemas de códigos complexos, a fim de identificar seus problemas mais relevantes.

Felizmente, a maioria das expressões faciais não é tão importantes. De fato, há apenas uma que importa muito, e não é necessário ser um pesquisador acadêmico para perceber isso. É o revirar dos olhos.

Os pesquisadores dizem que um dos sinais mais claros de problemas em seu relacionamento é quando seu parceiro revira os olhos em relação a algo que você tenha dito ou feito. O revirar dos olhos é, geralmente, acompanhado de um sorriso ou de uma risada, portanto, ele não acontece sempre como um sinal negativo. Mas revirar os olhos é um doloroso sinal óbvio de desprezo, e é um poderoso previsor de que seu relacionamento está em sérios problemas.[108] Para muitos casais, essa pequena informação é reveladora. Em sessões gravadas em vídeo dos casais, as conversas pareciam bastante agradáveis. As vozes não foram levantadas, palavras duras não foram utilizadas. Mas os pesquisadores que observavam cada mudança quebraram as conversas e "codificaram" cada gesto, expressão e palavra como um sinal positivo ou negativo. O que pôde ser percebido foram todos os sinais de desprezo de um cônjuge com relação ao outro, e a evidência mais forte disso foi o revirar dos olhos após o que o outro dizia. Quantas vezes seu parceiro revira os olhos quando você começa a falar? Ou é você quem revira os olhos no relacionamento?

Lições para avaliar a qualidade em seu casamento

Décadas de estudo sobre relacionamento nos ensinaram que poucos indicadores essenciais podem proporcionar ideias e informações valiosas sobre o estado do casamento. É importante lembrar que um casamento é mais do que apenas uma coleção de recordações, pronomes e expressões faciais, mas prestar atenção a esses indicadores específicos é o primeiro passo para concentrar a atenção em meios para melhorar o modo como nos comunicamos e interagimos com o cônjuge. Também é um meio para identificar ressentimentos escondidos e frustrações dos quais podemos não ter consciência.

Nenhum desses indicadores, entretanto, será a palavra final em seu relacionamento. Mesmo que a história de como vocês se conheceram pareça muito boa agora, não pare de contá-la. Preste atenção a mudanças sutis que podem significar problemas futuros. E, se a história de como vocês se conheceram estiver repleta de sinais de aviso, não se desespere. Muitas estratégias e passos descritos nos capítulos seguintes irão ajudá-lo a consertar seu relacionamento e assegurar que sua história, por fim, tenha um final feliz.

E, na próxima vez em que discutir, ouça atentamente a si próprio e ao cônjuge. O uso consistente do pronome "você" na lista de suas reclamações sobre seu marido ou sua esposa é um sinal de que a discussão não é produtiva. Um parceiro que regularmente revira os olhos, mesmo quando está de brincadeira, está mandando um sinal silencioso de desprezo, que sugere que seus problemas vão muito além do tema sobre o qual estão brigando. Claro que isso não significa que você não possa, nunca, usar o pronome "você" em uma conversa com seu parceiro. Mas, se você e seu parceiro estão usando muitas palavras de união, como "nós" e "conosco", é um sinal de que os dois estão no caminho para solucionar o problema, em vez de criar um.

Em suas oficinas de pesquisa com casais, John Gottman* frequentemente sugere um teste para medir a temperatura emocional de um relacionamento. Ele chama isso de "mapa do amor" e nos ajuda a explorar o mundo oculto do parceiro.

O TESTE *NA ALEGRIA* Nº 7: VOCÊ CONHECE BEM SEU PARCEIRO?

1. Consigo falar o nome dos melhores amigos do meu parceiro.

   (A) sim (B) não

2. Conheço as pressões que meu parceiro enfrenta atualmente.

   (A) sim (B) não

3. Sei o nome das pessoas que estão irritando meu parceiro ultimamente.

   (A) sim (B) não

4. Posso contar-lhe alguns sonhos de vida do meu parceiro.

   (A) sim (B) não

---

* Fonte: Copyright © 2000-2007 por Dr. John M. Gottman. Distribuído sob licença da The Gottman Institute, Inc. O Teste do Mapa do Amor foi escrito pelo Dr. John Gottman e foi reproduzido do site do Instituto Gottman. O Dr. Gottman é um pesquisador mundialmente reconhecido na área de pesquisa das relações entre casais e familiares. Para mais informações sobre workshops de casais ou terapia privada, programas de treinamento para terapeutas e livros e DVDs sobre relacionamentos, visite *www.gottman.com.*

5. Posso contar-lhe sobre a filosofia de vida básica de meu parceiro.

Ⓐ sim Ⓑ não

6. Posso listar os parentes dos quais meu parceiro menos gosta.

Ⓐ sim Ⓑ não

7. Sinto que meu parceiro me conhece muito bem.

Ⓐ sim Ⓑ não

8. Quando estamos longe um do outro, penso com frequência em meu parceiro com carinho.

Ⓐ sim Ⓑ não

9. Costumo sempre tocar ou beijar meu parceiro carinhosamente.

Ⓐ sim Ⓑ não

10. Meu parceiro realmente me respeita.

Ⓐ sim Ⓑ não

11. Há fogo e paixão no relacionamento.

Ⓐ sim Ⓑ não

12. O romance ainda é, definitivamente, parte de nosso relacionamento.

Ⓐ sim Ⓑ não

13. Meu parceiro gosta das coisas que faço no relacionamento.

Ⓐ sim Ⓑ não

14. No geral, meu parceiro gosta da minha personalidade.

Ⓐ sim Ⓑ não

15. Nossa vida sexual é bastante satisfatória.

Ⓐ sim Ⓑ não

16. No final do dia, meu parceiro fica feliz em me ver.

Ⓐ sim Ⓑ não

17. Meu parceiro é um dos meus melhores amigos.

Ⓐ sim Ⓑ não

18. Nós gostamos muito de conversar um com o outro.

Ⓐ sim Ⓑ não

19. Há muita troca (os dois têm influência) em nossas discussões.

Ⓐ sim Ⓑ não

20. Meu parceiro ouve respeitosamente, mesmo quando discordamos.

Ⓐ sim Ⓑ não

21. Meu parceiro é, em geral, uma grande ajuda para solucionar um problema.

Ⓐ sim Ⓑ não

22. No geral, nossos valores básicos e objetivos de vida combinam bem.

Ⓐ sim Ⓑ não

Confira sua pontuação somando suas repostas "sim":

15 ou mais respostas "sim": Seu relacionamento é muito forte. Parabéns!

8 a 14: Este é um momento crucial em seu relacionamento. Existem muitos pontos fortes a serem usados para o crescimento dos dois, mas há também alguns pontos fracos que necessitam de sua atenção.

7 ou menos: Seu relacionamento pode estar em sérios problemas. Se isso o preocupa, provavelmente você ainda valorize seu relacionamento o suficiente para tentar conseguir ajuda.

É óbvio que uma pontuação alta no teste do Dr. Gottman não garante um casamento perfeito, nem uma baixa pontuação significa que vocês estão condenados. Mas as respostas "não" indicam de forma clara quais aspectos de seu casamento precisam imediatamente de atenção adicional.

7

A CIÊNCIA DO CONFLITO: BRIGAS CONJUGAIS E AS REGRAS DE PROCEDIMENTO

Nunca vá para a cama zangado. Fique acordado e lute.

Phyllis Diller

Durante o café da manhã, em uma reunião de pesquisadores de relacionamentos em Chicago, eu estava conversando com Philip e Carolyn Cowan de Berkeley, dois notáveis pesquisadores casados, que devotaram tanto seu casamento quanto sua carreira ao estudo das famílias, dos casais e dos filhos. Perguntei a eles por que homens e mulheres parecem brigar tanto em seus relacionamentos. Fiquei surpresa com a resposta de Carolyn.

"Nós precisamos aprender a tolerar um pouco mais de conflito em nossos relacionamentos.", ela disse. "Separe um tempo para discordar."

Mais conflito? Fiquei chocada. Passei meu casamento inteiro tentando *evitar* o conflito. Vi outros casais lutando e disputando coisas absurdas e me sentia aliviada em saber que meu marido e eu raramente discutíamos. Meus próprios pais, casados há 43 anos, antes da morte de minha mãe, brigavam constantemente, embora sempre mostrassem seu grande amor um pelo outro. Comecei a balançar a cabeça como se ponderasse seu conselho. "A última coisa que quero é um relacionamento com conflitos.", disse à Dra. Cowan.

Ela admitiu que também não gosta de brigar com seu marido.

"Mas existem algumas coisas com as quais você precisa lutar.", ela me disse.

Muitos casais medem o estado de seu relacionamento pelo nível de conflito que têm com seus cônjuges ou parceiros. Quando eles não estão brigando, o relacionamento parece mais sólido. Quando estão brigando, muitas vezes se sentem angustiados. Quando se trata de relacionamentos, homens e mulheres concordam com uma coisa: quanto menos conflito, melhor.

Mas isso nem sempre é verdade. Os estudos científicos sobre o conflito conjugal mostram que os casais precisam reavaliar o papel que o conflito representa em suas vidas, bem como a oportunidade que ele apresenta para melhorar o casamento. Se você pensar sobre o que quer do casamento – uma alma gêmea, realização pessoal, parceria –, faz sentido que tais ideias sejam alcançadas apenas por meio de um pouco de negociação, debates e discussão.

O pesquisador de casamentos John Gottman tem uma teoria fascinante sobre o conflito em um relacionamento. Assim como predador e presa desempenham um papel na manutenção do ecossistema da natureza, ele acredita que interações positivas e negativas desempenham um papel importante na ecologia de um casamento. Ele acredita que certa quantidade de conflito é necessária para ajudar o casal a "eliminar" os problemas que possam prejudicar o casamento em longo prazo. Em sua própria pesquisa, descobriu que o "tormento temporário" do conflito pode ser saudável em longo prazo para um casamento. Ele verificou isso com casais no início de um relacionamento, descobrindo que casais pacíficos demonstravam mais felicidade conjugal do que casais que brigavam. Mas, três anos mais tarde, os casais pacíficos estavam muito mais propensos ao divórcio ou já divorciados. Os casais que brigavam, entretanto, haviam superado seus problemas no relacionamento e estavam mais propensos a um relacionamento estável.

"Para que o casamento tenha poder real para permanecer sólido, o casal precisa arejar suas diferenças, resolvendo-as no estilo volátil, de validação ou de minimização", escreve o Dr. Gottman em seu livro *Casamento – por que alguns dão certo e outros não.* "Em vez de ser destrutiva, a raiva ocasional pode ser um recurso que ajuda a melhorar o casamento ao longo do tempo."[109]

É difícil aceitar que a raiva possa ser um recurso positivo para ajudar a melhorar o casamento, mas vários pesquisadores que estudaram o conflito chegaram à mesma conclusão. Isso não significa que todo o conflito seja o mesmo. A violência é sempre um problema. A hostilidade, a negatividade e o desprezo durante uma discussão, bem como xingar, praguejar, usar o sarcasmo e fazer ameaças nunca são saudáveis. Mas durante a maioria das briguinhas conjugais, o que importa para a saúde do relacionamento é se o casal segue algumas regras básicas de procedimento que resultam em uma resolução justa e produtiva para a disputa.

De fato, a lição principal em décadas de pesquisa conjugal é que grande parte da sabedoria convencional sobre o conflito conjugal está, simplesmente, errada. O objetivo da pesquisa sobre conflito não é eliminar as briguinhas conjugais totalmente. Em vez disso, espera-se que, pela compreensão sobre por que e como brigam, os casais possam aprender a aproveitar o poder da raiva e do conflito para fortalecerem o relacionamento. Isso significa aprender a como iniciar uma discussão sobre conflito, como impedir que ela se intensifique e que parte da discussão é mais importante.

Por que os casais brigam?

Determinar as razões das discussões de um casal é um problema mais difícil de estudar do que se poderia pensar. Os conflitos são influenciados por uma variedade de fatores sociais e culturais, e os casais podem sugerir uma miríade de possibilidades sobre as quais discutir. Em uma série inovadora de estudos na década de 1980, o pesquisador David Buss, da Universidade do Texas, buscou identificar exatamente o que causa conflito entre homens e mulheres.

O Dr. Buss entrevistou um total de seiscentos homens e mulheres para seus estudos, incluindo pessoas que estavam namorando, recém-casados e casais infelizes. Ele começou pedindo a 107 estudantes de Psicologia para listar quatro coisas que as mulheres e os homens fazem para "perturbar, magoar, enfurecer ou irritar" um membro do sexo oposto.[110] Após eliminar as redundâncias óbvias, o Dr. Buss ficou com um número de reclamações surpreendentemente alto – os estudantes ofereceram 147 fontes distintas de transtornos entre os casais. As queixas cobriam uma gama desde "Ele deixou o assento do banheiro levantado." e "Arrotos altos." até "Ela me interrompe na frente dos outros." e "Ela gritou comigo.".

Munido com tantas fontes potenciais de conflito, o Dr. Buss recrutou outros 317 estudantes, divididos uniformemente entre homens e mulheres. Ele acrescentou uma segunda amostra de 214 recém-casados, recrutados por meio dos registros públicos de casamento. Eles receberam a lista com os 147 itens de conflito com cinco espaços extra, onde poderiam incluir uma fonte comum de conflito que não estivesse listada. A tarefa: destacar os aborrecimentos que cada entrevistado experimentou pessoalmente no ano passado. A partir desta parte do estudo, o Dr. Buss determinou que as queixas que homens e mulheres tinham uns sobre os outros caíam, tipicamente, em um dentre quinze grupos. São eles:

- Condescendente (ele/ela me trata como se eu fosse estúpido ou inferior.)
- Possessivo-ciumento-dependente (ele/ela exige muito da minha atenção.)
- Negligente-rejeição-não confiável (ele/ela não diz que me ama.)
- Abusivo (ele/ela me deu um tapa ou me xingou.)
- Infiel (ele/ela mentiu para mim ou saiu com outra pessoa.)
- Sem consideração (ele/ela não ajuda na limpeza ou grita comigo.)
- Mal-humorado (ele/ela agiu com arrogância ou planejou tudo por mim.)
- Autocentrado (ele/ela agiu de modo egoísta.)

- Fisicamente egocêntrico (ele/ela falava demais ou gastou muito dinheiro em roupas.)
- Aparência desgrenhada (ele/ela não se arruma bem.)
- Insultar a aparência do parceiro (Ele/ela me disse que eu era feio ou insultou minha aparência.)
- Sonegação sexual (ele/ela se recusou a fazer sexo ou fez acreditar que faria.)
- Sexualmente agressivo (ele/ela me usou ou exigiu relações sexuais.)
- Sexualiza os outros (ele/ela falou sobre como outro(a) homem/mulher era atraente.)
- Abuso de álcool/emocionalmente reservado (ele/ela bebeu demais ou escondeu suas emoções para parecer forte.)

Os resultados apurados mostraram claramente que algumas fontes de conflito transcendiam as questões de gênero. Homens e mulheres concordaram que certos comportamentos, incluindo ser infiel, abusivo, condescendente e negligente perturbam ambos os sexos.

Outras questões comportamentais parecem aborrecer mais um gênero do que outro. Em particular:

As mulheres ficam incomodadas com homens que:

- Impõem exigências sexuais, fazendo que elas se sintam usadas ou tentando forçar o sexo.
- Escondem emoções para parecerem fortes, bebem ou fumam em excesso.
- São descuidados e grosseiros; por exemplo, deixam o assento do vaso sanitário levantado.

E os homens ficam incomodados com as mulheres que:

- Recusam-se a fazer sexo ou são indiferentes.
- São temperamentais e mal-humoradas.
- São egocêntricas, exageradamente preocupadas com a aparência ou que gastam muito dinheiro em roupas.[111]

Apesar de os resultados parecerem óbvios, a razão de esses dados serem tão importantes é que os pesquisadores documentaram, mais precisamente do que nunca, os pontos de conflito que se erguem entre homens e mulheres. Você pode ver alguns padrões interessantes. O sexo – em muita ou pouca quantidade – é uma fonte regular de conflito para homens e mulheres. O humor frequentemente torna um dos parceiros frustrado – seja porque o outro esconde as emoções para parecer forte, seja porque escancara suas emoções com muita frequência. E você não acha fascinante que as mulheres deseje homens que pensem mais nos *outros*, enquanto os homens desejam mulheres que pensem menos *nelas mesmas*?

Os dados mostram que o conflito, muitas vezes, se desmembra ao longo da fronteira entre os gêneros, ajudando a explicar por que alguns problemas parecem tão intratáveis. Ao passo que o conhecimento desses problemas não resultará no assento do vaso sanitário sendo abaixado, ou que seu parceiro gaste menos em roupas, mas sugere que muitas fontes de conflito estão culturalmente, e talvez até mesmo biologicamente incrustadas em nossas mentes.

A pesquisa é limitada pelo fato de que muitos dos entrevistados eram relativamente jovens, e as questões sobre dinheiro e criação de filhos provavelmente não haviam emergido como fatos importantes em suas vidas.

Mais recentemente, os pesquisadores avaliaram aproximadamente 4 mil homens e mulheres de Framingham, no estado de Massachusetts. Os resultados são interessantes porque não são baseados em estudantes universitários, psicólogos ou pessoas que sabiam que seus relacionamentos estavam sendo estudados. Em vez disso, esse era um estudo sobre saúde cardiovascular que estava em andamento entre um grupo de adultos cujos hábitos de saúde haviam sido controlados por anos para medir o número de problemas. Foi pedido para esses homens e mulheres listarem as principais razões que os faziam discutir com seus cônjuges. As diferenças foram impressionantes. Observe as três razões principais causadoras de discussões escolhidas pelas mulheres em comparação com as dos homens:

MULHERES	HOMENS
Filhos	Sexo
Serviço doméstico	Dinheiro
Dinheiro	Lazer

Já que homens e mulheres estavam brigando, tais brigas não deveriam estar acontecendo pelos mesmos problemas? De certa forma, sim. Homens e mulheres listaram o dinheiro como uma das três principais fontes de conflito. Ambos os sexos mostraram que questões relacionadas a como utilizam o tempo livre – dividindo o trabalho da casa ou desfrutando o lazer – são importantes para os dois.

A principal razão de conflito foram os filhos para as mulheres e o sexo para os homens. Pense sobre o que essas duas questões têm em comum. Os filhos exigem muito tempo e atenção dos pais. Sexo também exige tempo e atenção de seu parceiro. Ambas as questões são, fundamentalmente, influenciadas por quanto tempo os parceiros têm um para o outro. Por fim, os dados do estudo sobre conflito em Framingham mostram que as questões relacionadas a dinheiro e tempo são as principais fontes de conflito para a maioria dos casais, questões que exploraremos nos próximos capítulos sobre o papel que o dinheiro e o trabalho doméstico desempenham no casamento.

O teste *Na alegria* nº 8: Sobre o que você briga?

Como são estabelecidas as frentes de batalha em sua casa? Durante um momento de paz com seu parceiro, classifique as seis categorias a seguir, a fim de identificar quais questões são mais suscetíveis a causar um conflito em seu relacionamento. Compare suas respostas e as do seu cônjuge com a média de respostas dos casais no estudo de Framingham.

	CLASSIFICAÇÃO DELA	CLASSIFICAÇÃO DELE
Filhos		
Sexo		
Serviço doméstico		
Dinheiro		
Lazer		
Álcool		

No estudo nacional, os homens e as mulheres classificaram assim suas principais razões para brigas:

	MULHERES	HOMENS
Filhos	1	4
Sexo	2	1
Serviço doméstico	3	6
Dinheiro	4	2
Lazer	5	3
Álcool	6	5

Descobrir as próprias fontes de conflito pode ajudar os casais a entenderem melhor um ao outro, mas isso não significa necessariamente que os conflitos serão realmente resolvidos. Os pesquisadores conjugais dizem que, em 70% das vezes, os conflitos que surgem entre os casais nunca são resolvidos. Em um estudo, casais que foram monitorados por uma década ainda estavam brigando pelas mesmas coisas que discutiam dez anos antes.[112]

Embora possa ser desencorajador, é importante aceitar que pessoas diferentes podem se importar com coisas diferentes. A pesquisa sobre casais e conflitos levou a uma mudança no aconselhamento que muitos terapeutas dão aos casais. Muitas vezes, eles dirão aos maridos e às esposas para aceitarem seus pontos de desavença, assim como o fato de que a maioria dos problemas – sobre o serviço doméstico ou as compras em excesso – jamais serão resolvidos.

E a verdade é que eles não precisam ser. Apesar de ser importante tentar se dar bem e melhorar um relacionamento, chegar a um acordo sobre tudo não é essencial para a felicidade conjugal e, provavelmente, nem mesmo seja possível. Quantas pessoas você conhece que concordam sobre tudo, o tempo todo? Esperar que seu marido ou sua esposa concorde com você o tempo todo é um fardo irreal para ser colocado sobre o casamento.

O MITO DA COMPATIBILIDADE

Durante meu casamento, eu e meu marido tivemos uma grande quantidade de coisas em comum. Ambos tínhamos carreira em jornalismo e vínhamos de famílias semelhantes, com pais casados há muito tempo. Ambos nos formamos em Artes Liberais e trabalhamos para o jornal dos estudantes. Nós amávamos comida, vinho e arte, éramos grandes companheiros de viagem e vimos o mundo juntos. Nosso círculo social incluía muitos outros casais que já estavam há muito tempo juntos, incluindo alguns com quem tiramos férias. Nós compartilhávamos dois gatos, tínhamos uma casa e um filho juntos.

Apesar de termos tanto em comum, se você pedir ao meu marido, hoje, para explicar o divórcio, ele dirá: "Simplesmente, não éramos compatíveis.".

Então, o que significa exatamente ser compatível? Significa gostar das mesmas coisas, como esquiar ou fazer ciclismo, com seu cônjuge? Se um de vocês se machucar e não puder mais participar, isso significa que vocês não são mais compatíveis?

Ou compatibilidade significa ter muitas coisas em comum? Se for esse o caso, então, por que é que os casais aparentemente compatíveis, com filhos, casa, amigos em comum e uma vida de união ainda estão se divorciando?

O motivo, dizem muitos notáveis pesquisadores de casamentos, é que a compatibilidade é superestimada.[113] De fato, prestar atenção demais à questão da compatibilidade pode ser, em si, um sinal de problema, observa Ted Huston, professor de Psicologia da Universidade do Texas, que dirige o projeto PAIR, um extenso estudo sobre casais. A pesquisa do Dr. Huston mostra que, no que se refere a gostar e não gostar das mesmas coisas, casais felizes não são mais ou menos compatíveis do que casais infelizes. Mas um sinal de um relacionamento infeliz é quando um cônjuge começa a se preocupar demais em não ser compatível ou começa a exagerar a importância da compatibilidade para um bom casamento. Quando um homem ou uma mulher diz que ele ou ela "simplesmente não é compatível" com seu cônjuge, o que está querendo dizer, na verdade, é que eles simplesmente não estão se dando bem, observa o Dr. Huston.

A verdade é que a compatibilidade vem e vai, e não existe essa coisa de casal compatível o tempo todo. Às vezes, os casais se dão bem. Algumas vezes, eles discordam sobre dinheiro, sexo, filhos e tempo. Um bom casamento não tem nada a ver com ser compatível o tempo todo. As pessoas em um bom casamento sabem como administrar suas diferenças.

Discutindo por uma causa justa

Agora que você sabe sobre o que está brigando, considere isto: uma das mais importantes descobertas das pesquisas conjugais é que simplesmente não importa *sobre o que* você está brigando. O que importa – e o que prediz a saúde de seu relacionamento – é *como* você briga. Quer seja sobre sexo, sogros ou serviço doméstico, os detalhes de suas divergências não oferecem nenhuma percepção sobre como vocês dois estão se relacionando realmente. O que conta é a abordagem. Como começam suas brigas? Como vocês dois reagem quando estão discutindo tópicos difíceis? Que expressões faciais e movimentos corporais vocês exibem? Quão bem você trabalha para consertar os danos de um argumento? As suas brigas saem de controle ou um de vocês tenta acalmar a situação?

Tal como acontece nas pesquisas conjugais, as aparências durante uma discussão podem ser altamente enganadoras. Alguém que fica com o rosto vermelho por gritar durante uma discussão pode ter um estilo de discussão mais saudável do que alguém que está calmo – tudo depende do que eles estão dizendo e como fazem isso. E a frequência com que você briga com seu parceiro também não é um indicador da qualidade de seu relacionamento ou de se você corre o risco de se divorciar.

Para determinar o que importa de fato, muitos pesquisadores conduziram dezenas de estudos, durante os quais eles gravaram os casais falando sobre tópicos difíceis (dinheiro, sexo, serviço doméstico), uma série qualquer de coisas que pudessem iniciar uma briga. Durante as gravações, os casais também ficaram ligados a monitores de pressão arterial e pele – cada ritmo do corpo, tique facial e movimento foram registrados, enquanto programas de computador ajudaram os observadores a codificar as várias palavras e expressões utilizadas durante a troca.

A pesquisa mostra que há um nível oculto de comunicação entre casais que vai muito além das palavras, das lágrimas ou da raiva, que são os sinais mais óbvios de aflição durante uma discussão. Quando discutimos com o cônjuge, estamos enviando sinais distintos sobre o que sentimos um pelo o outro, o quanto valorizamos o relacionamento e se estamos satisfeitos ou desiludidos com nosso casamento. Mas como fazer para descobrir que sinais são esses? Quem começou a briga, como ela começou e de que modo a discussão é expressa são todos indicadores da qualidade de seu relacionamento.

Quem começa a briga?

Os estudos mostram que as mulheres tendem a iniciar aproximadamente 80% das brigas. Isso não significa que as mulheres devem ser culpadas por causar todos os problemas no casamento. Isso mostra apenas que elas estão mais dispostas a assumir o risco emocional de tentar solucionar os problemas. Alguém precisa começar a conversa, e as mulheres, tipicamente, são as que mais querem isso.

Há uma explicação biológica para o fato de as mulheres parecerem mais ávidas por colocar sobre os ombros o peso emocional do conflito. Em estudos sobre o estresse, homens e mulheres reagem muito diferentemente. O sistema cardiovascular de um homem parece reagir mais rapidamente ao estresse e se recuperar mais lentamente quando comparado ao sistema cardiovascular da mulher. Estudos mostram que, quando homens e mulheres estão assustados – digamos que por causa de um barulho alto ou batida –, o coração do homem vai bater mais rápido e a pressão de seu sangue irá ficar alta por mais tempo se comparada à da mulher.

Dolf Zillmann, um psicólogo da Universidade do Alabama, estudou como determinadas situações de estresse ou perturbação podem afetar homens e mulheres de forma diferente. Em uma série de experimentos, homens e mulheres são conectados a monitores corporais e avisados de que farão parte de uma experiência qualquer. A experiência é apenas uma artimanha. Na realidade, os pesquisadores estão estudando como eles interagem com o examinador, que é desagradável e exibe um comportamento rude. O examinador então sai da sala, e pede-se aos participantes para relaxarem por vinte minutos. Para os homens, a pausa de vinte minutos praticamente não tem efeito. A pressão arterial deles aumenta e permanece elevada. Ela só começa a baixar quando o homem tem a chance de "retaliar". No experimento, os participantes precisam preencher avaliações de desempenho do entrevistador rude – e a oportunidade de retaliar com uma crítica negativa ajuda a acalmar novamente o homem. Em contraste, as mulheres, na mesma situação, geralmente se acalmam durante a pausa de vinte minutos, sugerindo que elas são psicologicamente mais capazes de se "autoacalmar" durante um conflito.[114]

O fato de o conflito ser tão desgastante fisiologicamente para o homem poderia ajudar a explicar por que eles geralmente não iniciam uma discussão. Também sugere uma razão para as discussões rapidamente ficarem mais sérias, já que o homem se torna defensivo e depois negativo e sente uma necessidade de retaliar como uma maneira de aliviar o estresse da discussão conjugal.

Os primeiros três minutos dizem tudo

Em um estudo importante, o Dr. Gottman e a cientista e pesquisadora Sybil Carrère monitoraram 124 casais que estavam casados há menos de nove meses. Os pesquisadores observaram e "codificaram" as ações positivas ou as palavras indicativas de interesse, afirmação, afeição, humor e alegria. Eles também procuraram por mais sinais de problemas, incluindo desprezo, estado de guerra, aborrecimento, tirania, raiva, medo, tensão, defesa, lamentação, tristeza e retraimento.

O estudo mostrou que as nuanças dos primeiros minutos de uma discussão podem definir o tom para toda a briga e determinar se a discussão será produtiva ou prejudicial para o relacionamento. De fato, no estudo da Universidade de Washington, os pesquisadores demonstraram que apenas observar os três primeiros minutos de uma conversa os ajudou a prever quais casais permaneceriam casados e quais iriam se divorciar durante os próximos seis anos.[115]

Considere o que isso significa no nível mais prático. Se você está lutando com seu casamento, não precisa necessariamente inspecionar minuciosamente cada interação com seu cônjuge. A parte mais importante de uma discussão de casais é o início, o arranque. Casais que iniciam uma discussão duramente – com palavras duras e críticas rancorosas – estão indo em direção a problemas. Os casais que iniciam uma discussão com cuidado e gentilmente estão mais propensos a ter um conflito produtivo, que reforça seu relacionamento, em vez de enfraquecê-lo. Se você agir certo nos *primeiros três minutos* de uma briga, estará no caminho certo para melhorar o relacionamento de forma geral.

Os estudos conjugais mostram que uma das principais diferenças entre uma boa briga e uma briga ruim é se ela começa com uma *reclamação* ou uma *crítica*. Às vezes, é difícil distinguir entre as duas.

Aqui vai um exemplo de reclamação *versus* crítica sobre questões do trabalho doméstico:

"Fiquei aborrecido ontem à noite quando cheguei em casa e os pratos estavam na pia e o chão não tinha sido varrido." (reclamação)

Em comparação com:

"Por que você não pode se incomodar para lavar os pratos e pôr em ordem o que as crianças bagunçam na única noite em que tenho uma reunião? Você nunca pensa em contribuir quando estou ocupado com outras coisas." (crítica)

Um exemplo sobre sexo:

"Queria que tivéssemos relações sexuais com mais frequência." (reclamação)

Em comparação com:

"Você nunca quer fazer sexo. Está sempre muito cansada. O que há com você?" (crítica)

Outro sobre o cuidado com os filhos:

"Eu realmente preciso de ajuda com os horários das crianças no final de semana. Gostaria de ter um tempo para mim mesma também." (reclamação)

Em comparação com:

"Você só pensa em si mesmo. Por que nunca lhe ocorre que eu posso precisar de ajuda com as crianças ou que pode haver algo que eu queira fazer hoje?" (crítica acrescida de sarcasmo)

Compreender a diferença entre uma reclamação e uma crítica pode ser um grande passo para melhorar a qualidade de suas discussões. Os casais têm o direito de não gostarem do que o outro disse. De fato, isso é inevitável. A chave é focar a discussão no comportamento que desagrada, em vez de lançar um ataque geral sobre a pessoa. É um sinal de sérios problemas quando sua discussão começa com crítica, desprezo ou sarcasmo. Você não só não vai ganhar a briga como também vai terminar infeliz, insatisfeito e com uma dose de negatividade que pode prejudicar seu relacionamento.

A diferença entre uma reclamação e uma crítica pode ser sutil, portanto é importante prestar atenção às suas escolhas. Em seu livro *Casamentos – por que alguns dão certo e outros não,* o Dr. Gottman explica que as reclamações são específicas; as críticas são globais e incluem acusação – e desprezo adiciona insulto à crítica. As frases "você sempre" ou "você nunca" são sinais de que a queixa se transformou em uma crítica mais ampla ao parceiro. Faça o seu melhor para evitar a palavra "você" quando estiver discutindo com seu cônjuge. Tente ficar com a primeira pessoa "eu" ou com o "nós" e evitar o acusatório "você".[116]

Muito pior que a crítica é o desprezo, diz o Dr. Gottman. Enquanto a crítica é dolorosa, o desprezo pode ser cruel. Uma manifestação de desprezo citada anteriormente é o revirar dos olhos, um gesto de desconsideração que sugere que o que a outra pessoa está dizendo não é importante. O Dr. Gottman observa que o desprezo é hierárquico e é utilizado para diminuir a pessoa que está recebendo essas farpas. Xingamentos ou insultos pessoais são formas de expressar desprezo e fortes sinais de que o casamento tem problemas.

O TESTE *NA ALEGRIA* Nº 9: VOCÊ ESTÁ RECLAMANDO OU CRITICANDO?

Responda ao questionário para ajudá-lo a decifrar as diferenças entre conflitos, reclamações e desprezo. Faça um círculo sobre a letra que melhor descreve a afirmação e, em seguida, verifique sua pontuação abaixo.

1. Estou chateada porque você não telefonou para avisar que chegaria tarde.

   Ⓐ Reclamação Ⓑ Crítica Ⓒ Desprezo

2. Não dá para acreditar em você.

   Ⓐ Reclamação Ⓑ Crítica Ⓒ Desprezo

3. Você é muito áspero com as crianças.

   Ⓐ Reclamação Ⓑ Crítica Ⓒ Desprezo

4. Você nunca quer fazer sexo.

   Ⓐ Reclamação Ⓑ Crítica Ⓒ Desprezo

5. Sinto que você não me leva a sério.

   Ⓐ Reclamação Ⓑ Crítica Ⓒ Desprezo

6. Você é igual a sua mãe!

Ⓐ Reclamação Ⓑ Crítica Ⓒ Desprezo

7. Gostaria que você iniciasse as relações sexuais com mais frequência.

Ⓐ Reclamação Ⓑ Crítica Ⓒ Desprezo

8. Estou aborrecida por você não ter ajudado a limpar depois da festa.

Ⓐ Reclamação Ⓑ Crítica Ⓒ Desprezo

9. Você é um relaxado.

Ⓐ Reclamação Ⓑ Crítica Ⓒ Desprezo

Respostas:

1. Reclamação
2. Desprezo
3. Crítica
4. Crítica
5. Reclamação
6. Desprezo
7. Reclamação
8. Reclamação
9. Desprezo

O PAPEL QUE O HOMEM DESEMPENHA NO CONFLITO

Embora as mulheres iniciem mais frequentemente as discussões, isso não significa que os homens não dividam a responsabilidade pelo tom de uma discussão.

Em um estudo, os pesquisadores Bob Levenson e John Gottman pediram aos casais para se reunirem e tomarem parte num debate sobre como foi o seu dia, depois que os parceiros haviam estado longe uns dos outros por oito horas. Eles descobriram que os padrões negativos, que são tão claros entre homens e mulheres nos conflitos, também foram aparecendo nessa conversa aparentemente inofensiva para contar os eventos do dia. Por exemplo, um homem disse com desprezo para sua esposa: "Por que você não começa? *Você* não vai demorar muito para falar.". [117]

Não foi uma briga, mas foi um rebaixamento não muito sutil e um duro começo de conversa. Em uma frase, ele havia quebrado duas regras principais da comunicação de casais. Utilizou um começo áspero e demonstrou desprezo por sua parceira.

Nesse estudo, as mulheres que tinham mais probabilidade para começarem uma discussão de forma áspera também tinham maridos que estavam desinteressados ou negativos quanto à conversa de como foi o seu dia.

O que veio primeiro? A negatividade da mulher ou a falta de interesse do marido? Isto não está claro, mas o Dr. Gottman diz que o estudo ilustra como o fluxo da negatividade emocional do casamento corre para ambos os lados. Se um dos parceiros não colocar um fim no padrão, normalmente significará que um grande problema surgirá adiante.

O QUE SUA LINGUAGEM CORPORAL ESTÁ DIZENDO?

Os pesquisadores de casamentos identificaram alguns movimentos essenciais do corpo que podem acontecer quando os casais discutem e que sugerem problemas no relacionamento. Como já vimos, o revirar dos olhos durante uma discussão sugere sérios problemas no relacionamento. De fato, em estudos gravados nos quais a expressão corporal é monitorada durante o conflito, fazer qualquer tipo de expressão facial de insatisfação durante uma discussão mostra um nível geral de negatividade. Embora alguma negatividade durante o conflito seja inevitável, fazer consistentemente caras e bocas enquanto o parceiro está falando é um sinal de problemas, particularmente se for a esposa que estiver fazendo as caretas.

Movimentos em geral, remexer-se no assento, ficar dando voltas também sugerem agitação e agressividade e são sinais de que a briga pode estar fugindo ao controle. Pense sobre seus próprios conflitos. Brigas que não têm importância podem acontecer enquanto você está sentado fazendo sua refeição. Grandes brigas frequentemente começam com uma pessoa se levantando, andando ao redor com os braços agitados ou saindo da sala.

A linguagem corporal também pode indicar se uma pessoa está se distanciando. A retirada, particularmente do marido, é um sinal comum de problema durante o conflito e está intimamente ligada ao declínio da satisfação conjugal. A linguagem corporal que sugere o distanciamento inclui evitar o contato visual, braços cruzados, um rosto fechado com pouca expressão e o pescoço rígido. Outro sinal de distanciamento é a falta de sons ou de qualquer outro pequeno movimento corporal. Mesmo quando a pessoa não quer participar da discussão, ele ou ela geralmente faz um grunhido ou limpa a garganta enquanto a outra pessoa está falando. Acenos de cabeça ou esfregar as têmporas sugerem, por fim, que a pessoa ainda está envolvida. Quando os grunhidos e os pequenos movimentos corporais desaparecem, é um sinal indicador do distanciamento.

Lições para brigar bem

A chave para uma briga produtiva é reconhecer quando uma discordância está indo na direção errada e tomar medidas para acalmar as coisas e consertar as rachaduras.

Um dos elementos mais importantes do conflito conjugal saudável é a capacidade de "diminuir a intensidade" de uma briga. Este é um ingrediente essencial para um casamento feliz. Às vezes, apenas um dos cônjuges é capaz de diminuir a intensidade, mas em muitos relacionamentos saudáveis, ambos os cônjuges assumem esse papel, dependendo das circunstâncias.

A diminuição da intensidade é um princípio comum entre os instrutores de negócios para solucionar problemas no escritório, e as lições também podem ajudar os casais a conter uma briga antes que ela fique fora de controle. Aqui vão alguns conselhos básicos sobre como diminuir a intensidade do conflito.

- Fale em voz lenta e calma. (Não cerre os dentes ou use tom tempestuoso.)
- Olhe seu parceiro nos olhos. Mantenha as pernas e os braços descruzados. Certifique-se de estar sentado ou em pé ao mesmo nível que seu parceiro, assim, nenhum de vocês terá de olhar para cima ou para baixo.
- Se necessário, afaste-se um pouco para reorganizar seus pensamentos. Não se irrite. Apenas deixe claro que você está aborrecido e que quer se acalmar e marcar uma hora para conversar sobre o assunto mais tarde.

Aqui vão algumas frases e palavras que podem ajudá-lo a diminuir a intensidade de qualquer discussão:

- Frases de esclarecimento: "Parece que você está dizendo...". Repetir as palavras ditas por uma pessoa deixa claro que você está ouvindo, mesmo que não concorde com elas.
- Não usar palavras ameaçadoras: iniciar as sentenças com palavras e frases como "Talvez...", "E se...", "Parece que...", "Imagino..." ou "Porventura..." permite que você possa discordar pedindo à pessoa para abrir sua mente para outra possibilidade.
- Afirmações: "Sei que é difícil para você também.", "Entendo o que você diz.", "Estou feliz que estamos tentando resolver isto.".
- Perguntas abertas: "O que está pensando?", "Qual é nosso próximo passo?".

A capacidade para diminuir a intensidade de uma discussão é uma habilidade que se aprende, e é necessária alguma prática para se começar a utilizar palavras não ameaçadoras, frases esclarecedoras e perguntas abertas. No calor da discussão, pode ser difícil lembrar exatamente como diminuir a intensidade, por isso, é útil escolher apenas uma ou duas frases com as quais você fique confortável. A questão é prestar atenção à discussão e não deixar que ela saia de controle. Quando as coisas ficam tensas, quando as vozes se elevam e quando os ânimos se exaltam, faça o que for necessário para acalmar a situação. Às vezes, apenas uma simples afirmação, como "Odeio quando brigamos.", oferece uma pausa na ação e dá a ambos os lados uma oportunidade para encerrar o conflito.

Outra forma para parar uma discussão que está fugindo ao controle é usar o humor. Os estudos sobre conflitos conjugais também mostram que os casais mais felizes têm a habilidade de consertar os danos com afeto e humor, tanto no meio de uma discussão quanto depois da briga. Fazer pausas – parar uma discussão para dar a chance a ambos os lados para se acalmarem e se restabelecerem – bem como demonstrar afeto no meio do conflito são ferramentas importantes para transformar uma briga ruim em uma boa briga.

A verdade é que ninguém gosta de brigar com seu marido ou sua esposa, mas o conflito no casamento é inevitável. Só porque você briga com seu cônjuge não significa que tenha um mau casamento. Na verdade, discussões regulares podem ser o sinal de um bom relacionamento. A chave é achar uma maneira de fazer o conflito trabalhar a seu favor, e não contra você, ajustando seu estilo de discussão para brigar de forma justa e produtiva.

A lição mais importante dos estudos científicos sobre o conflito é que você não precisa se preocupar sobre o motivo da discussão ou com que frequência ela acontece. Em vez disso, apenas preste atenção aos primeiros três minutos de sua discussão. Melhorar a maneira como você e seu cônjuge iniciam uma discussão irá, por fim, mudar o teor de toda a briga e melhorar as chances de solução da disputa. Suavize sua abordagem do conflito e tente acalmar uma briga quando os ânimos se inflamarem. Aprenda a diferença entre reclamar e criticar e preste atenção em suas palavras e em sua linguagem corporal durante uma discussão. Brigas nunca são agradáveis ou fáceis, mas aprender como brigar honestamente permitirá a você e a seu cônjuge arejarem suas diferenças sem prejudicar seu relacionamento. Quando o casal aprender a brigar bem, no final, não terá importância o motivo da briga.

8

A CIÊNCIA DA CRIAÇÃO DOS FILHOS: COMO CUIDAR DO CASAMENTO E DOS FILHOS

Meu marido e eu vamos ou comprar um cachorro, ou ter um filho.
Nós ainda não decidimos se queremos arruinar nosso tapete ou nossas vidas.

Rita Rudner

Quando uma mãe que conheço leu um artigo de jornal sobre paternidade e casamento, ela zombou dele. O artigo dizia que aproximadamente 70% dos casais experimentam uma queda significativa no contentamento conjugal após o nascimento de seu primeiro filho. Ela disse: "70%. Só isso?"

Todo mundo sabe que ser pai é um trabalho duro. Mas o que é tão surpreendente para muitos casais é a dificuldade que os filhos podem trazer para o casamento.

Não é como esperamos que seja. Quando os casais decidem ter filhos, eles pensam, tipicamente, na alegria que um bebê vai trazer para dentro de sua casa. Claro que existirão noites sem dormir e uma vida toda de responsabilidades, mas existe a esperança de que um novo bebê dê ao casal um senso em comum de propósito e aproxime-os mais.

Antes fosse! Uma das conclusões mais preocupantes a que os pesquisadores conjugais chegaram nas últimas décadas foi o surpreendente preço que os filhos parecem cobrar do casamento.

Casais sem filhos, animados com a perspectiva de criar uma família juntos, muitas vezes são surpreendidos por tanto cinismo. Porém, quando os pesquisadores observam um casamento antes e depois dos filhos, numerosos estudos mostram que estes são uma fonte enorme de tensão. Desde o início da década de 1980, mais de duas dezenas de estudos descobriram que a felicidade conjugal e a qualidade no relacionamento despencaram quando os casais se tornaram pais.[118]

Um importante relatório do National Marriage Project [Projeto Nacional de Casamentos] da Universidade de Rutgers observou recentemente que muitos norte-americanos acreditam que os anos mais satisfatórios da vida adulta aconteceram antes de eles terem filhos e depois que os filhos saíram de casa. Os pais, muitas vezes, veem os anos em que a criança vive na casa como tumultuados, e as crianças são vistas como algo no caminho da felicidade conjugal, em vez de algo que melhore o relacionamento.[119] De fato, os dados sugerem que somente quando os filhos finalmente saem de casa – e o ninho fica vazio – o casal retorna aos níveis de felicidade conjugal de seus primeiros anos.

Mas se os filhos fazem parte dos seus planos – ou se já estão em casa –, não se desespere. A chegada dos filhos traz tanto alegria quanto turbulência ao casamento, e o desafio é ter certeza de que se está equipado para navegar em águas tão tempestuosas. Todos os pais sabem que ter um filho aumenta o estresse e os desafios da vida diária. O resultado é que os casais têm menos tempo um para o outro, menos dinheiro e muito mais serviço doméstico – tudo o que pode levar a um marcante declínio na felicidade conjugal. Embora os dados gerais sejam desanimadores, enterrado nos números está o fato de que uma minoria significativa de casais – aproximadamente 20% – lida bem com a paternidade. Eles permanecem felizes em seus casamentos ou mesmo relatam altos níveis de felicidade conjugal após a chegada dos filhos.

Qual é o segredo deles? Todos nós temos muito que aprender com esses casais e vamos explorar como eles navegam com sucesso tanto pela paternidade quanto no casamento, mais adiante, neste capítulo. Mas é importante saber que não existem respostas fáceis. A paternidade e o casamento são buscas desafiadoras, e a combinação de ambos pode ser desencorajadora. Mas se a qualidade de seu casamento foi alta no início, existem boas chances de você conseguir sobreviver ao estresse da paternidade. E os pesquisadores também descobriram que o modo como os casais embarcam em sua jornada pela paternidade pode prever quão bem o casamento sobrevive a isso.

A paternidade acrescenta de forma bem clara uma nova e, muitas vezes, difícil dimensão ao casamento, mas as evidências mostram que pais estressados e casais em luta podem manter a esperança de tempos melhores. Simplesmente saber que a chegada de um bebê criará novos desafios para o casamento pode ajudar você a concentrar seus esforços em como cuidar dos dois, um bebê e um cônjuge. Quanto tempo você passa com seus filhos comparado a quanto passam um com o outro, e mesmo questões como sexo e serviço doméstico depois da chegada de um filho, tudo influencia o efeito da paternidade em seu relacionamento. Para casais que estão empenhados em assegurar a felicidade e a saúde de seus filhos, a ciência da paternidade oferece discernimentos importantes sobre como eles também podem trabalhar para proteger a felicidade e a saúde do casamento.

A MUDANÇA DE PADRÕES DA PATERNIDADE

A noção de que crianças e casamento não se misturam é, certamente, absurda.

Do ponto de vista evolutivo, ter filhos no casamento faz muito sentido. Isso fornece uma relação social estável para se reproduzir, criar os filhos e garantir a sobrevivência de nosso material genético.

Em muitas culturas, os casamentos são formados apenas com o propósito de reprodução. A ligação entre casamento e reprodução é tão forte que, em algumas culturas, não ter filhos é motivo suficiente para acionar um divórcio automático. Em outras sociedades, a preferência é por engravidar primeiro para só então casar – desse modo, um casamento reprodutivamente bem-sucedido está garantido.

Mas enquanto nossos pais e avós esperavam que a criação dos filhos fosse tomar a maior parte de suas vidas e relacionamentos, os casais modernos definem com frequência o casamento de modo diferente. A pesquisadora Barbara Dafoe Whitehead, da Rutgers, argumenta que o casamento não está mais "centrado nos filhos". Em dados recentes colhidos desde 1990, 65% dos americanos disseram que os filhos são muito importantes para o sucesso do casamento. Mas em 2007, o número de adultos que concordam com essa afirmação caiu para apenas 40%, conforme uma pesquisa realizada pelo Pew Center Research, com base em Washington.[120]

O declínio dos relacionamentos centrados nos filhos pode ser medido de várias maneiras. Em 1960, 71% das mulheres casadas tinham seu primeiro filho nos primeiros três anos do casamento. Em 1990, apenas 37% tinham filhos tão cedo. Está claro que as mulheres estão esperando mais antes de iniciar suas famílias. Na década de 1970, aproximadamente 75% das mulheres de 25 anos ou mais já haviam se tornado mães. Mas, no ano 2000, pouco mais da metade das mulheres naquela faixa etária tinham filhos.[121]

As mudanças nos índices de nascimento são um fenômeno global. Phillip Longman, membro sênior da New America Foundation, diz: "59 países, compreendendo 44% da população mundial total, atualmente não estão gerando filhos em escala suficiente para evitar o declínio da população, e o fenômeno continua a se espalhar. Em 2045, de acordo com as últimas projeções da ONU, a fertilidade mundial como um todo cairá abaixo dos níveis de reposição".[122]

É por causa de as mulheres hoje em dia terem menos filhos que os casais terminam de criar os filhos mais cedo do que as gerações anteriores. Considere isto: se seus pais tiveram quatro filhos ao longo de dez anos, eles gastaram 28 anos de seu casamento criando filhos, supondo que o último tenha deixado a casa dos pais com dezoito anos. Agora, digamos que você e seu parceiro decidiram ter apenas dois filhos, separados pelo espaço de alguns anos. Seu ninho ficará vazio após somente vinte anos – você vai ganhar, aproximadamente, o período de uma década inteira sem filhos em seu casamento, comparado aos seus pais. Some a isso os dados que mostram que os índices de expectativa de vida estão aumentando, e fica claro que os casais de hoje desfrutam de uma vida mais longa e com menos períodos de criação de filhos. Isso significa que o percentual de nossas vidas dedicado à paternidade está encolhendo. Como adultos, conseguimos muito mais tempo "para nós mesmos" do que nossos pais jamais tiveram.

As razões por trás de todas essas tendências são complexas. Mas a realidade é que o casamento de hoje está muito diferente daqueles relacionamentos centrados nos filhos que muitos de nossos pais ou avós viveram. Para complicar as coisas, os casais modernos também têm expectativas maiores – ou irreais – para seus casamentos. Nas pesquisas, os entrevistadores perguntaram aos casais quais qualidades eram mais importantes em seu relacionamento. Consistentemente, coisas como "apoio emocional" e "amizade" atingiram uma classificação de maior importância em um relacionamento do que "criação de filhos".

Como os casamentos do tipo "almas gêmeas" de hoje requerem muito trabalho e atenção, eles também são mais frágeis. Um casamento de alta manutenção é particularmente vulnerável durante os anos de paternidade.

"Como os bebês, os casamentos de almas gêmeas precisam ser alimentados e mimados para que cresçam.", diz a Dra. Whitehead. "Quando um bebê de verdade vem junto, muito daquele cuidado deve ser dedicado à criança. Isso pode ser especialmente ameaçador para os pais que esperam continuar a ter o mesmo nível de atenção e tempo em seus relacionamentos após a chegada do bebê. Isso não quer dizer que os casais devam negligenciar um ao outro durante os anos em que criam os filhos, mas sugere que as expectativas para a intimidade sustentada podem ser desapontadas, levando alguns dos novos pais a se sentirem não cuidados, solitários e ressentidos."[123]

Quando três é uma multidão

Um tema em curso na pesquisa sobre o casamento é que os casais de hoje parecem estar se esforçando mais no casamento do que seus pais e avós. Os malabarismos exigidos hoje pelo casamento e pela paternidade são mais difíceis para os casais do que costumava ser, uma vez que, hoje, os casais esperam muito mais do casamento.

Para comparar as diferenças entre os casais de hoje e aqueles dos tempos de nossos pais e das gerações anteriores, os pesquisadores da Universidade Estadual San Diego, liderados pelo professor de Psicologia Jean Twenge, revisaram 148 estudos sobre casamento e filhos que datavam desde da década de 1950. Eles descobriram que os casais que se tornaram pais na década de 1990 e no início da década de 2000 experimentaram uma queda na satisfação conjugal duas vezes maior que a relatada pelos pais nas décadas de 1960 e 1970.[124] Existe uma variedade de explicações para isso. Os casais de hoje vivem, muitas vezes, longe da família e não têm pais e irmãos por perto para ajudar, o que potencialmente aumenta seu nível de estresse e infelicidade após a chegada dos filhos. Ou pode ser que o casamento do tipo alma gêmea volte a assombrar novamente: os casais atuais têm expectativas muito mais altas para seus casamentos do que as gerações passadas. Quando os filhos chegam, a perda do tempo que se passava com o cônjuge é mais traumática, porque esse tempo era muito valorizado.

Não será surpresa para nenhuma nova mãe que o estudo tenha apontado a primeira infância como o período mais desafiador para as mulheres. Na análise, mulheres com bebês experimentaram uma queda maior na satisfação conjugal do que qualquer outro grupo do estudo. Enquanto 62% de qualquer outro grupo sem filhos relataram ser muito felizes em seus casamentos, apenas 38% das novas mães sentiram uma alta na satisfação conjugal.

De fato, os estudos mostram que a chegada do primeiro bebê é um momento particularmente vulnerável para os casais. O pesquisador de casamentos John Gottman monitorou 130 famílias novas por treze anos. Ele descobriu que, durante os primeiros três anos da vida do bebê, 67% dos novos pais estavam relatando menos satisfação conjugal do que antes do nascimento do bebê. Os novos pais também tinham oito vezes mais discussões do que os não pais.[125]

Pesquisadores da universidade de Vanderbilt e da Universidade Estadual da Flórida observaram outro indicador da felicidade parental: a depressão. O estudo com 13 mil adultos norte-americanos mostrou que os pais são mais suscetíveis à depressão do que os que não são pais. O estudo, com base em dados coletados em 1987 e 1988 do National Survey of Families and Households [Pesquisa Nacional de Famílias e Domicílios], é importante porque um quarto dos pesquisados não tinham filhos, dando aos pesquisadores a chance de comparar amostras aleatórias dos pais e das não pais. Como um grupo, os pais estavam mais propensos a sofrerem de depressão do que os não pais, mesmo após o controle de variáveis como renda e status social. Também não houve diferença por gênero: os pais tinham as mesmas probabilidades que as mães de serem mais deprimidos do que seus pares sem filhos. A descoberta foi particularmente notável porque muitos dos marcos importantes para os adultos, como casamento e emprego, aparecem para proteger as pessoas da depressão. Mas a paternidade, não.[126]

Todos esses dados confirmam o que os pais já sabem: criar filhos é uma tarefa inacreditavelmente desafiadora. Como a comediante Roseanne Barr brincou uma vez: "Quando meu marido chega em casa, e as crianças ainda estão vivas, imagino que fiz meu trabalho".

Filhos significam mais trabalho, menos tempo e menos sexo

A chegada dos filhos muda claramente a vida romântica do casal. Mas as crianças também cobram um preço de formas mais mundanas. Elas criam problemas financeiros, mais serviço doméstico e menos tempo para os pais passarem um com o outro – todos fatores que causam pressão e influenciam a felicidade do casamento.

Lembra-se do sexo? Se depois de ter filhos você não está mais tendo tantas relações sexuais como gostaria, você não está sozinho. Sexo depois da paternidade apresenta uma série de desafios práticos e logísticos, tanto para homens como para mulheres. O declínio da vida e do desejo sexual após a paternidade tem sido bem-documentado por muitos pesquisadores da saúde conjugal. Um estudo de 1984 revelou que apenas cerca de metade das mulheres estudadas tinham retomado as relações sexuais pela sétima semana após o parto.[127]

Outro estudo com 570 mulheres e seus parceiros revelou que, um mês após a chegada do bebê, a maioria dos casais ainda não tinha arriscado voltar para o quarto (pelo menos, não para sexo). Nesse estudo, a média de tempo para retomar o sexo foi de sete semanas e dois dias, mas houve uma grande variabilidade: 19% dos casais tinham retomado as relações dentro do primeiro mês após o nascimento, e 19% não retomaram até quatro meses após o nascimento ou mais tarde. Notadamente, cerca de 10% dos casais ainda não tinham feito sexo um ano após o nascimento do bebê.

Uma revelação importante do estudo foi o preço que a amamentação pode cobrar sobre a vida sexual do casal. Havia diferenças marcantes na satisfação sexual entre os casais que amamentavam em comparação com os casais que davam mamadeira ao bebê.

Existem importantes razões biológicas para isso. A produção de estrogênio é suprimida durante a lactação, resultando em menor lubrificação vaginal e, portanto, desconforto no sexo. Os níveis de prolactina ficam elevados durante a amamentação, e os níveis de testosterona ficam baixos – esses dois fatores diminuem o desejo sexual da mulher. Os pesquisadores dizem que os homens e as mulheres precisam entender muito bem os efeitos reais dos hormônios na amamentação, assim, eles não concluirão que a falta de sexo está sugerindo um problema maior em seu relacionamento. A perda do desejo é normal, e mesmo que lentamente, ele voltará.

Existem outros fatores que influenciam a falta de satisfação sexual quando a mãe está amamentando. O fato de uma mulher que amamenta ter toda a responsabilidade de acordar e alimentar quando o bebê chega não é um fator pequeno. Quando uma mulher que amamenta diz que está cansada demais para fazer sexo, ela realmente está.

Outra questão mais complicada é o fato de que as mulheres que amamentam estão dopadas com ocitocina, o hormônio do bem-estar. Esse é o hormônio do aconchego, o mesmo hormônio que a mulher experimenta após o orgasmo. A realidade é que a mãe que amamenta está recebendo muita alegria, carinho e intimidade na proximidade com seu bebê, e ela pode ficar menos inclinada a buscar tudo isso em seu parceiro.

Algumas mães "pelo menos têm suas necessidades íntimas alcançadas pela amamentação, mostrando assim menos interesse sexual em seu parceiro", escreve o autor do estudo, Janis E. Byrd e colegas. "Os homens, em contraste, não recebem essa satisfação do bebê e continuam a desejar a intimidade sexual com suas menos interessadas esposas, levando os parceiros das mulheres que amamentam a relatar menor satisfação sexual do que os parceiros das mulheres que não estão amamentando."[128]

A prova disso está nos números. Um mês após a chegada do bebê, quase um terço das mulheres que não amamentaram havia retomado o sexo com seus parceiros. Apenas 15% das mães que amamentavam estavam fazendo sexo, e essas mulheres relataram uma perda mais frequente do desejo sexual.

Não surpreendentemente, existem diferenças distintas de gênero que influenciam a vida sexual de um casal após os filhos. Um estudo do Gottman Institute monitorou a postura sexual entre casais que haviam sido pais há três anos ou menos. Em média, as mulheres relataram que sentiam desejo sexual cerca de uma vez por semana, enquanto os homens disseram que sentiam desejo cerca de uma vez ao dia. As mulheres disseram que ficariam felizes em fazer sexo uma vez a cada poucas semanas, mas os homens disseram que três ou quatro vezes por semana seria o ideal. As mães também, tipicamente, sentem-se menos atraentes do que os pais. Quando perguntados sobre quão sexy eles se sentiam, com base em uma escala de cinco pontos, os homens estavam estourando com energia sexual, indicando uma pontuação média de 4,25. As mulheres se arrastavam atrás, com uma pontuação média de apenas 2,95.[129]

Por que há essa diferença tão marcante? Isso é mais que Biologia. Os casais que ficaram frustrados com suas vidas sexuais após o nascimento de um filho podem se consolar ao saberem que, quando seu parceiro não quer fazer sexo, isso não é, necessariamente, pessoal. Vocês têm milhões de anos de evolução trabalhando contra vocês.

A antropologista da Rutgers Helen Fisher, que estudou o circuito cerebral do amor romântico, acredita que as adaptações evolucionárias contam para as divergências nos interesses sexuais dos casais após o nascimento dos filhos. Ela diz que há uma explicação evolucionária para que o amor passional pareça enfraquecer quando um bebê chega. Uma mulher que esteja mais interessada em fazer sexo com seu marido do que em cuidar de seu filho não teria um bebê para tomar conta por muito tempo.

"O amor romântico evoluiu por uma razão em particular: iniciar uma ligação com seu parceiro para conceber um filho e começar o processo de criação da família.", diz a Dra. Fisher. "Se fosse para sustentar aquele amor romântico intenso com seu parceiro, você provavelmente iria acabar ignorando o bebê. De uma perspectiva evolutiva darwiniana, se a mãe não está ali para cuidar do bebê, ele vai ser devorado por um leão."

A Dra. Fisher observa que a química de nosso cérebro evoluiu para certificar-se de que as mulheres não negligenciariam seus filhos. Como descrito anteriormente, quando uma mulher está amamentando ou segurando seu filho, os níveis do hormônio ocitocina aumentam, provocando sentimentos intensos de apego ao bebê. Ao mesmo tempo, os níveis de testosterona e prolactina, responsáveis pelo desejo sexual, começam a cair.

"As mães não estão apenas excessivamente cansadas e dando desculpas, elas estão entorpecidas.", observa a dra. Fisher. "Os dois estão combatendo um mecanismo evolutivo básico, que evoluiu para fortalecer os laços entre mãe e bebê e o vínculo parental, e não o vínculo sexual."[130]

A Dra. Fisher diz que, embora as químicas cerebrais possam ser frustrantes para a vida sexual após a chegada do bebê, os casais têm o poder de liberar outras substâncias químicas cerebrais para ajudá-los a se reconectarem. Seu conselho: fazer sexo, muito sexo, mesmo que você realmente não esteja com tanta vontade. Qualquer tipo de estímulo sexual eleva os níveis de dopamina em seu corpo, e as químicas de bem-estar do cérebro irão ajudá-la a se reconectar com seu parceiro após o nascimento de um filho.

Se você agir como alguém que quer sexo, eventualmente irá mesmo querer, observa a Dra. Fisher. "Se você quer começar uma vida sexual ativa com seu parceiro, não espere pelo desejo para colocá-lo na cama. Apenas vá para a cama.", ela diz.[131]

Surpreendentemente, um número razoável de pesquisadores da saúde conjugal é a favor de relações sexuais rapidinhas, apenas para manter a fluência da vida sexual. A combinação dos deveres da paternidade, o trabalho e seus próprios sentimentos românticos criam a ideia de "sexo gourmet", como diz o Dr. Gottman.

Sexo rápido obviamente não é um termo científico, mas a noção tem como base a compreensão científica do corpo humano. A Dra. Fisher observa que toda a química do bem-estar é liberada no sexo, tenha a relação sexual horas ou minutos. Pense no sexo como um exercício, diz ela. Você o faz mesmo quando não quer, porque ele é bom para você.

O ABALO FINANCEIRO

Filhos custam muito mais do que você pensa. O Departamento de Agricultura dos Estados Unidos relata que irá custar 237 mil dólares a uma família com renda anual de 57.400 dólares para alimentar, vestir, abrigar e educar os filhos, do nascimento até os 17 anos de idade.[132] A Dra. Whitehead, da Rutgers, chama isso de "abalo financeiro".

Ela diz que: "a tarefa de educar, orientar e preparar as crianças para florescerem na vida adulta requer, mais do que nunca, investimentos mais altos de dinheiro, tempo e atenção dos pais.".[133]

A Dra. Whitehead observa que a estimativa não inclui custos com esportes, lições de música, acampamentos ou despesas extra, como assistência médica ou necessidades especiais. E, para as mulheres, o custo dos filhos inclui perda de receita e de oportunidades de trabalho, se ela deixar de trabalhar para criá-los. De acordo com o jornalista Phillip Longman, autor do livro *Empty Cradle* [O berço vazio], a maternidade impõe uma penalização salarial pelo resto da vida de 5% a 9% por filho.[134]

"Portanto, para muitos pais de hoje em dia, os custos com a criação de um filho significam mais débitos, uma poupança para a aposentadoria menor e uma grande exposição aos riscos econômicos e incertezas que, de outra forma, eles não teriam.", escreve a Dra. Whitehead. "Sem dúvida, se os adultos se importassem apenas com seu conforto material, ficariam loucos se tivessem filhos, quando poderiam ter uma vida mais abundante sem eles."[135]

A Dra. Twenge, professora de Psicologia da Universidade Estadual de San Diego que revisou 148 estudos sobre casamentos, também descobriu que o nível de renda do casal influencia a felicidade conjugal após a chegada de um filho. Surpreendentemente, casais mais ricos parecem ter mais desentendimentos conjugais após a chegada dos filhos do que os casais da classe média. Entre os casais mais ricos, a queda na felicidade conjugal após os filhos foi de 22%, comparada com apenas 7% para a classe média.[136]

A Dra. Twenge observa que, embora os casais ricos tenham mais dinheiro para pagar o cuidado com os filhos, eles também podem experimentar uma mudança mais drástica em seu estilo de vida após a chegada do bebê, se comparados aos casais da classe média. Ter dinheiro permite que o casal viaje, socialize com os amigos, jante em restaurantes caros e aprecie atividades como tênis e outros mimos. Mas todos os pais sabem que a diversão extra tem uma parada brusca quando se tem um bebê. A Dra. Twenge constata que os casais mais ricos podem experimentar uma mudança mais brusca em seu estilo de vida e no modo como se relacionam com os outros. A perda de seu estilo de vida anterior "pode ser muito estressante para um casamento", diz ela. De qualquer forma, os casais com menos dinheiro não poderiam pagar por todas essas atividades extras; assim, eles não sentem que estão perdendo algo depois que os filhos entram em cena.

O ESTRESSE DE MAIS SERVIÇO DOMÉSTICO

Filhos significam mais trabalho para todo mundo, mas os estudos mostram que, quando uma criança chega, a carga do serviço doméstico muda desproporcionalmente para as mães, criando uma nova fonte de estresse no relacionamento. De acordo com os estudos do Centro de População, Gênero e Igualdade Social da Universidade de Maryland, após os filhos, o serviço doméstico aumenta três vezes mais para as mulheres do que para os homens.

Os pesquisadores de Minnesota entrevistaram 261 pais e mães sobre os deveres domésticos, falando com eles durante a gravidez e quando o bebê completou seis meses de vida. Os pais relataram um aumento de 37% na carga de trabalho doméstico após a chegada do bebê. É um grande salto, exceto que fica pior para as mulheres. As mães relataram um grande aumento no serviço doméstico de 64% após seis meses de paternidade. As mulheres gastam 49 horas cuidando da criança, em comparação com 26 horas gastas pelos homens. E notavelmente, entre os pais que estavam empregados, as mulheres tiveram uma redução na escala de trabalho, em seus empregos, de onze horas por semana após a chegada do bebê, mas os pais relataram um declínio médio de apenas doze minutos por semana.

A disparidade da carga de serviço doméstico é frequentemente fonte de conflito para os pais e pode ser uma explicação para o abrupto declínio da felicidade conjugal quando os filhos chegam. A forma de solucionar isso é os casais terem uma visão mais igualitária das tarefas domésticas. Mas como todos os homens e mulheres sabem, é muito mais fácil falar do que fazer.

Os pais modernos passam mais tempo com seus filhos

Todos os pais sabem que filhos tomam tempo, mas os estudos mostram que os pais de hoje investem muito mais tempo em seus filhos do que fizeram os pais nas gerações anteriores.

Os sociólogos Suzanne Bianchi, John Robinson, e Melissa Milkie, todos da Universidade de Maryland, compararam a época de paternidade de mães e pais desde 1965 até o ano 2000. Encontraram boas notícias. Os pais casados de hoje gastam duas vezes mais seu tempo com seus filhos do que se fazia em 1965. Surpreendentemente, as mães casadas, que são mais prováveis de estarem trabalhando fora do que na década de 1960, também passam mais tempo com seus filhos do que as mães daquelas primeiras décadas. Mães casadas no ano 2000 passaram 20% mais tempo com seus filhos do que em 1965.

Em geral, isso se traduz em muitas horas extras investidas nos filhos. Outro estudo, por John Sandberg e Sandra Hofferth, da Universidade de Michigan, comparou a paternidade em 1981 com a paternidade em 1997. Esse estudo mostrou que, em 1997, os filhos de famílias com os dois pais estavam recebendo seis horas a mais por semana com suas mães e quatro horas a mais com seus pais, se comparado com os pais de crianças estudadas em 1981.

Então, como é que os pais de hoje em dia estão encontrando tanto tempo extra para seus filhos? As mães, em particular, deixaram algumas de suas tarefas domésticas, os pais abriram mão de seus momentos livres, as conveniências modernas tornaram a vida mais fácil, alguns pais estão contratando ajuda extra e algumas casas estão apenas um pouco mais empoeiradas do que costumavam estar nas gerações anteriores. Ser multitarefa também é muito mais comum e uma maneira de os pais acrescentarem horas ao seu dia.

Mas, infelizmente, para encontrar tempo extra para os filhos, muitos pais também estão deixando de lado atividades próprias dos adultos. O tempo extra dos pais acontece à custa do tempo do adulto com seu cônjuge, seus amigos, sua família e suas atividades pessoais. Após o nascimento de um filho, os casais têm apenas cerca de um terço de seu tempo livre juntos, de acordo com os pesquisadores da Universidade do Estado de Ohio.

Apesar de passar o tempo com os filhos ser uma coisa maravilhosa, os pais precisam decidir o que realmente é melhor para a vida familiar. Mais tempo com os filhos é ótimo, mas não se vier às custas do relacionamento dos pais. Um casamento forte e feliz é sempre bom para os filhos, mesmo que isso signifique menos tempo com mamãe e papai. Os estudos também sugerem que os pais em casamentos felizes são mais efetivos que os pais estressados e infelizes em seus relacionamentos.

E para aliviar sua culpa sobre a contratação de uma babá após uma longa e ocupada semana de trabalho, considere isto: em seu estudo fundamental *Ask the Children* [Pergunte às crianças], a pesquisadora Ellen Galinsky entrevistou mais de mil crianças com idades de oito a dezoito anos. Ela constatou que a maioria das crianças não quer passar muito tempo com seus pais, como pensam os próprios. Na pesquisa, a Dra. Galinsky fez a seguinte pergunta: "Se você pudesse fazer apenas um pedido, que pudesse mudar o modo como o trabalho de seu pai ou sua mãe afeta sua vida, que pedido seria esse?"

Aproximadamente 60% dos adultos acreditam que seus filhos desejariam mais tempo juntos. Embora os filhos amem o tempo que passam com seus pais, crianças que só tinham um pedido a fazer preferiram algo mais. "Eles desejariam que seus pais pudessem ser menos estressados e menos cansados.", diz a Dra. Galinsky.[137]

Os filhos são totalmente culpados quando os pais brigam?

A maioria dos estudos sobre filhos e felicidade conjugal sugere esta mesma tendência: a felicidade conjugal cai abruptamente com a chegada do primeiro filho. A queda continua até que os filhos se tornem adolescentes. Finalmente, a curva começa a se deslocar para cima novamente, bem na época em que os filhos saem de casa.

O professor Richard B. Miller, da Brigham Young University, escreve sobre o momento em que um de seus alunos fez uma pergunta óbvia. "Por que um casal deseja ter filhos se os filhos estragam tanto o casamento?"

O Dr. Miller está convencido de que os dados sobre paternidade e casamento colocam culpa demais nos filhos pelo declínio da felicidade conjugal. Ele observa que a curva de montanha-russa da felicidade conjugal inclui uma mistura de casais muito felizes, moderadamente felizes e muito infelizes. Os números finais misturam toda essa gente numa única média. Só porque a curva em forma de U demonstra que a felicidade conjugal cai quando os filhos chegam, isso não quer dizer que todos os casais que experimentam a paternidade são extremamente infelizes. Somente alguns deles são.

Mas o Dr. Miller assinala que os dados também sugerem que alguns pais estão mais acima da média e sustentam sua felicidade conjugal ou talvez se tornem mais satisfeitos com seus casamentos depois que têm filhos.

"Embora a curva em formato de U represente a 'média' de satisfação conjugal de muitas pessoas, isso não significa que os casais estejam condenados a experimentar os mesmos altos e baixos em seus casamentos.", escreve o Dr. Miller. "As pesquisas mostram que a satisfação no casamento geralmente é bastante estável ao longo da vida, com pequenas alterações apenas. As responsabilidades paternais, especialmente durante os primeiros anos do casamento, não são a causa primária para as mudanças negativas na satisfação com o casamento."

Os filhos são, claramente, uma fonte de estresse conjugal, mas isso não significa que eles são a única fonte ou mesmo a mais importante fonte de problemas em um casamento. O Dr. Miller argumenta que questões como emprego, problemas financeiros, ajuda da família e alterações físicas ou emocionais não relacionadas à paternidade podem influenciar a felicidade conjugal, mas muitos estudos com crianças e casamentos não levam em conta, plenamente, essas diferenças. O Dr. Miller argumenta que os casamentos experimentam "mudanças modestas, não drásticas, ao longo do tempo". O declínio após os filhos, ele diz, "está mais para uma lombada na estrada do que para um buraco".[138]

Exatamente quão grande é essa lombada? Vamos comparar a felicidade conjugal entre casais que têm filhos versus os que não têm. Algum declínio na felicidade conjugal é inevitável para todos os casais. Os estudos mostram que todos os casais experimentam quedas na satisfação de seus relacionamentos nos primeiros anos do casamento, quando o idealismo do namoro abre caminho para a realidade da manutenção de um relacionamento diário. A questão é: quanto efeito extra os filhos têm na felicidade conjugal?

Ao revisar 148 estudos sobre casamento datados desde da década de 1950, a Dra. Twenge constatou que, enquanto os casais sem filhos relataram altos níveis de felicidade conjugal, a média de diferença entre os pais e os não pais não era tão drástica. Sim, os pais reportam queda na felicidade conjugal quando têm os filhos, mas os não pais terminam experimentando declínios em sua felicidade conjugal por outras razões. Todo casamento tem fluxo e refluxo, com ou sem filhos no contexto. Os estudos mostraram que os casais com filhos têm apenas 10% menos felicidade conjugal, em média, que os casais com filhos.

Pense sobre o que isso significa. Em uma escala de 0 a 100, como você teria avaliado seu casamento antes dos filhos? Se a avaliação chegou a 90, então ter filhos pode ter baixado seu resultado para 81, digamos. Se seu casamento foi um pouco mais conturbado – talvez algo em torno de 70 – então os filhos farão você cair para uns 63. O ponto é que o esforço para criar os filhos representa desafios para um casamento, mas se esses desafios terão qualquer efeito significativo sobre o seu relacionamento depende da força total de seu casamento, e não apenas de saber se você terá filhos.

Todos os envolvidos em pesquisas sobre casamentos e filhos concordam em um ponto importante: ao longo da vida, a felicidade é influenciada por uma combinação de fatores – família, filhos, casamento, carreira, saúde, sucesso financeiro, estresse e muitas outras variáveis. Embora os estudos sobre paternidade mostrem que a satisfação conjugal declina com a chegada do bebê, a felicidade geral da vida não muda. Isso significa que os filhos podem roubar um pouco da satisfação de seu casamento, mas eles acrescentam felicidade de muitas outras formas, assim, o seu nível de felicidade total é mantido ou aumentado – o balanço entre bom e ruim se altera apenas um pouquinho.

De modo geral, os pais casados estão tão felizes com suas vidas quanto casais sem filhos. Nas pesquisas, quando se pergunta às pessoas qual é sua principal fonte pessoal de realização – casamento, família, trabalho etc. –, a resposta que está no topo da lista é filhos.

"É importante notar que estudamos satisfação conjugal, não satisfação geral", disse a Dra. Twenge. "A mensagem não é 'Não tenha filhos.', mas sim 'Não tenha filhos para tentar melhorar seu casamento'. As pessoas devem entender que isso vai ser difícil e que devem estar preparadas."[139]

Mas como se preparar? Os pesquisadores identificaram muitas maneiras para que os casais possam lidar com o estresse de serem pais e ainda manter um casamento gratificante.

Lições sobre como cuidar dos filhos e do casamento

Philip e Carolyn Cowan devotaram sua carreira acadêmica ao estudo do casamento e da família, particularmente do que acontece ao relacionamento quando os parceiros se tornam pais. O interesse profissional sobre o tópico derivou de suas próprias experiências e desafios como novos pais, anos antes. Phil e Carolyn se conheceram ainda adolescentes, na década de 1950. Como muitos de sua geração, eles se casaram cedo – Carolyn estava apenas com 19 anos, e Philip estava com 21. Poucos anos depois de se casarem, tiveram o primeiro de seus três filhos. Quando Carolyn estava grávida de seu segundo filho, eles se mudaram para longe da família e dos amigos no Canadá porque Philip tinha conseguido um emprego na Universidade da Califórnia, em Berkeley.

Filhos, mudança de emprego e mudanças no geral cobraram seu preço do jovem casal. Quando seus filhos estavam na escola primária, o relacionamento ficou seriamente comprometido. Eles ficaram surpresos quando seus amigos e vizinhos, muitos dos quais haviam sido casados por dez ou quinze anos, começaram a se separar e a se divorciar. Conversando entre si e com outras famílias, os Cowans perceberam que, em praticamente todos os casos, os problemas que cada casal havia experimentado começaram por volta do mesmo tempo em que o primeiro filho chegara. "Pareceu-nos que não éramos os únicos a lutar.", diz Carolyn.

Os Cowans começaram a reconstruir seu próprio relacionamento, dando atenção às áreas com problemas e, aos poucos, retomando a intimidade que haviam perdido. Com sua dupla experiência acadêmica em Psicologia, eles também desenvolveram um interesse profissional na questão e se perguntaram se algo poderia ser feito para ajudar outros casais a aguentarem as mudanças drásticas da paternidade.

Naquela época, aulas sobre o parto estavam entrando em voga. Os pais estavam passando seis ou oito semanas juntos, aprendendo sobre gravidez e o que esperar no nascimento e no parto. Pareceu estranho aos Cowans que os casais passassem semanas aprendendo sobre um único dia na vida da criança, e que eles estariam praticamente por conta própria para criar aquela criança pelos próximos dezoito anos. Não faria sentido, eles pensaram, oferecer aos casais conselhos sobre paternidade que ultrapassassem o dia do parto?

O resultado foi um importante estudo de dez anos que veio a ser conhecido como o "Projeto para se tornar uma família". Esse projeto incluiu 96 casais, e os Cowans os acompanharam desde a gravidez até a criança ter chegado ao jardim de infância. As constatações foram amplamente vistas como algumas das mais importantes na pesquisa sobre casamento e prevenção do divórcio.

Os resultados oferecem esperança para os pais que estão lutando para ganhar novamente o relacionamento que tinham antes dos filhos. Veja o que eles e outros pesquisadores do casamento aprenderam sobre como os casais podem sobreviver e prosperar na paternidade.

O caminho para a paternidade faz a diferença

Alguns casais planejam os filhos e até mesmo discutem seu futuro como pais, como eles irão dividir o cuidado da criança, o trabalho doméstico e as oportunidades de trabalho remunerado. Outros casais apenas deixam suas famílias "acontecerem". Talvez seja porque os casais não concordam se é o tempo certo para iniciar uma família. Frequentemente, um dos parceiros, geralmente o marido, irá ceder, ou para manter a paz, ou porque ele é realmente ambivalente sobre a paternidade.

No estudo "Tornando-se uma família", os casais que eram ambivalentes sobre paternidade ou discordavam sobre ela ou simplesmente "deixavam acontecer" estavam muito mais propensos a serem infelizes e tinham maior risco de divórcio. Os casais que planejaram a chegada do bebê ou que estavam igualmente felizes em tornarem-se pais estavam muito mais propensos a manter sua felicidade conjugal ou mesmo a desfrutar de um aumento desta após o nascimento do bebê.

Se você já teve filhos, volte seu pensamento para aquela decisão – se ambos apoiaram totalmente, isso pode lhe dar algum discernimento sobre seu relacionamento de agora. Se você ainda não tem filhos, tenha certeza de que os dois estão igualmente comprometidos com uma nova vida juntos como pais. Se um de vocês incentiva a ideia sem o apoio incondicional do cônjuge, haverá maiores chances de estarem indo em direção a problemas futuros, e seu parceiro pode não sobreviver à paternidade.

Tente quebrar os papéis de gênero

Muitas vezes, após a chegada do bebê, as tarefas domésticas das mães aumentam, e elas precisam deixar seus empregos remunerados. Para os homens, o serviço doméstico aumenta levemente, mas eles trabalham o mesmo ou até mesmo mais após o nascimento do bebê. A mulher se ressente da falta de envolvimento do marido, e o marido se sente preso, trabalhando por longas horas e perdendo o tempo com a família.

Pode ser difícil se libertar dos papéis do gênero em qualquer relacionamento, mas, em nenhum momento, isso é mais importante do que quando nos tornamos pais. Os pais precisam sair da sua zona de conforto e reconhecer que há mais na paternidade do que apenas o suporte financeiro. Mas, ainda mais importante, as mães precisam abandonar parte de seu poder materno e dar aos pais uma chance de serem responsáveis pelo cuidado da criança.

Esta foi uma descoberta importante do principal estudo sobre paternidade financiado pelo Departamento de Serviços Sociais da Califórnia, que estava tentando encontrar meios para envolver mais os pais em programas estaduais para a família. O estudo foi projetado para determinar qual o impacto da mulher sobre o papel do pai na família.

No estudo, os casais de baixa renda foram colocados aleatoriamente em um de três grupos. Dois grupos, um com pais apenas e outro com o casal, receberam dezesseis semanas de aconselhamento para os pais. Os casais em um grupo de controle tiveram uma única sessão de informações.

O estudo concluiu que, em ambos os grupos de intervenção, os pais passavam mais tempo com seus filhos e ajudavam mais com as tarefas diárias. Esses pais estavam mais envolvidos emocionalmente com seus filhos, e os filhos tiveram poucos problemas de comportamento em comparação com as crianças no grupo de controle.

Mas, em especial, os pais que se saíram melhor foram aqueles que tomaram parte na orientação juntamente com suas esposas. Eles tiveram menos estresse e mais felicidade conjugal do que quaisquer dos outros pais estudados. O que esse estudo sugere é que não é suficiente apenas pedir aos pais que se tornem mais envolvidos com seus filhos e que dividam mais a carga de trabalho. A questão é que os pais fazem um trabalho melhor de paternidade e ajudam mais quando têm o apoio de suas esposas.

Agora, você provavelmente está pensando: "É claro que as esposas apoiam os esforços dos maridos para ajudar mais na casa.". Mas os estudos mostram que nem sempre esse é o caso. Uma lição difícil que muitas mães têm de aprender é que elas estão acumulando uma parte do estresse da paternidade por não cederem o controle de vez em quando. As mulheres se queixam com frequência de que os pais não ajudam o suficiente, mas quando eles ajudam, as esposas, muitas vezes e inconscientemente, colocam seus maridos de lado, desencorajando-os sem querer, "microadministrando" o modo como eles dão banho no bebê ou trocam uma fralda.

Vocês se lembram da série de TV *Jon & Kate Plus 8*?* Quantas vezes vimos Kate repreender o marido por deixar as crianças brincarem com suas roupas de sair ou por colocar neles os sapatos errados? Toda mãe que conheço pode relatar este tipo de frustração, mas assistir a isso acontecendo na televisão nos mostrou como tal tipo de crítica pode ser desestimulante e castradora para o pai. Quantas mães repreenderam seus maridos quando chegaram em casa e descobriram que ele estava jogando videogame com os filhos? Não que o videogame esteja banido – afinal, esse jogo está dentro de casa. Mas talvez a mãe prefira ver seus filhos lendo ou brincando lá fora. É realmente justo criticar o estilo de paternidade do marido apenas porque é diferente do dela?

Os estudos mostram que o melhor meio para prever o envolvimento de um pai com seus filhos não é o modo como ele se sente a respeito deles. O melhor modo de predizer a paternidade de um homem é seu relacionamento com sua mulher. Quando a mãe abandona seu poder e deixa o pai agir do seu jeito, com videogame e tudo o mais, ele tende a se sentir mais feliz com a mãe e mais envolvido com os filhos.

Discutir o estresse da paternidade e do casamento com outros pais

Mesmo que isso pareça óbvio, é importante para os pais saberem como conversar regularmente com outros pais (assim como sessões de mau humor, lamentações e lágrimas) pode tornar mais fácil lidar com as exigências da paternidade e pode ajudar a liberar um pouco

---

*[N. T.]: Seriado norte-americano que retrata a vida da família de Jon e Kate e seus oito filhos: gêmeos e sêxtuplos. O seriado foca os desafios que eles enfrentam para criar seus filhos.

o estresse do casamento. No estudo "Tornando-se uma família", as sessões de aconselhamento em grupo logo nos primeiros meses de vida do bebê tiveram um efeito duradouro e positivo sobre a estabilidade do relacionamento. Os casais que participaram da terapia conjugal de grupo durante os três últimos meses da gravidez e nos primeiros três meses da vida do neném tinham muito mais probabilidade de ainda estarem casados quando a criança entrou para o jardim de infância do que aqueles pais que não tinham participado do aconselhamento. Mais tarde, a pesquisa revelou que o aconselhamento dos pais ainda na infância tinha um efeito protetor até o tempo em que a criança entrava no colegial. Mesmo para os pais que não podem ou não querem participar de aconselhamento profissional, o estudo sugere que muitos pais se beneficiaram dos efeitos do grupo, observando como os outros casais estavam lidando e lutando com os seus próprios papéis de cônjuges e pais. Os pais de primeira viagem não deveriam se isolar – em vez disso, deveriam buscar a companhia de outros novos pais. Logo ficará claro que suas discussões são universais, e não necessariamente o resultado de um problema de relacionamento específico. E não subestime a importância do ar de fora do seu casamento. Seu marido ou sua esposa já sabe como isso é difícil, e reclamar em casa só aumenta o estresse. Conversas com outros pais podem ajudar vocês a trabalharem as tensões e frustrações sem desencadear uma nova série de problemas no casamento.

Arrume tempo para mais do que a paternidade

Provavelmente você já tenha ouvido esse conselho antes. Eu, com certeza, ouvi. Mas quando minha bebê chegou, eu estava simplesmente encantada com ela, e eu realmente não queria perder tempo com qualquer outra coisa. Eu amava estar com ela e não tinha nenhum desejo de passar menos tempo com ela. Mas, quase sem exceções, os novos pais dão tanta atenção à criança que se esquecem de dar atenção um ao outro. Uma das maiores descobertas feitas pelos estudos de casamento e filhos é que os casais mais bem-sucedidos reservam bastante tempo para o relacionamento e não gastam todos os seus esforços na paternidade. "Ninguém leva isso muito a sério.", diz Philip Cowan. "Ambos os pais geralmente trabalham e se sentem culpados se ficam ainda mais tempo longe de seus filhos."

A Dra. Cowan observa que não é necessário um investimento de tempo tão grande, e muitos casais podem se beneficiar apenas perguntando o que se passa na vida do cônjuge. Basta perguntar ao seu parceiro "Como você está hoje?", ou melhor ainda, ela sugere, "Como vamos indo?". Não faça essas perguntas quando está saindo ou colocando as crianças na cama. Pare por dez minutos e ouça a resposta. Pode não parecer muito, mas entre o tumulto da paternidade, especialmente quando existe um bebê na casa, esses pequenos momentos dão segurança um ao outro e asseguram que os dois continuem conectados ou comecem a se reconectar.

Faça isso pelos seus filhos

Os Cowans salientam que os pais que são realmente dedicados a seus filhos vão sacrificar o tempo com os filhos para ter mais tempo um para o outro. Os estudos mostram que essa decisão traz benefícios. Como parte do estudo "Tornando-se uma família", os professores de oito escolas diferentes avaliaram as crianças das famílias que foram estudadas. Uma tendência importante emergiu da avaliação dos professores. As crianças que receberam as maiores notas pelo desempenho acadêmico e pela interação social vieram das famílias cujos pais estiveram em relacionamentos mais felizes. Investir tempo em seu parceiro não é egoísmo. Em vez disso, é uma das melhores coisas que você pode fazer para toda a família.

Esperança na idade pré-escolar

Embora os dados gerais mostrem que a felicidade conjugal dos pais não melhora até que os filhos saiam de casa, há alguns resultados que sugerem que o casamento e a paternidade podem aliviar um pouco três a cinco anos após a criança nascer.

Um grande estudo sueco monitorou 500 mil mulheres e, entre elas, havia 80 mil casos de divórcio. A tônica do estudo foi analisar como combinações variadas de filhos biológicos e enteados influenciaram o risco de divórcio do casal. Globalmente, o risco de divórcio caiu quando o último filho atingiu a idade de três anos, embora para alguns casais, o risco não tenha diminuído até que o último filho atingisse a idade de seis anos.

Em outros estudos sobre pais e sexo, alguns dados sugerem que a "desconexão" na intimidade que os novos pais experimentaram tipicamente durou algo em torno de três anos. Outro estudo com casais afro-americanos reforçou a ideia do efeito da pré-escola no casamento. Os pais, naquele estudo, relataram elevação nos níveis de felicidade conjugal quando as crianças estavam em idade pré-escolar e mais velhas que em outras vezes. E os padrões de divórcio nos Estados Unidos e em outros países também sugerem que os problemas no casamento começam a diminuir por volta do tempo em que a criança atinge três ou quatro anos de idade.

Outros estudos contradizem os resultados, denotando que a felicidade conjugal global geralmente não se recupera até que os filhos saiam de casa. Mas parece que a combinação de paternidade e casamento fica mais fácil para muitos pais quando a criança tem de três a cinco anos de idade. Para muitos pais, a tendência faz sentido. A paternidade de crianças em qualquer idade é estressante, mas quando os filhos definitivamente deixam as fraldas, são capazes de se alimentar sozinhos e, particularmente, quando começam a ir para a escola, a vida começa a ficar mais fácil. Isso não quer dizer que o casamento vai andar de vento em popa quando as crianças forem à pré-escola. Os dados sugerem que os adolescentes criam um novo conjunto de estresse e tensão em um relacionamento, e todos os pais de adolescentes têm experimentado o pesadelo logístico do malabarismo entre o trabalho e atividades extracurriculares, como sessões de estudo e prática de futebol, ensaios do coro, sem mencionar o namoro adolescente, violações dos castigos e trabalhos escolares.

Ideias do ninho vazio

Como já expliquei, estudo após estudo mostra consistentemente que a felicidade conjugal declina quando o primeiro filho chega à família, e a felicidade conjugal retorna quando o último filho sai de casa. E o que acontece no ninho vazio que o torna um lugar tão feliz? Podemos aplicar algumas das lições para aliviar o estresse dos pais, mesmo quando o ninho ainda está cheio?

Com certeza, os pais com ninho vazio claramente sentem falta de seus filhos, que saíram de casa para a faculdade, o trabalho ou o casamento. Mas mesmo com um ninho um pouco solitário, maridos e esposas também desfrutam de maior liberdade e falta de responsabilidade.

"Não é que a vida deles foi horrível quando os filhos eram pequenos.", disse Sara Melissa Gorchoff, uma especialista em relacionamentos adultos da Universidade da Califórnia, em Berkeley. "Os pais estavam, sim, felizes com seus filhos. Acontece que simplesmente, o casamento ficou melhor quando eles saíram de casa."

Muito da pesquisa relacionada a filhos e à felicidade conjugal está focada nos primeiros anos. Para compreender os efeitos ao longo do tempo, os pesquisadores de Berkeley monitoraram a felicidade conjugal entre 72 mulheres no Estudo Longitudinal de Mills, que acompanhou um grupo de ex-alunos do Mills College por cinquenta anos.

O estudo é importante porque acompanha a primeira geração de mulheres que dividiram as responsabilidades da família tradicional com empregos no mercado de trabalho. No estudo do ninho vazio, os pesquisadores compararam a felicidade conjugal das mulheres em seus quarenta anos, quando muitas ainda tinham os filhos em casa; no início de seus cinquenta anos, quando alguns dos filhos mais velhos já tinham saído de casa; e em seus sessenta anos, quando praticamente todas tinham os ninhos vazios. Em todos os pontos, os resultados foram mais altos para a felicidade conjugal dos ninhos vazios do que com os filhos ainda em casa. As descobertas refletiram o que outro relatório apresentou na Associação Norte-Americana de Psicologia, que monitorou uma dúzia de pais que foram entrevistados no momento da formatura da criança no Ensino Médio e dez anos mais tarde. Esse pequeno estudo também mostrou que a maioria dos pais teve maior satisfação conjugal após as crianças terem saído de casa.

Ao estudar as mulheres do Mills College, os pesquisadores de Berkeley tinham a hipótese de que a melhora na felicidade conjugal vinha da quantidade de tempo que os casais passavam juntos. Mas, para surpresa deles, as mulheres de Mills relataram que passavam a mesma quantidade de tempo com seus parceiros de quando os filhos ainda estavam morando em casa. Apesar de todo o tempo extra que você pensaria que os casais ganharam quando as crianças se mudaram, os pais dos ninhos vazios não terminam passando mais tempo um com o outro. O que mudou no ninho vazio foi a qualidade do tempo que os casais compartilham.

"Há menos interrupção e menos estresse quando os filhos não estão em casa.", disse a Dra. Gorchoff. "Não é que eles passam mais tempo um com o outro depois que os filhos saem de casa. É a qualidade do tempo que passam um com o outro que melhorou."

Essa é uma boa notícia para os pais que ainda têm os filhos em casa, porque isso significa que você não terá necessariamente de encontrar mais tempo em seu dia. Você apenas precisa fazer bom uso do tempo que já passam juntos. A Dra. Gorchoff observa que a lição do ninho vazio pode ser a de que os pais precisam trabalhar para produzir mais tempo sem estresse juntos. "Os filhos não estão destruindo a vida dos pais. É que eles estão tornando mais difícil ter interações agradáveis juntos.", conclui a Dra. Gorchoff.

O resultado da pesquisa sobre paternidade e relacionamento é o seguinte: o melhor modo de cuidar de seus filhos é cuidando do seu casamento.

Esse é um conselho extremamente simples, mas certamente difícil de implementar quando se tem um bebê chorando ou dois filhos com um torneio de futebol e uma apresentação de dança agendados para o mesmo dia. Para casais sem filhos, é difícil descrever o caos e a coordenação que fazem parte de criar uma família. E para os pais que se alegram nas realizações e na felicidade de seus filhos, pode ser difícil aceitar ou mesmo acreditar que aquelas fontes de alegria e encanto possam ter um efeito tão perturbador para o casamento de seus pais.

Não há como driblar o fato de que as crianças representam grandes desafios para a saúde e a felicidade do casamento. Existirão dias em que o casamento será, simplesmente, negligenciado. Existirão dias em que a mulher sentirá que seu marido não faz o suficiente para ajudar com os filhos. E existirão dias quando um pai se sentirá posto de lado pela constante "micro-organização" de sua esposa quanto ao trabalho doméstico e aos deveres da paternidade.

Mas só em saber que não está sozinho, que outros casais estão lutando contra os mesmos desafios de combinar casamento e paternidade pode ajudar a aliviar o fardo. Um pai de primeira viagem me confidenciou como a chegada de seu primeiro filho havia coincidido com uma época de estresse enorme em seu casamento. Conversamos longamente sobre os dados a respeito de crianças e felicidade conjugal que confirmaram suas próprias experiências. Em vez de ficar perturbado pela má notícia, ele ficou aliviado. "Você não faz ideia do quanto isso ajuda, saber que acontece com todo mundo.", ele me disse. Mas isso não significa que devemos começar a esperar menos de nosso casamento quando os filhos chegam, ou ceder ao estresse. Casais inteligentes farão o seu melhor para esgueirar-se uns minutinhos aqui e ali para uma conversa rápida, para uma risada, ou até mesmo para chorar. O objetivo é ficarem juntos no meio do caos – roube um tempo quando puder e faça isso com a maior frequência possível.

E quando tudo o mais falhar, lembre-se: com certeza, isso vai melhorar – em algum momento.

9

A GUERRA DE TAREFAS: A CIÊNCIA DOS TRABALHOS DOMÉSTICOS

Casamento não é apenas comunhão espiritual,
também é lembrar-se de colocar o lixo para fora.
Dra. Joyce Brothers

Um pai que conheço teve uma pequena discussão com sua esposa, mas ele não tinha certeza do porquê. Durante um final de semana de feriado, ele tinha feito um esforço extra para ajudar nos trabalhos da casa.

"Você notou como eu ajudei com os pratos?", vangloriou-se para sua mulher no término do final de semana.

Sua esposa, uma mãe ocupada com três filhos e voluntária na comunidade, que raramente via seu marido durante a semana, ficou incrédula. No dia seguinte, ele ainda estava confuso. Por que ela ficou tão aborrecida com ele? Após anos conversando com casais, pesquisadores sobre o casamento e minhas próprias amigas, tive um pressentimento.

"Como assim, você 'ajudou', quando tudo o que realmente fez foi limpar sua própria casa?", perguntei.

Ele olhou encabulado e lembrou-se de dizer à esposa, naquela noite, o quanto gostava dela.

Essa foi uma pequena discussão, mas acontece de outras formas, todos os dias, nos lares ao redor do mundo. O trabalho doméstico, seja ele o de lavar os pratos, passar as roupas, limpar o banheiro ou pegar as roupas do chão do quarto, é uma das fontes de conflitos mais comuns entre os casais. O trabalho doméstico, com toda a sua labuta diária, tem um efeito drástico sobre o casamento.

Os casais dizem que uma divisão igual do serviço doméstico é essencial para um casamento feliz. Na verdade, muitos dizem que é mais importante a felicidade conjugal do que ter filhos, de acordo com uma pesquisa de 2007 do Pew Research Center. Para 62% dos entrevistados, compartilhar os deveres domésticos era "muito importante" para o casamento, acima de 47% em 1990,[140] de acordo com a amostra aleatória de 2.020 adultos norte-americanos.

Em 1989, a socióloga Arlie Hochschild, da Universidade da Califórnia, em Berkeley, cunhou o termo que definiria a vida de toda uma geração de mulheres trabalhadoras. Seu livro *The Second Shift* [O segundo turno] detalhou o que muitas mulheres que trabalham fora já sabem. A revolução que empurrou as mulheres para fora de casa e para dentro do trabalho assalariado teve pouco ou nenhum efeito sobre suas tarefas domésticas. As esposas estavam, essencialmente, trabalhando um segundo turno, lutando com o serviço doméstico quando voltavam para casa após um dia inteiro de trabalho. As horas adicionais que as mulheres que trabalham fora colocam em seu segundo turno de trabalho doméstico somam pelo menos um mês a mais de trabalho por ano, segundo os cálculos da Dra. Hochschild.

Com certeza, em algumas famílias os papéis são invertidos, e os homens são os que fazem a maioria dos trabalhos de cozinhar e limpar. As pesquisas mostram que cerca de 10% dos homens acham que a divisão do trabalho em seus casamentos é injusta com eles. Em comparação, 60% das mulheres reclamam de um fardo injusto de trabalho doméstico colocado sobre elas em suas casas. Vários estudos mostram que, em média, a mulher, nos Estados Unidos e ao redor do mundo, tende a colocar sobre seus ombros o fardo de muito mais trabalho doméstico e do cuidado dos filhos do que os homens.

Mas os homens não são inteiramente culpados pela distribuição desigual do trabalho doméstico. Para muitas mulheres, a fonte de poder em seus relacionamentos vem do controle que têm sobre a casa e seus filhos. Essa "vigilância" sobre a casa pode criar fendas em seu casamento.

Tanto homens como mulheres têm muito o que aprender com o estudo do trabalho doméstico. Os casais que resolvem seus conflitos sobre limpeza são tipicamente felizes. Mas a questão não é, necessariamente, pedir ao marido para lavar a louça ou as roupas com mais frequência. Também é necessário *permitir* que ele faça isso sem controlar o modo como ele faz, e não criticar porque ele faz isso diferente de você. E para os homens, resolver o conflito sobre as tarefas domésticas não apenas melhorará seu casamento, mas também gerará menos estresse, melhor saúde e até mesmo mais sexo.

Então, jogue fora o espanador e ligue o aspirador; é hora de pôr um fim na "Guerra do serviço doméstico".

Quem faz o quê e por quê?

Pesquisadores da Universidade de Wisconsin monitoraram o serviço doméstico por décadas, por meio da Pesquisa Nacional de Famílias e Domicílios. Não é surpresa que as esposas que ficam em casa façam mais trabalho doméstico do que seus maridos que trabalham fora. De acordo com os dados da pesquisa, mulheres que não trabalham fora de casa gastam aproximadamente 38 horas por semana em trabalho doméstico. Em comparação, seus maridos gastam aproximadamente 12 horas por semana com os afazeres domésticos, conforme os dados mais atuais.

Mas o que acontece quando marido e esposa trabalham fora de casa por tempo integral? As mulheres tipicamente continuam fazendo a maior parte dos trabalhos domésticos, gastando um total de, aproximadamente, 28 horas por semana. Os maridos das mulheres que trabalham contribuem aproximadamente 16 horas por semana com as tarefas domésticas. Isso significa que os casais que trabalham fora gastam um total combinado de 44 horas por semana em serviço doméstico, e a esposa contribui com 64% desse total. Maridos que trabalham fora e esposas que ficam em casa gastam cinquenta horas por semana limpando a casa, e as esposas que ficam em casa fazem 76% do trabalho doméstico.

Na verdade, estudos feitos ao redor do mundo mostram que as mulheres gastam, tipicamente, pelo menos duas vezes mais tempo em serviço doméstico do que seus maridos. Como as mulheres estão gastando mais tempo trabalhando fora de casa nas últimas décadas, o tempo que lhes sobra para os trabalhos domésticos está declinando, enquanto os homens estão pegando mais a folga (mas não toda ela).[141]

De acordo com dados da Organização das Nações Unidas, os homens canadenses, australianos e suecos fazem um pouco mais do serviço doméstico que os homens norte-americanos. Os homens na Coreia e no Japão fazem a menor quantidade de serviço doméstico, enquanto na Letônia, os homens fazem a maior parte.

Pesquisadores da Universidade de Michigan, em Ann Arbor, têm estudado a dinâmica da receita familiar desde 1968, utilizando uma amostra representativa que coleta dados da economia, da saúde e do comportamento social das mesmas 8 mil famílias norte-americanas. Os serviços de casa, nesses estudos, são definidos como rotina e serviços comuns que envolvem manter uma casa organizada – lavar os pratos, as roupas, aspirar o pó, preparar o jantar e arrumar as camas. A natureza do estudo permite aos pesquisadores monitorar como a vida da pessoa muda quando ela se casa.

Eles descobriram que, para as mulheres, o casamento resulta em uma onda de 70% a mais na quantidade de tempo que ela gasta em serviço doméstico. Em contraste, os homens gastam aproximadamente 12% menos tempo em seus deveres domésticos após se casarem.[142]

A divisão das tarefas de casa muda dependendo de quantas horas por semana a esposa trabalha. Geralmente, quanto mais horas a mulher trabalha, mais horas o homem contribui com as obrigações da casa.

Mas o que acontece quando as mulheres buscam uma carreira e os homens ficam em casa? Surpreendentemente, não há, em geral, uma inversão de papéis com o homem fazendo a maioria das tarefas domésticas. Na verdade, quando ela tem um trabalho e ele não, a esposa ainda termina fazendo a maioria dos trabalhos domésticos, diz Sampson Lee Blair, um professor de Sociologia associado à Universidade de Buffalo, que estuda a divisão do trabalho em família.[143]

Explicando a lacuna no trabalho doméstico

Os pesquisadores oferecem diversas explicações do motivo pelo qual os homens contribuem, em média, menos para os serviços domésticos do que as mulheres.

Diferenças cerebrais

Alguns pesquisadores acreditam que a lacuna no serviço doméstico resulta das diferenças entre os cérebros masculino e feminino. Os cérebros masculinos tipicamente não registram detalhes, como cor e textura, como fazem os das mulheres, observa Michael Gurian, autor do livro *What Could He Be Thinking?* [O que ele está pensando?]. Como resultado, o trabalho doméstico não é, muitas vezes, uma prioridade imediata para os homens, porque eles simplesmente não notam roupas esparramadas pelo chão ou revistas espalhadas sobre a mesa.

A explicação para isso pode estar enraizada nos primeiros dias dos casais humanos. Estudos realizados pelo antropólogo George Peter Murdock, que estudou as práticas trabalhistas entre dezenas de sociedades tribais, dá-nos uma ideia de como nossos ancestrais dividiram as responsabilidades domésticas. Em sociedades tribais, certos trabalhos eram esmagadoramente masculinos, coisas como caçar, pescar, preparar a terra e fabricar armas. Cozinhar, carregar a água, tecelagem e fabricar panelas era, tipicamente, domínio feminino.[144] Os homens foram treinados para olhar para o horizonte, as mulheres aprenderam a focalizar os detalhes à frente delas.

Pode ser que a divisão do trabalho para as mulheres tenha sido determinada pelo fato de uma criança poder acompanhá-la com segurança. Se você está caçando no campo, por exemplo, "não pode ter um bando de garotos pendurados em você", observa Roy G. D'Andrade, antropólogo da Universidade de Connecticut.[145]

O resultado pode ser que a pressão da seleção natural tenha culminado em diferenças neurobiológicas relacionadas à capacidade doméstica. Mulheres que foram hábeis em manter as crianças seguras e vivendo em áreas limpas, e na preparação e distribuição de alimentos, tinham maior probabilidade de transmitirem seu material genético para crianças saudáveis, fortes, que poderiam sobreviver até a idade adulta. Os homens que ficassem presos próximo ao lar por muito tempo teriam morrido de fome, e o mesmo teria ocorrido com seus descendentes. Os homens com maior probabilidade de transmitir seus genes eram aqueles com capacidades bem-definidas para caça, corrida, coordenação olho-mão e destreza.

Hoje, os testes de QI mostram que as mulheres são melhores em observar detalhes do que os homens, e aquelas diferenças cerebrais podem explicar as diferenças no serviço doméstico, diz Sandra Witelson, neurologista na Universidade McMaster. "Eu acho que é razoável dizer que esse pode ser um dos motivos pelo qual um homem pode abrir uma geladeira e não ver a garrafa de vinho na parte de trás. Nós, mulheres, fazemos isso melhor por alguma razão.", diz a Dra. Witelson.[146]

Obviamente, existem exceções. Há muitos homens obcecados por limpeza que são casados com mulheres extremamente relaxadas nisso. As diferenças cerebrais homem-mulher não excluem o homem de ajudar a manter sua caverna limpa. Significa apenas que pode haver uma explicação neurobiológica para o porquê de os homens nem sempre sentirem o mesmo senso de urgência em arrumar a casa como as mulheres sentem.

Normas culturais

Os homens e as mulheres reforçam a divisão do trabalho baseada em gêneros em seus filhos. Os estudos mostram que, quando as crianças são pequenas, não existem diferenças reais nas atribuições dos serviços domésticos. Um pai pode pedir para uma filha alimentar o cachorro tanto quanto pediria a um filho. E um menino é tão capaz de ajudar na cozinha quanto uma menina.

Mas quando as crianças entram na adolescência, as coisas mudam. As garotas adolescentes fazem aproximadamente duas vezes mais trabalhos domésticos do que os garotos adolescentes, com as garotas fazendo mais trabalhos de rotina, como cozinhar, limpar, e os meninos fazendo trabalhos ocasionais do lado de fora, como cuidar do quintal. Os pesquisadores dizem que as mães acabam por reforçar os papéis relacionados ao gênero, do qual elas reclamam, ao fazer os jovens se especializarem dos trabalhos domésticos nas funções estereotipadas por gênero. Isso também ajuda a explicar por que os homens se sentem incompetentes ao fazer certos serviços domésticos, como cozinhar e lavar – seus pais e suas mães nunca lhes ensinaram a fazer esse tipo de tarefa quando eram pequenos.

"As mulheres foram treinadas melhor para ajudar com as roupas ou cozinhar.", diz Esther D. Rothblum, professora de Estudos Femininos na Universidade Estadual San Diego. "Quando as mulheres esperam que seus maridos dividam os serviços domésticos, vira uma batalha difícil, porque elas provavelmente estejam com alguém que cresceu não tão focado no trabalho doméstico quanto elas. E eles devem ter sido parabenizados na infância por fazer bem pouco, como colocar o lixo para fora."

Redefinindo o trabalho doméstico

Embora esteja claro que as mulheres estão fazendo mais certas tarefas domésticas, um problema com as pesquisas sobre trabalho doméstico é que, muitas vezes, ela está focada em atividades que as mulheres valorizam, como cozinhar, limpar, alimentar e banhar. Mas isso pode criar uma visão distorcida de quanto tempo os homens gastam contribuindo realmente para a casa. Um homem pode focar sua energia pós-trabalho em pagar as contas, por exemplo, em vez de lavar as roupas. Ou ele pode resolver outras coisas em sua hora de almoço, como pegar um cartaz para o projeto de ciência dos filhos ou trocar o óleo. E embora não faça o lanche das crianças, ele sai com elas à noite, lê para elas ou joga videogame. Mas a maioria das pesquisas destinadas a estudar a divisão do trabalho doméstico não conta o tempo de sair com as crianças como contribuição para ajudar a cuidar delas.

A socióloga Judy Beglaubter, da Universidade de Toronto, entrevistou homens que se consideravam "pais envolvidos". Ela pediu que eles definissem o que significava ser um pai envolvido.

"Nenhum deles respondeu que era porque alimentavam o bebê, ou trocavam as fraldas, ou lavavam as roupas.", diz ela. "Era apenas aquela ideia de presença, de estar por perto, de estar animado e empolgado com seus filhos. Muitos deles poderiam dizer: 'O modo como sou pai tem a ver com o modo como cresci. Meu pai *não* se envolvia, ele era muito autoritário, e não quero que meus filhos cresçam dessa forma.'. Para outros, não era nem mesmo uma questão de consciência, era mais o impulso de participar, de estar envolvido, de interagir com os filhos."[147]

Portanto, na mente de um pai, simplesmente passar um tempo em casa, chutando uma bola de futebol com os filhos, ou tirando um tempo extra à mesa do jantar para conversar sobre a escola conta como um fator de ser um pai envolvido. A mãe, entretanto, pode definir o envolvimento paterno como levar e buscar as crianças na escola, colocar o almoço nas lancheiras e agendar as consultas médicas.

Além do ambiente de pesquisa, homens e mulheres precisam colocar esses resultados no coração. Antes de ficar frustrado com um cônjuge por sua falta de contribuição, a pergunta que deve ser feita é se ele(a) está, realmente, fazendo nada ou se não está fazendo aquilo com que *você* se importa. Preste atenção aos pequenos serviços que seu parceiro está fazendo, como tirar o lixo, limpar a caixa de areia do gato, trocar as lâmpadas, inspecionar o carro, reorganizar a lavagem a seco ou deixar as declarações de imposto no contador. Essas coisas você teria de fazer se seu parceiro não fizesse. Elas podem não estar no topo da lista de prioridades e podem contar como uma pequena parcela das responsabilidades familiares, mas ainda contam.

QUANDO OS FILHOS GERAM MAIS TRABALHO

Logo depois que minha filha nasceu, meu marido manifestou seu espanto com a facilidade com que assumi a maternidade. Ele descreveu isso como instinto materno.

Mas com certeza, esse não era o caso. Tomar conta de um bebê não era instintivo, mas também não era totalmente desconhecido para mim. Como muitas mulheres, eu havia ajudado com meus irmãos menores e, na adolescência, trabalhei como babá para muitas famílias. Como jovem adulta, eu havia me encantado com os bebês de amigos e parentes, segurando-os, alimentando-os e trocando suas fraldas, enquanto meu marido apenas assistia. Apesar de haver tido experiências de vida real com os filhos de outras pessoas, ainda havia muita coisa que eu não sabia sobre maternidade quando minha filha nasceu. Mas eu li livros, falei com minha mãe, falei com minhas amigas e fiz perguntas às enfermeiras do hospital e ao pediatra. Instinto materno, com certeza.

Mesmo assim, a noção de meu marido de que eu estava mais bem-preparada para a maternidade se firmou. De bom grado, aceitei que simplesmente eu era melhor nisso, e ele me cedeu voluntariamente grande parte da responsabilidade diária. A verdade é que eu realmente gostava de ter o poder sobre todas as coisas que envolviam minha filha, mas também estava crescendo um ressentimento pela falta de envolvimento de meu marido.

Foi uma surpresa para nós dois. Antes de nossa filha chegar, eu esperava compartilhar os deveres da paternidade. Quando Philip e Carolyn Cowan conversaram com os casais sobre como o serviço doméstico e os cuidados com os filhos poderiam ser divididos quando o bebê chegasse, eles descobriram que, como meu marido e eu, os casais tinham, tipicamente, altas expectativas em relação um ao outro. Ambos, marido e mulher, previram que grande parte dos serviços domésticos seria dividida. Os dois têm a expectativa de se envolver com a criação dos filhos. Mas após o nascimento do bebê, nem sempre as coisas acontecem como planejado. Os casais relatam que a mulher acaba por fazer a maior parte dos serviços domésticos, mais do que antes da maternidade, e os pais estavam muito menos envolvidos nos cuidados com o bebê do que suas mulheres haviam previsto.

Os Cowans desenvolveram um questionário chamado "Quem faz o quê" para identificar como os casais dividem as obrigações domésticas. Antes de as crianças chegarem, homens e mulheres são, essencialmente, pau para toda a obra na casa. Às vezes, ele lava as roupas, e noutras, ela põe o lixo para fora. Mas uma vez que as crianças nascem, os casais tendem a ficar mais "especializados". Em vez de compartilhar as tarefas, eles dividem o serviço em "dele" e "dela". Ela toma conta das crianças, lava as roupas e os pratos, enquanto ele faz os consertos na casa, tira o lixo e cuida do carro. Mesmo que a carga de trabalho no que se refere a tempo seja bem-equiparada, ela pode parecer tradicional porquê o trabalho foi distribuído ao longo das linhas tradicionais de gênero.

"Isso deixa alguns maridos e mulheres se sentindo mais separados.", escrevem os Cowans. "Por causa da mudança interna de suas identidades e porque seus votos foram diferentes dos de seus pais, essa separação pode provocar desapontamento, um pouco de temor e alguma solidão."[148]

As mulheres ao redor do mundo carregam a maior parte do peso dos cuidados com os filhos. Um estudo combinando dados da Austrália, da Holanda e da Nova Zelândia constatou que, quando os filhos chegam, o trabalho doméstico aumenta para doze horas semanais para as mulheres, mas acrescenta apenas duas horas de trabalho extra por semana para os homens. Estudos norte-americanos mostram que a taxa esposa-marido para o cuidado infantil é de cerca de cinco para um.[149]

Mesmo que os pais, geralmente, esperem para compartilhar os cuidados das crianças, já há sinais de que as mães, durante a gravidez, assumem mais determinadas responsabilidades. No estudo dos Cowans, mães e pais esperavam que as mães fossem mais envolvidas nas respostas ao choro das crianças, levantassem no meio da noite, lavassem as roupas do bebê e escolhessem os brinquedos dele.

Mas em outras áreas-chave, maridos e esposas previram a responsabilidade partilhada para decidir como e quando alimentar o bebê, trocar as fraldas, dar banho, levar o bebê para um passeio, brincar com ele, a programação das babás e conversar com o pediatra. Apesar disso, quando os bebês atingiram seis meses de idade, as mães foram assumindo uma parte desproporcional dos seus deveres.

Os Cowans também aprenderam que os casais não estavam contentes com a forma como a divisão do trabalho foi quebrada. As mães expressaram menor satisfação do que os pais em relação à organização dos cuidados com a criança. Mas os pais também estavam infelizes, dizendo que eles queriam ser pais mais envolvidos, mas só não conseguiam saber como isso poderia acontecer.

Entre os seis e os dezoito meses da vida do bebê, os pais começam a tomar mais responsabilidade. Eles estão mais propensos a assumir o controle da hora do banho, sair com o bebê e levantar no meio da noite. Entretanto, a melhora é modesta e não está, tipicamente, acompanhada por um aumento na satisfação de homens e mulheres com a divisão dos cuidados com a criança. Na verdade, os homens também regrediram em outros serviços domésticos durante o segundo ano de vida da criança. Dezoito meses após o nascimento, os homens fazem menos refeições e tiram o lixo com menos frequência, embora façam mais compras e cuidem do quintal, aparentemente porque essas são tarefas que eles podem fazer depois do trabalho ou nos finais de semana.

Mulheres e controle

Anos atrás, em uma coluna sobre a lei do malabarismo trabalho-família, escrevi sobre os hábitos de lavanderia de meu amigo David. O ponto de partida era: ele não costumava separar as roupas. Na verdade, apenas jogava roupas brancas e coloridas dentro da mesma lavadora e girava o botão da água para frio. Ele insistia em que a baixa temperatura da água prevenia que as roupas manchassem, e todas saíam da lavadora perfeitamente limpas.

Enquanto isso, a esposa de David era uma separadora ávida (eu também sou, por isso senti sua aflição). O fato de David não separar as roupas deixou-a maluca. Ela pediu a ele para separar as brancas e as coloridas, assim, nem as roupas dela e nem a dos três filhos ficariam estragadas, mas ele se recusou. Isso foi mais do que ela poderia suportar. Ela tirou o serviço de lavar as roupas da lista de trabalhos do David e colocou na dela.

Quando escrevi sobre isso, fui inundada por cartas de meus leitores. Ouvi inúmeras mulheres que disseram que enxergavam outra coisa nessa tática de David. Não se tratava da ideologia das diferenças de separação, elas disseram. Isso foi incompetência intencional. Ao sabotar a lavanderia, David estava se colocando numa posição em que não teria nunca mais de lavar a roupa.

Enquanto isso, eu ouvia um número igual de homens irritados. Não se trata de roupas brancas ou coloridas, eles insistiram. Tratava-se de controle. As mulheres não podem pedir que os homens compartilhem o trabalho da casa e então criticar a maneira como eles fazem as tarefas. Melhor para o David, eles disseram, por levantar o direito dos homens de lavar as roupas do modo como eles quiserem.

Os pesquisadores de casamentos chamam isso de teoria do "controle maternal". Ela sustenta que os homens não se esquivam do trabalho doméstico porque eles têm cérebros diferentes. Eles optam por colocar o lixo ou trocar a lâmpada não porque eles não foram ensinados a cozinhar e a limpas as crianças. Em vez disso, eles evitam as tarefas domésticas porque as mulheres insistem em controlá-las. Enquanto as mulheres afirmam que querem ajuda com as tarefas domésticas, os homens dizem que suas esposas também querem ditar como o serviço deve ser feito, tal como a forma como uma toalha deve ser dobrada, a forma como a fralda está no bebê ou como colocar a louça na máquina de lavar. Quando os homens não fazem nada disso do jeito "certo", as mulheres reclamam, criticam ou fazem novamente elas mesmas. Como resultado, os homens ficam irritados, desistem ou fazem errado de propósito, para, da próxima vez, não terem de fazer novamente.

"O serviço doméstico aparece com frequência na terapia.", diz a Dra. Rothblum do estado de San Diego. "A mulher quer que o marido faça mais o serviço de casa, mas, de muitas formas, ela tende a sabotar isso. Ele ou não faz bem ou esquece e precisa ser lembrado. E ela diz: 'Você está fazendo errado', ou: 'Você está segurando o bebê errado'. Por qualquer que seja a razão, as mulheres ainda estão assumindo a responsabilidade. Elas não querem abrir mão desse papel."

Kerry Daly, sociólogo e professor na Universidade de Guelph, diz que os pais exibem "tremenda competência" no cuidado dos filhos, mas, às vezes, não conseguem provar isso. Ele estudou como os pais dividem as tarefas de cuidar da criança em casa e aprendeu que, enquanto os homens estão contribuindo, suas esposas, com frequência, estão dizendo a eles o que fazer. Isso varia desde ditar as roupas que a criança deve usar até agendar o horário de brincar enquanto o pai está com a responsabilidade.

"Se é você quem está delegando e pensando no futuro, isso vem com certa quantidade de poder em uma relação doméstica.", diz o Dr. Day. "Eu acho que as mulheres têm, de certa maneira, amado esse poder."

Nós todas já vimos centenas de exemplos disso e podemos ser um pouco culpadas. Uma mulher que conheço e que estava deixando a cidade deu a seu marido um memorando de três páginas, com espaço simples, sobre como ele deveria cuidar de seus jovens filhos. O memorando incluía tudo, desde quantas fraldas levar para a creche até instruções detalhadas sobre como cortar um hambúrguer em quadrados pequenos e acariciar as costas das crianças na hora de dormir, para acalmá-los.

O marido dela diz que não ficou chateado pela lista detalhada e até gostou de saber algumas instruções. Mas hoje, sua esposa admite que foi "exagerada". "Ele teria se virado bem sozinho.", ela admite.

O pesquisador de casamento Joshua Coleman, autor do livro *The Lazy Husband* [O marido preguiçoso], diz que o controle da mulher acaba por deixar os maridos preguiçosos e os faz ajudarem menos, não mais.

Linda Duxbury, da Escola de Administração Eric Sprott, na Universidade de Carleton, observa que os homens, tipicamente, não ficam supervisionando quando uma mulher toma uma de suas obrigações. A Dra. Duxbury, que estuda questões de trabalho e família, disse que se descobriu uma "controladora" em sua própria casa, descrevendo um episódio de sua vida em que disse a seu marido, que estava preparando o jantar, como cortar as cebolas.

"Ele disse: 'Linda, ou eu faço isso ou você faz.'", relembra a Dra. Duxbury. "As mulheres precisam reconhecer que, de algum modo, são as próprias autoras de nossa adversidade.", diz a Dra. Duxbury. "Gostamos de ser mártires. Gostamos de reclamar."[150]

O SERVIÇO DE CASA E A SAÚDE

Dada a frequência com que o serviço doméstico pode levar ao conflito conjugal, não é surpresa que ele tenha um efeito direto nos níveis de estresse e felicidade.

Mulheres que carregam nos ombros a desproporcionalidade da divisão das tarefas domésticas são menos felizes em seus casamentos e mais vulneráveis à depressão.[151] Entretanto, quando os homens contribuem com o serviço de casa, eles ficam menos irritados quando suas esposas ficam alteradas e até mesmo baixam sua frequência cardíaca durante um conflito. Pode ser que o tipo de homem que faz serviço doméstico seja, em geral, mais descontraído, mas a descoberta também pode sugerir que, quando os homens ajudam em casa, há menos conflito e menos estresse.

Fazer mais o trabalho doméstico também é sinal de melhor saúde física para ambos, homens e mulheres. Pode ser que o homem em melhor condicionamento físico ajude mais, ou pode ser que o homem que contribui mais em casa tenha menos estresse conjugal, o que pode levar a uma saúde melhor.

"Quando um homem faz o serviço de casa, é como se ele se importasse com o que é importante para ela.", diz o autor de *Lazy Husband* [O marido preguiçoso], Joshua Coleman. "É como uma parceria."

OS PRÓS E OS CONTRAS AO CONTRATAR AJUDA

Para resolver as exigências dos cuidados com os filhos e a casa, os casais frequentemente decidem contratar ajuda de uma governanta ou babá. Mas os estudos mostram que contratar ajuda externa nem sempre é a solução certa.

Pesquisadores da Universidade do Tennessee entrevistaram 85 homens e mulheres que tinham alcançado altos níveis profissionais em suas carreiras e altos níveis de satisfação conjugal. Os que tinham MBA e uma renda média acima de 75 mil dólares estavam, em sua maioria, na casa dos trinta e quarenta anos e estavam casados, em média, há nove anos. Eles responderam perguntas sobre carreira, família e ajuda remunerada ou não para a casa e fizeram testes utilizados para medir a felicidade conjugal, a satisfação na carreira e habilidades de negociação.

Duas surpreendentes tendências emergiram. Pagar para obter ajuda externa realmente era sinal de menor felicidade conjugal. Embora as razões para isso não estejam totalmente claras, os pesquisadores especularam que a terceirização das tarefas domésticas, em particular dos cuidados com as crianças, pode adicionar uma camada de estresse emocional e financeiro. Outra teoria é que os afazeres domésticos dão aos casais uma sensação de realização compartilhada e união.

Talvez, especularam os pesquisadores, algo fundamental ao casamento seja perdido quando se contratam serviços de terceiros para ajudar em casa.[152]

Aqui vai um exemplo de como a contratação externa pode trazer mais estresse conjugal, não menos. A esposa precisa trabalhar até tarde por algumas noites e quer ter certeza de que seu marido estará em casa com os filhos pequenos. Ele não pretende mudar seus planos, então decide contratar uma babá. Ele acha que teve a ideia perfeita, mas ela fica furiosa. Ela está se sentindo culpada pelo longo tempo que passa longe de seus filhos e não quer aumentar as horas que eles ficam com a babá. Agora ela precisa decidir se cancela seus compromissos de trabalho ou se deixa os filhos com a babá novamente. O que quer que ela decida, ficará infeliz e ressentida com a escolha de seu marido.

Considere este cenário: um casal tenta planejar um final de semana para cuidar de paisagismo, plantar flores e criar um jardim. Mas então, exigências do trabalho e dos negócios interferem, e logo o clima vai mudar, e será impossível completar o projeto. Como resultado, eles contrataram alguém para fazer o serviço. É uma decisão razoável, mas também é frustrante e uma perda de oportunidade de o casal passar mais tempo juntos.

A segunda descoberta da pesquisa mostrou que a principal fonte de estresse doméstico vem da falta de habilidade para expressar suas necessidades e receber apoio de seu cônjuge. Os casais que aprendem a negociar os compromissos que envolvem serviços domésticos e cuidados dos filhos são mais felizes tanto em seu casamento como no emprego. Em um estudo da Universidade do Tennessee, homens e mulheres que obtiveram altos resultados em testes para medir as habilidades de negociação também demonstraram um alto nível de felicidade conjugal. A pesquisa sugere que maridos e esposas, particularmente as esposas, devem considerar se eles têm expressado adequadamente suas necessidades e se ofereceram um compromisso prático às suas esposas para gerenciar melhor as exigências da família.

Na verdade, uma das maiores fontes de conflito no casamento é a *percepção* de injustiça – o sentimento de que o trabalho, o dinheiro ou os recursos emocionais não estão sendo uniformemente distribuídos. As mulheres estão mais propensas a se queixar de uma distribuição desigual do trabalho doméstico do que os homens.

Mas a desigualdade ocorre porque o homem não quer ajudar? Ou poderia ser que as mulheres não estivessem fazendo um bom acordo para elas mesmas?

Estudos mostram que, mesmo no local de trabalho, a negociação é uma habilidade que, muitas vezes, falta às mulheres. De acordo com a economista Linda Babcock, os homens têm duas vezes mais probabilidade de pedirem o que quiserem durante as negociações de trabalho do que as mulheres, e quatro vezes a probabilidade de pedirem um aumento de salário.[153]

Ao longo dos anos, tenho escutado muitas mulheres reclamando que seus maridos não ajudam o suficiente, mas quando pressionadas, admitem que, realmente, ainda não pediram diretamente a eles mais ajuda. "Eu não deveria ter de pedir." é a resposta mais comum. Mas essas são tipicamente as mulheres que trabalham duro, que nunca esperariam que um colega de trabalho pudesse ler suas mentes. Em uma mudança no escritório, elas iriam mostrar suas necessidades e negociar as melhores condições de trabalho. Mas em casa, não.

Serviço doméstico e sexo

Uma vez, num jantar de que participei, o marido da anfitriã começou a limpar a mesa. Ofereci-me para ajudar, mas a mulher acenou para mim. "Meu marido pode fazer isso.", ela disse. "Para ele, isso é uma preliminar". Era mais do que uma frase engraçada. Os estudos mostram que, para muitos casais, a divisão das tarefas domésticas pode influenciar a vida sexual do casal.[154]

"A divisão do trabalho em casa é um grande indicador de como a saúde do casamento está.", diz Neil Chethik, autor de *Voice Male – What Husbands Really Think About Their Marriages, Their Wives, Sex, Housework, and Commitment.* [Voz masculina: o que os maridos realmente pensam sobre seus casamentos, suas esposas, sexo, trabalho doméstico e comprometimento].

O Sr. Chethik fez uma pesquisa com trezentos maridos norte-americanos e encontrou um paralelo consistente entre serviço de casa e sexo. Quando ambos os cônjuges estavam satisfeitos com a forma como o trabalho doméstico tinha sido dividido, o casal teve relações sexuais um dia a mais no mês em relação aos casais em que um dos cônjuges estava descontente com a desigualdade do serviço doméstico. Homens cujas mulheres estavam descontentes com a divisão do trabalho doméstico estavam mais propensos a obter o divórcio. E eles estavam duas vezes mais propensos a trair suas esposas.

"Os homens disseram que, se eles fizessem o serviço doméstico, suas esposas ficariam felizes com eles.", diz o Sr. Chethik. "É um sinal de que ele a aprecia, pensa nela e tem cuidado dela. Isso tende a ser algo que a faz melhorar sua relação sexual com ele."

O Sr. Chethik observou que, quanto mais felizes estavam as mulheres com a divisão do trabalho doméstico, mais felizes estavam seus maridos com suas vidas sexuais. O trabalho doméstico não tem, necessariamente, de ser dividido meio a meio. A chave, disse ele, é que a mulher acredite que a divisão foi justa. E, enquanto os homens obviamente apreciam morar em uma casa limpa, o Sr. Chethik observa que a mulher pode colocar uma alta prioridade na limpeza porque sente que ela, não seu marido, será julgada incompetente se a casa estiver uma bagunça.

Outro obstáculo para que os homens contribuam mais em casa é que eles têm mais a perder. A equação do tempo de lazer é muito mais negativa para os homens do que para as mulheres. Quando o trabalho doméstico é redistribuído de forma mais equitativa, as mulheres *ganham* tempo de lazer, mas os homens *perdem*, o que significa que podem ter de abrir mão de algo divertido para ter mais tempo para as tarefas em casa.

LIÇÕES PARA O FRONT DE BATALHA DO LAR

A maior lição do amplo material de pesquisas sobre serviço doméstico é que o serviço de casa é mais do que apenas quem cozinha, limpa ou lava. A divisão do trabalho em uma casa revela a dinâmica geral do relacionamento e se um casamento está verdadeiramente baseado em parceria. A maioria dos estudos sobre serviço doméstico e casamento mostra que os homens precisam contribuir mais para as tarefas domésticas e para a criação dos filhos. As mulheres continuam ficando com uma parte desproporcional das responsabilidades domésticas. Mas algumas vezes, essa é a escolha delas. As pesquisas também mostram que as mulheres agem como controladoras e gostam de manter o controle da casa. Para os homens contribuírem mais, as mulheres precisam recuar e permitir que eles avancem e façam isso do modo deles, sem supervisão ou críticas. Parece bem simples, mas é um grande passo. É difícil, para a mulher, abrir mão do controle sobre sua própria casa, em parte porque ela acredita que os membros da família e os amigos vão julgar suas habilidades de dona de casa, não a dos maridos, se a casa estiver uma bagunça. E, com frequência, ela está certa.

Como o serviço doméstico é uma das principais fontes de conflito entre os casais, focar a distribuição das tarefas em sua casa pode levar a mudanças drásticas na qualidade geral de seu casamento. E, diferente de outras fontes de estresse conjugal, tais como parentes, preocupações com o trabalho ou questões financeiras, é possível ter sobre o serviço de casa um bom controle. Frequentemente, são necessários apenas pequenos esforços para gerar um grande impacto. Uma mulher que conheço assinalou que ela não precisa realmente de ajuda extra com a maioria de seu serviço doméstico. Sua principal fonte de frustração é que seu marido não a ajuda a preparar as crianças para a escola todas as manhãs. São quinze minutos de investimento do tempo dele que renderiam benefícios imensos em melhorias em seu relacionamento. O que é importante lembrar sobre serviço doméstico e relacionamentos é que resolver a guerra das atividades domésticas com seu cônjuge não vai deixá-la apenas com a casa limpa. Você também terá um casamento melhor.

10

Na riqueza e na pobreza: quando os problemas financeiros se tornam problemas conjugais

A soma do que duas pessoas casadas devem uma à outra desafia o cálculo. É um débito infinito...

Johann Wolfgang Von Goethe

Casamo-nos por amor (na maior parte das vezes). Mas muito do que acontece em um casamento é também uma questão de dinheiro.

Embora pareça grosseiro, o casamento é, em sua forma mais básica, uma relação financeira. Isso não quer dizer que amor e romance não sejam essenciais. Certamente são. Mas dinheiro é sempre um fator nos relacionamentos. Onde moramos, como gastamos nosso tempo, os empregos que escolhemos, se trabalhamos muito ou pouco, se e quando temos filhos e como vamos criá-los e até mesmo se continuaremos casados ou pediremos o divórcio – todos esses aspectos do casamento são essencialmente financeiros, assim como decisões do relacionamento.

Séculos atrás, o casamento era, indiscutivelmente, uma união financeira, uma maneira de as famílias construírem riqueza, adquirirem status real e ganharem ou manterem o status social. O dote era, frequentemente, a principal forma que um homem tinha para acumular riqueza antes que seus pais morressem e era a principal fonte de sobrevivência para a mulher, se algo acontecesse com seu marido. Às vezes, o amor fazia parte do pacote do casamento também – mas, muitas vezes, o romance era apenas um efeito colateral da estratégia econômica.

Muita coisa mudou no século passado. Agora, a maioria dos casais no mundo desenvolvido se casa por amor. Mesmo em países onde os casamentos arranjados são a norma, o casamento com base no amor é cada vez mais comum.

Mas o dinheiro ainda importa. Mesmo quando os casamenteiros da família não estão envolvidos, os casais ainda tendem a igualar-se sob o princípio do "acasalamento associativo positivo", que significa que tendemos a nos casar com pessoas iguais a nós mesmos. Como resultado, os homens muito bem-educados e com altos salários tendem a fazer par com as mulheres muito bem-educadas e que ganham altos salários. Homens com um nível menor de instrução e com uma receita baixa tendem a fazer par com mulheres de menor instrução e com baixas receitas.

Embora as pessoas com status econômico semelhantes tendam a se casar umas com as outras, isso não significa que elas não brigam por causa de dinheiro. Os estudos mostram, consistentemente, que o dinheiro *é* uma das principais fontes de conflito no casamento. A dívida é um problema. Quanta dívida cada indivíduo traz para o casamento é a razão número um para as discussões entre os recém-casados. Alguns estudos mostram que os norte-americanos gastam até 80% de suas horas acordados focados em alguma versão de suas questões financeiras, seja em ganhar o salário ou atormentando-se sobre como pagar uma conta.[155] Para os casais, os problemas financeiros e as dívidas estão ligados a níveis maiores de estresse e a níveis menores de satisfação conjugal.[156]

A realidade é que, embora o casamento se trate de amor e família, também se trata de dinheiro – como administrá-lo, gastá-lo e poupá-lo. Os casais às voltas com as decisões cotidianas do casamento estão, realmente, fazendo escolhas que podem reforçar ou enfraquecer tanto o seu relacionamento como suas finanças. O ponto de partida é: se você resolver seus problemas financeiros, estará bem adiantado no caminho para a solução – ou a prevenção – de problemas conjugais.

A ECONOMIA DO CASAMENTO

O casamento constrói a riqueza.

Duas pessoas não só podem viver com menos gastos do que uma como também podem ganhar mais que uma. Não é apenas o benefício óbvio da combinação de salários. Ao compartilhar as tarefas domésticas, as pessoas casadas podem ser mais produtivas em tarefas assalariadas. E enquanto um dos parceiros fica em casa, o suporte doméstico adicional permite que o outro cônjuge dedique mais tempo, energia e recursos para ganhar dinheiro.

O pesquisador Jay Zagorsky, da Universidade do Estado de Ohio, comparou a posição financeira de 9.055 pessoas casadas e solteiras. A amostra, nacionalmente representativa, focou pessoas que estavam com vinte anos no início do estudo, e os pesquisadores monitoraram essas pessoas por quinze anos, de 1985 até 2000.

As pessoas da amostra que permaneceram solteiras mostraram um ritmo lento e constante no crescimento da riqueza, afixando um aumento médio de 11 mil dólares após quinze anos. Mas aqueles que se casaram e permaneceram casados afixaram ganhos ainda maiores. Os ganhos, no que se refere à riqueza, cresceram uma média de cerca de 43 mil dólares em torno do décimo ano de casamento. As pessoas casadas construíram riquezas mais rapidamente que as pessoas solteiras.

O Dr. Zagorsky, cientista pesquisador do Centro para Investigação de Recursos Humanos da Universidade do Estado de Ohio, calculou que apenas o fato de se casar (e controlando outras variáveis) resultou em um aumento médio de riqueza de cerca de 4% ao ano.

Notavelmente, os ganhos financeiros do casamento são mais do que apenas combinar os bens de duas pessoas solteiras. E o divórcio provoca uma queda na riqueza que é maior do que simplesmente dividir os bens de um casal em dois, diz o Dr. Zagorsky.

Casar-se, essencialmente, dobra a riqueza de uma pessoa em relação a permanecer solteiro. E divorciar-se diminui a riqueza das pessoas em cerca de 77%.

"Se você realmente quer aumentar sua riqueza, case-se e permaneça casado.", diz o Dr. Zagorsky.[157]

Embora parte da riqueza dos casais resulte de sua capacidade para reunir tempo e recursos em prol do bem comum (ganhos, poupança e investimento financeiro), isso não é tudo. Influências sociais e influências legais também podem favorecer o casamento.

Os estudos mostram que pessoas casadas recebem mais dinheiro dos membros familiares do que as pessoas solteiras. Um casal é muito mais visto como estável do que uma pessoa solteira ou até mesmo aqueles que "apenas" vivem juntos.

As regras do governo e do empregador também favorecem o casamento. Considere as seguintes vantagens financeiras de ser casado:

- *Benefícios no local de trabalho:* a maioria dos empregadores oferece benefícios de saúde e pensão aos cônjuges dos trabalhadores. E mesmo que uma empresa ofereça também benefícios a um parceiro não casado, esses benefícios geralmente são maiores para os casados. Nos Estados Unidos, por exemplo, o plano de saúde para um companheiro não casado é taxado no imposto de renda como receita, enquanto o benefício é isento de impostos para um cônjuge.
- *Benefícios de sobrevivência:* o marido ou a mulher, geralmente, tem direito aos benefícios de sobrevivência. No caso do seguro social nos Estados Unidos, por exemplo, marido ou mulher sobrevivente recebe a metade dos benefícios do seguro social do cônjuge e benefícios extra após sua morte.
- *Taxas de seguro menores:* pessoas casadas geralmente pagam taxas menores para o seguro do carro, ou outros seguros, do que as solteiras.
- *Direitos de imóvel e herança:* um cônjuge tem, normalmente, o direito legal a um percentual da propriedade do parceiro, com ou sem legado. Nos Estados Unidos, o cônjuge sobrevi-

vente tem o direito legal de, pelo menos, um terço até metade da propriedade. E, diferente daqueles que não são casados, o cônjuge não tem de pagar impostos de propriedade quando o dinheiro ou a propriedade é herdada por eles.

Apesar de todos os benefícios financeiros do casamento, o tempo do casamento também importa, especialmente para as mulheres. A capacidade para se concentrar na educação e passar longas horas no escritório no início de uma carreira é recompensada, por isso, as mulheres que não precisam cuidar de crianças ou das exigências conjugais em casa colhem os ganhos cedo em suas carreiras, das quais elas continuam se beneficiando anos mais tarde. Os estudos mostram que, para cada ano que a mulher adia ter seu primeiro filho, os ganhos de sua vida aumentam 10%.

Mas as finanças conjugais são muito mais do que apenas acumular riqueza. É também uma questão de malabarismos, competindo entre necessidades e desejos, sustentando os familiares e tomando decisões sobre como e quando gastar o dinheiro.

O MALABARISMO TRABALHO-FAMÍLIA

Administrar as exigências do trabalho e da vida familiar é uma fonte de estresse regular para os casais. Ele tem uma reunião, ela tem uma viagem de trabalho e a babá que chamaram está doente. Quem pega as crianças na escola e as leva ao treino de futebol e à aula de balé? Em um estudo nacional, 83% das mães e 72% dos pais que trabalham relataram vivenciar conflitos entre as exigências de seus trabalhos e seus desejos de passar mais tempo com suas famílias.[158]

Os malabarismos entre carreira e família afetam homens e mulheres de modos diferentes. Mulheres com dupla jornada (família e trabalho) estão tipicamente menos satisfeitas com seu "crescimento pessoal" e com suas carreiras do que os homens. Os estudos mostram que as carreiras das mulheres tendem a ser secundárias para seus maridos. Como resultado, as oportunidades e chances de progresso na carreira profissional das mulheres tendem a ser mais limitadas em razão dos conflitos com seus papéis de esposa e dona de casa.[159]

Contudo, algumas pesquisas sugerem que os conflitos trabalho-família estejam começando a causar mais aflição para os homens do que para as mulheres. Em um estudo, homens e mulheres que eram casados ou tinham filhos tiveram de responder à seguinte questão: "Quanto o trabalho e a vida familiar interferem na relação de um com o outro?".

Em 1977, as mulheres estavam, claramente, lutando mais com a questão – 41% das mulheres e 34% dos homens reportaram alguma ou muita interferência trabalho-família. Mas, em 2002, a mesma pergunta foi feita para 73 famílias. Surpreendentemente, 46% dos homens reclamaram do estresse trabalho-família, comparados com 41% das mulheres.[160]

Isso não significa que os maridos estão fazendo um malabarismo maior com os fardos familiares do que as mulheres. Muito provavelmente, isso reflete o fato de que a vida familiar está se tornando a maior prioridade para esta geração de homens se comparados com sua contraparte da década de 1970. Enquanto as mulheres, por anos, desenvolveram sistemas de apoio e estratégias para ajudar com os malabarismos entre trabalho e família, apenas recentemente é que os homens têm experimentado desempenhar um papel maior em casa. Como resultado, os homens ainda estão lutando para descobrir o equilíbrio entre as responsabilidades do trabalho e do lar.

Quando é ela quem "ganha o pão"

Quando eu estava crescendo, na década de 1970, meus pais tinham papéis bastante tradicionais. Meu pai era piloto militar e ficava muito ausente. Uma parcela desproporcional dos deveres da paternidade recaiu sobre minha mãe. Mas, no início de 1980, meu pai parou de voar e nós nos estabelecemos em Dayton, Ohio. Com os quatro filhos da família nos ensinos fundamental e médio, minha mãe ficou mais livre das tarefas domésticas e decidiu iniciar uma carreira no setor imobiliário. Ela fez isso com o apoio total de meu pai – ele ficou empolgado com a renda extra.

Mas o que nem meu pai nem minha mãe esperavam era quão bem-sucedida minha mãe poderia ser em sua nova carreira. Ela ganhou um público fiel entre os seus clientes, que a cobriram com referências. Em pouco tempo, ela era a agente imobiliária que mais vendia em sua empresa e em toda a cidade. Minha mãe, antes insegura, ganhou confiança. Os clientes ligavam à noite, nos finais de semana e nos feriados, e minha mãe era dedicada e satisfazia as necessidades deles. Como esposa de um militar, que já havia se mudado dezenas de vezes em sua vida, tinha uma compreensão única do estresse que envolvia mudar-se e encontrar uma nova casa, e eu sempre acreditei que sua empatia com seus clientes fosse a chave de seu sucesso.

O dinheiro que ela trazia criou novas oportunidades para a família, proporcionando a oportunidade de minhas irmãs estudarem nas melhores faculdades, permitindo que meus pais comprassem um Chrysler Cordoba de segunda mão para que os adolescentes da família dirigissem e até mesmo algumas férias em família, que nunca haviam sido possíveis apenas com o salário de militar do meu pai. Pela primeira vez em seu casamento, meus pais não se preocupavam com dinheiro. Mas isso colocou uma pressão enorme sobre o relacionamento. Por fim, minha mãe não era mais dependente financeiramente de meu pai. Na verdade, ela estava ganhando muito mais dinheiro do que ele.

Finalmente, quando meu pai se aposentou da força aérea, ele tomou a decisão de aceitar um emprego no Texas. O salário era melhor do que o que ele recebia como militar, mas mudar-se forçaria minha mãe a encerrar sua carreira. A receita geral da família diminuiria, mas, mesmo assim, meu pai insistiu na mudança.

Minha mãe faleceu alguns anos atrás, e meu pai e eu estávamos falando sobre sua vida. O tema de sua carreira bem-sucedida no ramo imobiliário veio à tona, e perguntei-lhe porque ele a tinha desenraizado, em vez de encontrar um trabalho em Ohio. Ele encolheu os ombros e admitiu que, após tantos anos como o principal sustento da família, tinha sido difícil ceder esse papel para ela. Ele ainda não conseguia explicar por que a experiência tinha sido tão dura em seu relacionamento.

Hoje, aproximadamente uma em três mulheres casadas ganha mais que seus maridos.[161] Acredita-se amplamente que a independência financeira feminina aumenta o risco de divórcio. Mas a realidade é que, assim como as mulheres tiveram ganhos econômicos, os índices de divórcio caíram. O pico do índice de divórcio no final da década de 1970 era de 23 divórcios para cada mil casais, mas esse índice caiu para aproximadamente dezessete divórcios para cada mil casais.[162] Tipicamente, quanto mais independência econômica uma mulher ganha, mais provavelmente ela permanecerá casada. E em estados onde poucas esposas têm trabalho remunerado, as taxas de divórcio tendem a ser maiores.[163]

Por que a independência financeira da mulher manteria os casais juntos? Quando as mulheres não precisam se casar para ter segurança financeira, elas podem ser mais seletivas e apreciar mais negociar o poder, uma vez casadas. O resultado pode ser um casamento mais equitativo tanto para os maridos quanto para as esposas.

Mas nem sempre é fácil chegar lá. Alguns homens se sentem castrados pelo poder das esposas que ganham mais e pela expectativa de fazer mais o trabalho doméstico. Muitas mulheres que trabalham acham difícil ceder as tarefas domésticas aos maridos, que não limpam ou lavam exatamente do mesmo modo que elas.

As mudanças econômicas do casamento parecem ter maior impacto em homens mais velhos. A socióloga da Rutgers Kristen W. Springer constatou que, entre os homens na casa dos cinquenta, ter uma mulher que ganha mais dinheiro do que eles está associado a uma saúde precária. Entre os casais com ganhos mais altos, o marido de uma mulher que mantém a casa tem 60% menos chances de estar em boa saúde se comparado ao homem que tem essa tarefa.[164]

Mas para muitos casais que trabalham, o grande desafio está centrado em quem faz o trabalho *não remunerado* – cozinhar, limpar, cuidar dos filhos – que era tradicionalmente realizado pelas mulheres.

Lynn Prince Cooke, professora de Sociologia da Universidade de Kent, no Reino Unido, estudou casais que se casaram pela primeira vez nas décadas de 1980-1990. Os casais com menor risco de divórcio foram aqueles em que a esposa ganhava aproximadamente 40% da renda familiar, enquanto o marido contribuía com, aproximadamente, 40% do trabalho doméstico. O risco de divórcio aumenta quando a mulher ganha mais e o marido faz mais o trabalho da casa, mas ainda é mais baixo do que o casamento tradicional do tipo homem mantenedor versus mulher dona de casa. Os casais de mais alto risco são aqueles em que a esposa ganha mais de 80% da renda do casal e o marido faz o serviço doméstico. Os resultados sugerem que um fardo doméstico injusto, seja sobre a mulher, seja sobre o marido, coloca o casamento em risco.[165]

Desde a década de 1960, as contribuições masculinas para o serviço doméstico dobraram, enquanto o tempo gasto pelos homens com os cuidados dos filhos triplicou. Mas mesmo entre os casais com dualidade de salários, as mulheres, em média, ainda fazem dois terços do trabalho doméstico. Por que as mulheres, que trabalham fora de casa tanto quanto seus maridos, ainda fazem a maior parte do serviço doméstico?

Os cientistas sociais especulam que isso pode acontecer uma vez que os homens e as mulheres se comprometeram com um comportamento "compensatório" – os homens fazendo menos tarefas domésticas estão afirmando sua masculinidade como forma de compensar o fato de que não são os principais provedores da família. Em comparação, as mulheres, percebendo a sensibilidade dos maridos nessa questão, assumem funções extra como uma forma de tranquilizar seus maridos sobre seus papéis na família.

Entretanto, a pesquisa mais recente sugere que a tendência começa a mudar conforme o ganho da mulher fica mais alto. Sanjiv Gupta, professor da Universidade de Massachusetts-Amherst, constatou que a quantidade de serviço doméstico que uma mulher realiza não é influenciada pela receita de seu marido, mas, em vez disso, ditada por seus próprios rendimentos. Entre as mulheres casadas que trabalham em tempo integral, cada 7.500 dólares adicionais ao salário correspondem a uma hora a menos de serviços domésticos por semana, diz o Dr. Gupta. As mulheres que estão entre os 10% de mulheres que recebem salários mais altos executam nove horas a menos de serviço doméstico por semana comparadas com as mulheres da outra ponta do espectro, aquelas que estão entre a minoria de 10% de trabalhadoras.

O Dr. Gupta observa que os resultados mostram a importância que as diferenças entre classes têm sobre as obrigações do trabalho doméstico. As mulheres que ganham menos fazem, aproximadamente, dezesseis horas de trabalhos domésticos por semana a mais que seus maridos. As mulheres que ganham mais também fazem mais trabalho doméstico que seus maridos, mas estão estreitando o espaço entre os gêneros, desempenhando cerca de cinco horas a mais de serviços domésticos do que seus parceiros.

Uma informação interessante da pesquisa do Dr. Gupta é o fato de que a receita total familiar não influencia quanto de trabalho doméstico a mulher faz. Uma alta receita de família combinada não reduz o trabalho doméstico da mulher. Só quando a própria receita da mulher é alta seu trabalho doméstico diminui, sugerindo que apenas os ganhos da mulher são usados para contratar ajuda externa.

"Isso é surpreendente, dado que o trabalho diário de prover alimentação, roupas limpas e um ambiente higienizado beneficia todos na casa.", escreve o Dr. Gupta. "Isso sugere que ambos, homens e mulheres, ainda tendem a sentir que é responsabilidade da mulher organizar tais coisas, como se ela pudesse usar seu dinheiro para buscar ajuda de fora."[166]

Pão-duro *versus* gastador

Bem cedo em meu próprio relacionamento, ficou claro que meu marido e eu tínhamos diferentes conceitos sobre dinheiro. Eu era econômica e cautelosa com minhas economias. Eu havia trabalhado em dois empregos por quase um ano antes da universidade para economizar para minha educação e me tornar financeiramente independente dos meus pais a fim de ajudar a me qualificar para auxílio financeiro e trabalhei meio período durante a faculdade. Meu marido, entretanto, cresceu em uma família que, regularmente, fazia grandes viagens de férias. Ele gostava de jantar fora e viajar e acreditava que, se você trabalhasse muito, teria dinheiro suficiente para pagar por toda a diversão. Eu não queria nada além de ter a minha própria casa. Ele queria viajar, apreciar museus e teatros e comer em restaurantes finos.

Embora pareça uma receita para o desastre, não foi bem assim quando nos conhecemos. Eu sabia que precisava me descobrir e aproveitar mais a vida. Em nosso segundo encontro, ele me ofereceu um jantar no restaurante mais fino de Austin. Ainda me lembro do prato – salmão ao molho champagne – porque não era nada parecido com as refeições do Red Lobster com as quais eu tinha crescido. Ele gostava da minha capacidade de economizar e pagar as contas e sabia que ele precisava planejar mais para o futuro. Ele gastava. Eu economizava. Juntos, parecíamos ter um bom equilíbrio.

Mas nenhum de nós fazia ideia de como compartilhar os conceitos sobre finanças pode ser bom para o casamento e, depois que a lua de mel acabou, nossos desentendimentos sobre gastos começaram a cobrar seu preço. Uma das qualidades que havia nos atraído um para o outro acabou por ser uma de nossas maiores fontes de estresse.

As novas pesquisas mostram que não éramos os únicos. Embora, em muitos casos, homens e mulheres sejam atraídos por parceiros que possuem qualidades semelhantes às suas, no reino do dinheiro os opostos parecem se atrair. Gastador ou "mão-aberta", como se sabe, é atraído pelo poupador ou "mão-fechada".

Por que um poupador seria atraído por um gastador e vice-versa? Os autores do estudo especularam que as pessoas nos extremos de gastar e de poupar geralmente não gostam de sua própria atitude em relação ao dinheiro. Como resultado, um pão-duro provavelmente não gostaria do companheiro pão-duro. Nos primeiros estágios do namoro, uma "pão-duro" se beneficiaria das maneiras de um "mão-aberta" em seu encontro. Um mão-aberta pode apreciar ser refreado por uma mulher que é mais prática sobre dinheiro do que ele.[167]

O problema é que não estamos bem-servidos por nossos instintos. Gastadores e poupadores estão destinados a uma vida de conflitos quando se casam um com o outro. Há, com certeza, a oportunidade para ambos os lados de encontrarem um equilíbrio, mas frequentemente, os conceitos sobre dinheiro estão enraizados na experiência familiar e muito profundamente impregnados para serem mudados. Esse foi certamente o caso em meu próprio relacionamento. O dinheiro rapidamente se transformou em uma das maiores fontes de estresse em meu casamento.

Investindo em seu casamento

Os dados de muitas pesquisas sobre casamento e dinheiro sugerem que os casais que resolvem seus problemas com dinheiro estão bem adiantados na solução de seus problemas conjugais.

Se você se vê discutindo, regularmente, sobre dinheiro e discordando sobre como gastá-lo, ou brigando pelo controle dele, é hora de tornar a resolução dos problemas com dinheiro a prioridade em seu casamento. Se não tem certeza, responda às perguntas no final deste capítulo para determinar quão dominantes os problemas de dinheiro são em seu casamento. Não existe uma fórmula ou estratégia única para determinar a quantidade de risco por causa de problemas com dinheiro em seu relacionamento. Isso tudo depende de quanto dinheiro você ganha, de quanto gasta e de quanto estresse essas questões causam a você e ao seu cônjuge.

Casais que sentem que o dinheiro se tornou um sério problema em seu relacionamento devem buscar orientação de um planejador financeiro para ajudá-los a chegar à raiz dos problemas e desenvolver um plano para se desvencilharem dele.

Unir ou não unir?

É comum os casais terem dúvidas sobre como juntar suas finanças e gerenciamento de dinheiro. Alguns casais acham que funciona melhor manter as contas correntes separadas, com cada um contribuindo com uma parte proporcional de seu salário para uma conta conjunta a cada mês. Outros casais preferem reunir todos os seus recursos em uma única conta, enquanto outros preferem contas completamente separadas. Infelizmente, os dados das pesquisas existentes são limitados para auxiliar os casais sobre qual é a melhor estratégia. Um estudo de 1993 do Dr. Lawrence Kurdek, da Universidade Estadual Wright, descobriu que manter as finanças separadas foi um fator de risco para o divórcio.[168] Outro estudo de 1995, na Grã-Bretanha, constatou que a igualdade entre marido e mulher foi maior quando o dinheiro foi administrado em conjunto.[169] Os dados limitados parecem favorecer a mescla das finanças do casal. Mas no relatório de 1993, não ficou claro se a decisão de manter contas separadas conduz a problemas no relacionamento ou se o relacionamento já estava abalado, o que levou o homem e a mulher a manterem sua autonomia financeira. No estudo britânico, os casais que mesclaram suas finanças tiveram um relacionamento mais igualitário, mas pode ser simplesmente que os casais que veem o casamento como uma parceria entre iguais estejam mais confortáveis para combinar suas contas. Qualquer que seja o sistema que o casal escolha, os planejadores financeiros sempre dizem que tanto maridos como esposas precisam sempre ficar a par da situação financeira global do casal.

Em outro estudo sobre a gestão do dinheiro no início do casamento, os pesquisadores descobriram que muitos casais mudam suas estratégias financeiras ao longo do tempo.[170] Antes do casamento, a maioria dos casais mantém seu dinheiro separado, e muitos continuam mantendo contas separadas nos primeiros anos. Com frequência, as decisões importantes, como comprar uma casa ou ter um filho, levam a uma mudança, e os casais começam a juntar seus patrimônios. Os casais que continuam mantendo contas separadas o fazem apenas para manter sua autonomia. Os pesquisadores descobriram que manter contas separadas era particularmente desvantajoso para as mulheres que decidiam reduzir suas horas de trabalho ou sair do emprego quando um filho chegava.[171]

Como a situação pessoal de cada casal varia muito, existem dois consistentes conselhos financeiros dados por conselheiros matrimoniais e planejadores financeiros.

O primeiro: mantenha uma pequena independência. Embora seja importante reunir seus recursos e resolver os problemas financeiros juntos, os dois devem ter a opção de gastar dinheiro em coisas que os façam felizes, mesmo que seus parceiros não gostem disso. Se você foca suas prioridades específicas – comprar roupas, um jogo de pôquer no final de semana ou entradas para um evento esportivo – então também fica mais fácil compartilhar igualmente o sacrifício quando vocês precisam cortar gastos. Em vez de seis jogos nessa temporada, talvez você só vá a três. Em vez de gastar centenas de dólares em roupas, talvez você possa escolher apenas algumas peças especiais.

A segunda prioridade é importante, mas frequentemente esquecida à medida que os casais resolvem seus problemas financeiros. Um dos melhores lugares onde você pode gastar seu dinheiro é em seu casamento. Isso significa investir em seu tempo juntos, planejar viagens e encontros divertidos à noite. Dependendo de seu orçamento e das questões financeiras, você pode ter de gastar um pouco menos – em vez de uma semana inteira em viagem pela Europa, você pode decidir dirigir até uma cidade próxima e se hospedar num hotelzinho bacana. As pesquisas mostram que passar tempo juntos, viajando e participando de novas atividades é uma maneira importante de aumentar a saúde do relacionamento.

Lembre-se, porém, de que as brigas sobre dinheiro são geralmente simbólicas – são mais uma luta pelo poder ou uma falta de alinhamento quanto aos seus valores. Encarar as áreas de conflito é sempre melhor do que não fazê-lo e pode levar a um relacionamento mais engajado ou alertá-la para ficar longe das pessoas erradas.

Lições sobre amor e dinheiro

Quando os pesquisadores de doenças do coração iniciaram seus estudos sobre os fatores do estilo de vida que podem influenciar o estresse e a saúde de forma geral, eles descobriram o que os casais sempre souberam: dinheiro é uma das grandes fontes de conflito em um relacionamento. Os pesquisadores do coração perguntaram a 4 mil homens e mulheres qual sua principal razão de discussão com sua esposa ou seu marido. Para ambos, homens e mulheres, dinheiro estava entre as três principais razões para brigar com o cônjuge. Problemas financeiros são também uma das razões mais citadas quando os casais se divorciam.

Por que o dinheiro é uma fonte de conflito conjugal tão grande? Quando as pessoas discutem por finanças, elas não estão, na verdade, discordando sobre reais ou centavos. Os conflitos com dinheiro são mais sobre valores, objetivos e prioridades, e se você está brigando por dinheiro, isso significa que você e seu parceiro não estão sincronizados sobre alguns dos mais básicos valores que afetam seu relacionamento.

Construir uma vida juntos significa fazer planos, estabelecer objetivos e ir em direção a algo que seja tão bom quanto o que você tem agora ou até melhor do que isso. Frequentemente o dinheiro é um barômetro que mede a proximidade ou a distância que o afasta daqueles objetivos. Você está sonhando com uma casa maior ou com a reforma da cozinha? Você gosta de tirar férias com a família uma ou duas vezes ao ano? Você gosta de comer fora ou prefere ficar em casa e cozinhar? Seus filhos vão para a escola particular ou para a pública? Você vai ajudar a pagar a educação superior deles ou os empréstimos para estudantes estão nos planos para o futuro? Vocês estão planejando se aposentar cedo e conhecer o mundo juntos?

Em um estudo internacional com mais de 21 mil casais, David H. Olson, pesquisador de relacionamentos de longa data e professor emérito de Ciência Social e Família da Universidade de Minnesota, tentou identificar os sinais de um casamento forte. Ele descobriu que até casais felizes discutem mais por dinheiro do que por qualquer outro motivo. Mas para os casais problemáticos, discussões por causa de dinheiro levam a frequentes e sérios desentendimentos.[172]

O Dr. Olson determinou que existem cinco perguntas básicas que podem ajudar a determinar se o dinheiro é a maior questão de conflito em um relacionamento. Faça o teste para ver como suas respostas se comparam com as dos casais da pesquisa.

O teste *Na alegria* nº 10: A força financeira dos casais felizes

Leia as seguintes afirmações e observe se você concorda com elas ou discorda delas. Não tenha pressa e pense em cada questão antes de respondê-la. As respostas irão ajudar a entender se o dinheiro e as dívidas são fatores positivos ou negativos em seu relacionamento.*

1. Nós concordamos em como gastar o dinheiro.

2. Não tenho preocupações sobre como meu parceiro lida com o dinheiro.

3. Nós estamos satisfeitos com nossas decisões sobre poupança.

*Fonte: National Survey of Marital Strengths, 2003.

4. Não temos problemas com grandes dívidas.

5. Tomar decisões financeiras não é difícil.

Qual foi seu resultado? As declarações são, na verdade, um teste para o nível de felicidade em seu casamento. Os casais felizes irão concordar em pelo menos quatro das afirmações. Quando os casais discordam em três ou mais dessas afirmações, eles também estão muito mais propensos à baixa pontuação nos testes de felicidade conjugal. Veja como os casais felizes versus os infelizes pontuaram na pesquisa nacional.

Entre os casais que tiveram pontuação alta nos testes de felicidade conjugal:

89% concordam em como gastar o dinheiro.
80% disseram que não tinham preocupações sobre como os parceiros lidam com o dinheiro.
73% estavam satisfeitos com suas decisões sobre poupança.
76% disseram que grandes dívidas não eram problema.
80% disseram que tomar decisões financeiras não era difícil.

Entre os casais que tiveram pontuação baixa nos testes de felicidade conjugal, ficou claro que os problemas financeiros estavam criando conflito em seus casamentos. Entre esses casais:

59% não concordam em como gastar o dinheiro.
68% disseram estar preocupados sobre como os parceiros lidam com o dinheiro.
71% não estavam satisfeitos com suas decisões sobre poupança.
65% disseram que grandes dívidas eram um problema.
68% disseram que tomar decisões financeiras era difícil.

Meu próprio resultado neste teste teria sido um alto indicador de um relacionamento com problemas. Com quantas afirmações eu e meu marido teríamos concordado? Nenhuma delas. Mas se você nos perguntasse durante o curso de nosso casamento, nenhum de nós teria citado desentendimentos por causa de dinheiro como nosso maior problema.

As dívidas, em particular, podem ter um efeito profundo em um casamento. O endividamento é um grande motivo para os casais adiarem o casamento. Aproximadamente três quartos dos homens e das mulheres trazem dívidas para seus casamentos, primariamente na forma de contas de cartão de crédito, empréstimos estudantis, contas médicas e empréstimos para a compra de carros. E os estudos mostram que as dívidas são a fonte número um de atrito conjugal entre os recém-casados e uma razão comum para adiarem os filhos.

Entre os casais com maiores resultados no teste de felicidade conjugal, uma característica que se distingue é que eles tipicamente não têm maiores problemas com dívidas. Casais felizes têm poucas preocupações sobre dinheiro e concordam com a quantia apropriada para poupar. Pare por um minuto e pense sobre o que estas descobertas significam para a felicidade de seu relacionamento. *Se você resolver seus problemas com dívidas, estará bem adiantado no caminho para a solução de problemas conjugais.*

A pesquisa do Dr. Olson revelou que a maioria dos problemas com dinheiro ocorre porque um parceiro pensa que o outro deveria ser mais cuidadoso com seus gastos. O problema é mais acentuado quando os casais se casaram em uma idade mais avançada e não estão habituados a discutir sobre decisões financeiras com outra pessoa.

Mas algumas vezes, os gastos feitos por um cônjuge acontecem sem que seu parceiro tenha conhecimento. Isso é chamado de "infidelidade financeira", e os conselheiros matrimoniais dizem que isso quebra a confiança e arruína o casamento. Gastos secretos são incrivelmente comuns. Uma pesquisa realizada pela companhia financeira GMAC constatou que, em um terço dos 2.800 domicílios pesquisados, homens e mulheres admitiram esconder pelo menos uma compra de seus cônjuges. Gastos com roupas, itens relacionados ao hobby e jogos de azar foram as coisas mais comuns que os cônjuges admitiram esconder um do outro.

Mesmo quando os gastos estão sob controle, a pesquisa do Dr. Olson mostrou que os casais não conseguem concordar sobre quanto poupar, quais prioridades estabelecer e quem terá o controle sobre a carteira. Aqui vai outro questionário que o Dr. Olson utilizou para medir como o conflito financeiro afeta o relacionamento.

O TESTE *NA ALEGRIA* Nº 11: COMO O DINHEIRO PODE FERIR SEU CASAMENTO

Leia as seguintes afirmações e observe se você concorda ou discorda. Não tenha pressa e pense em cada questão antes de responder. As respostas vão ajudar você a entender em que medida as questões de dinheiro estão contribuindo para o conflito conjugal.*

1. Gostaria que meu parceiro fosse mais cuidadoso ao gastar dinheiro.

2. Temos problemas para guardar dinheiro.

3. Temos problemas para decidir o que é mais importante para comprar.

4. Dívidas grandes são um problema para nós.

5. Meu parceiro tenta controlar o dinheiro.

Quantas dessas questões você respondeu com sim? Se disse sim para pelo menos uma, as preocupações financeiras muito possivelmente estão cobrando um preço em seu casamento. Na pesquisa nacional, os casais que obtiveram baixa pontuação no teste de satisfação conjugal também estavam brigando por esses motivos financeiros.

72% gostariam que o parceiro fosse mais cuidadoso ao gastar dinheiro.
72% disseram que tinham problemas para guardar dinheiro.
66% têm problemas para decidir o que é mais importante para comprar.
56% disseram que dívidas grandes eram um problema.
51% disseram que o parceiro tentava controlar o dinheiro.

---

*Fonte: National Survey of Marital Strengths, 2003

A principal lição aprendida com os 21 mil casais da pesquisa foi que até mesmo os casais felizes brigam por questões de dinheiro. Mas os casais mais felizes são aqueles que aprenderam a concordar em como gastar o dinheiro e tomar decisões financeiras juntos e que não ficam sobrecarregados com dívidas.

Resumindo a luta conjugal

Mesmo os melhores casamentos têm seus maus momentos, aqueles tempos difíceis que nos lembram a parte do voto de casamento que dizia "na tristeza".

Mas as lições que os cientistas conjugais nos dão é que identificar as áreas de dificuldade no casamento e tentar resolvê-las não é tão complicado quanto alguns peritos nos levam a crer. Com frequência, os casais que estão em guerra no casamento estão olhando para as coisas erradas. Todo casamento, é claro, terá certo grau de conflito. O desafio não é parar de lutar, mas aprender como se luta com seu cônjuge. Os casais que sabem como discutir são capazes de usar o conflito não apenas para resolver as questões, mas também para fortalecer, em vez de enfraquecer, o relacionamento. Não preste atenção a quanto ou por que você briga. Em vez disso, pense mais nas palavras que usa, como a discussão começa e termina e se você está sendo crítico, acusatório e áspero, ou se está usando argumentos legítimos e não intimidadores. Uma vez que tenha aprendido como administrar seu conflito, você terá uma série de procedimentos para resolver as questões principais das suas discussões – como paternidade, serviço de casa e dinheiro.

As boas notícias são que há meios para melhorar suas diferenças, resolver seus problemas e continuar casado. Como você verá na Parte 3, os pesquisadores de casamento têm identificado vários fatores de risco para o divórcio e também têm desenvolvido muitas receitas para a saúde conjugal, passos proativos que você e seu cônjuge podem tomar para impulsionar a saúde e a felicidade em seu relacionamento.

Parte III

De agora em diante

11

Sua cara-metade: superando os papéis de gênero e poder

Se quiser casar-se da maneira certa, case-se com seu semelhante.

Ovídio

Em um estudo comparando os papéis profissionais e familiares entre 150 casais,[173] a professora Francine M. Deutsch, da faculdade Mount Holyoke, deparou-se com dois casais com carreiras semelhantes. Em ambos os casos, um médico tinha se casado com uma professora universitária. No primeiro casal, a mulher era uma professora, e tanto ela quanto o marido tinham concordado que o trabalho dele como médico era muito menos flexível do que o dela.

Mas no segundo casal, o marido era o professor universitário e a esposa era a médica. E adivinha! Eles também concordaram que o trabalho dele, como professor universitário, era muito menos flexível do que o trabalho dela como médica.

Muitos homens e mulheres vão dizer que eles valorizam a igualdade nos relacionamento, mas o desafio é fazer isso acontecer na vida real, em que maridos e esposas se voltam frequentemente para os papéis tradicionais de gênero. Por que a igualdade é algo tão difícil em um casamento? Que papel tem o gênero na forma como os casais se comunicam e dividem a responsabilidade conjugal? Uma união meio a meio é algo desejável ou até mesmo possível?

Para obter as respostas a essas perguntas, os pesquisadores de casamento voltaram sua atenção a dois tipos de casais que romperam o formato de casamento tradicional. O primeiro grupo de casais que oferece novas ideias e informações sobre sexo e relacionamentos pode nos surpreender – são casais de gays e lésbicas. Uma vez que o casamento entre pessoas do mesmo sexo é ilegal na maioria dos lugares, é difícil acreditar que há muito o que se aprender com casais de gays e lésbicas. Mas um grande corpus de literatura científica sobre as relações do mesmo sexo oferece informações importantes sobre como os casais interagem e, em particular, como isso ocorre na relação marido-esposa.

Casais gays, por definição, não precisam lidar com diferenças de gênero. E quando são estudados em laboratório junto com os casais heterossexuais, torna-se clara a forma como, muitas vezes, as questões de gênero definem, e deterioram, um casamento.

O segundo tipo de casamento em análise pelos pesquisadores de relacionamento é o casamento meio a meio. Esses casais são raros e são distinguidos pelo fato de terem realmente uma divisão meio a meio das responsabilidades com o trabalho doméstico e os filhos, sem se prenderem a padrões preestabelecidos de gênero. Para muitos casais, razões de ordem prática, social e logística os impedem de ter esse tipo de relacionamento, mas há muitas lições sobre igualdade e justiça a serem aprendidas com os casais meio a meio que podem levar a um relacionamento mais feliz.

Quando o gênero não tem relação com a briga

Experiente pesquisador de casamento, Robert W. Levenson, professor de Psicologia na Universidade da Califórnia, passou sua carreira estudando como maridos e esposas interagem. Ele e seu colega, John Gottman, da Universidade de Washington, foram pioneiros no uso de gravação de vídeo e codificação de conversas a fim de prever, com uma precisão surpreendente, a estabilidade dos relacionamentos. Entretanto, muitos dos padrões que surgiram consistentemente desapareciam quando o gênero era considerado.

"Havia diferenças muito marcantes entre homens e mulheres, em especial sobre a forma como eles lidam com as emoções negativas. As mulheres querem falar sobre os problemas e continuam pressionando para resolver o conflito. Os homens querem ficar longe e parecem não conseguir tolerar conversar sobre esses problemas. Isso pareceu ser mesmo uma barreira do sexo.", diz o Dr. Levenson.

Mas será que era mesmo? Quanto desses padrões foi baseado na Biologia e quais poderiam ser atribuídos à socialização e aos papéis culturais de gênero? Só havia uma forma de descobrir: estudar os casais nos quais as diferenças de gênero eram impossíveis.

O Dr. Levenson, o Dr. Gottman e vários colegas embarcaram em um estudo de doze anos comparando casais que moravam juntos e casais casados, tanto gays quanto heterossexuais. Os pesquisadores gravaram e monitoraram discussões entre casais do mesmo sexo, assim como haviam feito em estudos anteriores de casais heterossexuais. Os parceiros do mesmo sexo foram convidados a falar sobre um assunto de rotina e, posteriormente, a discutir um tema sobre o qual eles discordavam naquele momento. Como se constatou, muitos dos resultados foram normais. Assim como os casais heterossexuais, os casais homossexuais em relacionamentos de longo prazo amam, discordam, discutem, separam-se e ficam juntos.

Mas quando os pesquisadores compararam as interações de casais homossexuais com as dos casais heterossexuais, algumas diferenças foram marcantes. Vídeo após vídeo, tornou-se claro que o estilo de conflito é muito diferente quando duas pessoas do mesmo sexo estão envolvidas na discussão.[174]

Quando os pesquisadores dissecaram as imagens de vídeo, descobriram que as discussões entre dois homens ou duas mulheres continham menos agressões verbais em relação aos conflitos entre os casais do sexo oposto. E nas relações do mesmo sexo, cada parceiro fez um esforço maior para acabar com a discussão. O uso do controle e de táticas emocionais hostis, como beligerância e tirania, também foram menos comuns entre os casais gays. E os casais do mesmo sexo foram muito mais positivos e menos propensos à negatividade do que os casais do sexo oposto. Em suma, os casais do mesmo sexo aparentaram brigar de forma mais justa do que os casais do sexo oposto.

Mesmo as reações físicas exibidas pelos homens e pelas mulheres no estudo foram diferentes. Em relação aos casais heterossexuais, os casais do mesmo sexo estavam menos propensos a ter ritmo cardíaco elevado e descargas de adrenalina durante as discussões. E os casais homossexuais superam as brigas de forma mais rápida e não ofendem de forma tão pessoal durante as discussões. Maridos e esposas heterossexuais estavam mais propensos a ficarem agitados fisicamente depois de uma briga.

"Quando eles começaram com as reações realmente negativas, os casais homossexuais foram capazes de fazer coisas como usar humor e afeto, o que lhes permitiu dar um passo atrás e continuar falando sobre o problema, em vez de simplesmente explodir.", disse o Dr. Levenson.

Houve porém uma importante área em que os homens gays se saíram pior do que casais heterossexuais ou de lésbicas. No momento da "reconciliação", os casais de lésbicas e heterossexuais obtiveram mais sucesso ao passar por cima dos danos causados pela briga. Notadamente, em relações heterossexuais, as mulheres também tendem a ser mais habilidosas na reconciliação do que os homens.

Quando os casais lutam pelo poder

Houve outra descoberta inesperada no estudo de casais do mesmo sexo. A dinâmica comum entre os casais é chamada de estilo "perseguidor-distanciador" ou "demanda-retirada" de conflito. Nesses tipos de casamentos, um dos parceiros traz à tona um problema e começa a exigir mudanças. Mas falar sobre problemas conjugais deixa o outro parceiro com medo, e ele(a) resiste a falar e escapa lendo o jornal, ligando a televisão ou falando sobre alguma tarefa doméstica. Esse tipo de saída, em curto prazo, leva à raiva de ser "importunado". O outro parceiro também se cansa e acaba se retirando, ressentido por não ser ouvido. Esse é um padrão perigoso e é o tipo de casamento mais propenso a infelicidade e divórcio.

Em 80% desses tipos de casamentos, a pessoa que faz as exigências ou "persegue" é a mulher. Ela está ansiosa para enfrentar e discutir problemas. Normalmente, o homem é quem se retira, evita o confronto e assume o papel de "distanciador". Por muito tempo, os pesquisadores de relacionamento acreditaram que esse padrão "demanda-retirada" estava enraizado por causa das diferenças de gênero. As mulheres foram criadas para se comunicar, discutir e expressar seus sentimentos. Os homens foram tipicamente criados para conter suas emoções e se afastar do conflito.

Mas quando Sarah R. Holley, psicóloga pesquisadora de Berkeley, revisou as gravações de discussões entre 63 casais de heterossexuais, lésbicas e gays, ela descobriu que o estilo de conflito "demanda-retirada" mostrou-se igual entre todos os casais, gays ou não. A descoberta sugere que o gênero não é a razão pela qual uma pessoa em um relacionamento começa a fazer exigências e a outra se retira. O verdadeiro problema, diz ela, é o poder.[175]

De onde vem o poder em um relacionamento? O poder tende a vir do parceiro que tem maiores recursos. Pode ser melhor educação, emprego, renda maior e maior status social. Imagine um casal em que uma pessoa tem uma renda muito alta, enquanto a outra tem um trabalho com remuneração menor ou não trabalha fora de casa. Decisões sobre como gastar o dinheiro, ou para tirar férias extravagantes com a família ou que tipo de carro comprar, podem ser tomadas entre os parceiros, mas eventualmente, o parceiro com renda maior tomará a decisão final ou terá o poder de veto. Estudos mostram que, entre os homens gays, os mais velhos e mais ricos tinham mais poder no relacionamento.[176] O estudo intitulado "Casais Norte-Americanos" mostrou que a renda é uma força extremamente importante para determinar quem será o parceiro dominante em um relacionamento gay.

O mesmo ocorre caso haja uma desigualdade de status social. Imagine um casal no qual um parceiro é professor e o outro é político, escritor ou ator famoso e tem um grande círculo social de amigos e colegas do mesmo status social. O parceiro com o trabalho e um conjunto de amigos mais fascinantes vai, normalmente, prevalecer quando se tratar de fazer planos sociais, tendo uma vantagem no relacionamento por causa do poder adicional.

O poder também pode ser decidido por quanto cada parceiro depende do relacionamento para a felicidade pessoal. Se um dos parceiros está fortemente ligado ao outro, enquanto o outro é mais ambivalente, então o parceiro ambivalente detém o poder. Um parceiro emocionalmente ligado ao outro, que "não pode viver sem seu parceiro", está mais propenso a se reconciliar. O parceiro ambivalente vai se manter firme no que ele quer, porque as consequências de uma briga ou separação não importam tanto.

Como saber quem tem o poder em um relacionamento? Uma forma de saber é prestar atenção nos padrões de comunicação do casal. Em uma conversa, quem interrompe? Quem é interrompido? Instâncias de domínio de conversação, tais como interromper um parceiro no meio de uma frase, são um sinal de que o relacionamento tem um desequilíbrio de poder.[177]

Mas a principal indicação de um desequilíbrio de poder é uma pessoa que está fazendo exigências que são ignoradas ou rejeitadas pelo outro.

"A razão pela qual alguém se queixa em um relacionamento é porque o statu quo não está satisfatório. As pessoas que são infelizes em suas relações resmungam. E as pessoas que conseguem as coisas como elas querem não possuem razão para desistir do poder.", observa o Dr. Levenson.

A lição que se aprende com a pesquisa com casais do mesmo sexo é que o casal não deve culpar as diferenças de gênero quando vivencia esse tipo de desequilíbrio de poder. "Como todo mundo, pensei que isso fosse algo do comportamento masculino e do feminino. Mas o que este estudo nos ensina é que não é 'os homens são assim' ou 'as mulheres são desse jeito'. O que significa que há muito mais esperança de que se possa fazer algo sobre isso.", observa o Dr. Levenson.

Entendendo o ponto de vista do cônjuge

O Dr. Glenn Roisman, professor-assistente de Psicologia na Universidade de Illinois, realizou um estudo com 259 casais que foi tido como incomum em virtude da inclusão de tantos tipos diferentes de relacionamentos. O estudo acompanhou 109 casais que estavam namorando, cinquenta casais de noivos, quarenta parceiros casados há muito tempo e sessenta casais de gays e lésbicas. Em geral, os casais homossexuais eram tão unidos e comprometidos uns com os outros como os casais do sexo oposto.[178] Ele também constatou que os casais de lésbicas eram mais hábeis na resolução de conflitos do que os casais heterossexuais e gays.

Mas o Dr. Roisman acrescentou um toque interessante à sua pesquisa. Ao estudar o estilo de comunicação de um casal, ele quis saber se o gênero ou a sexualidade era o fator distintivo para esses casais. Ele decidiu formar pares com homens e mulheres que não se conheciam. Em um experimento de laboratório, ele pediu que os pares do mesmo sexo e os do sexo oposto trabalhassem juntos para resolver um complexo quebra-cabeça tridimensional.

Os pares de estranhos do mesmo sexo trabalharam juntos de forma mais efetiva do que o casal de estranhos do sexo oposto. Estando ou não os indivíduos envolvidos romanticamente, eles pareceram trabalhar melhor com alguém do mesmo sexo.

"As vantagens que os casais do mesmo sexo romanticamente envolvidos têm em termos de resolução de conflitos podem estar menos relacionadas à relação sexual por si só, e mais relacionadas à composição de gênero desses casais. Pode ser simplesmente mais fácil resolver um conflito com alguém do mesmo sexo.", diz o Dr. Roisman.

Isso não significa que os casais do sexo oposto sempre estarão em desvantagem quando se tratar de resolver problemas no relacionamento. Significa apenas que os casais heterossexuais precisam trabalhar mais para conseguirem enxergar o ponto de vista do parceiro. A pesquisa mostra que os heterossexuais que conseguem se solidarizar com as preocupações do parceiro e que são hábeis na difusão de argumentos se dão tão bem quantos os casais do mesmo sexo quando se trata de resolução de conflitos. A perspectiva parece ser o "ingrediente ativo" nos relacionamentos estáveis, diz o Dr. Levenson.

"O melhor conselho é tentar conseguir essa perspectiva, esse tipo de entendimento, e tentar ver o conflito pelos olhos da outra pessoa. Para os casais heterossexuais, isso pode ser mais trabalhoso.", diz ele.

A IMPORTÂNCIA DAS RELAÇÕES EXTERNAS

Uma característica marcante de casais do mesmo sexo é que as pessoas envolvidas geralmente têm uma forte rede de amizades fora da relação. Em muitos relacionamentos heterossexuais, o marido e a esposa adquirem uma visão insular, mais focada um no outro e nos filhos, muitas vezes em detrimento de suas relações com a família e os amigos. Isso acaba colocando uma pressão enorme sobre os maridos e as esposas a fim de que eles sejam "tudo" para o seu parceiro.

Mas gays e lésbicas, talvez porque seus próprios familiares, por vezes, tenham dificuldades em aceitá-los, tendem a desenvolver uma ampla rede de amigos e estar profundamente envolvidos em suas comunidades.

"Os casais do mesmo sexo, solteiros, lésbicas e gays não estão vivendo em uma família comum", diz a Dra. Esther Rothblum, professora de Estudos Femininos na Universidade Estadual de San Diego. "Eles estão muito interligados à sua comunidade de amigos do mesmo sexo, vão a festivais de cinema e lançamentos de livros e a uma série de eventos. É um tipo maravilhoso de rede de pessoas. Basta ser uma lésbica para ganhar uma filiação automática em uma comunidade. Isso é algo que os casais heterossexuais não têm."

O resultado, diz a Dra. Rothblum, é que os casais gays têm frequentemente várias saídas para lidar com o estresse de uma relação. "Homens heterossexuais tendem a dizer que suas esposas são suas melhores amigas ou mesmo suas únicas amizades. Se algo acontecer à esposa, ou se ela terminar a relação, ele perderá toda a rede de amigos que possui. Acho que é mais saudável quando temos certas coisas que fazemos só com os amigos e temos pessoas com quem podemos desabafar ao telefone. E, separadamente, termos um parceiro. É uma forma mais diversificada de lidar com o estresse quando ele acontece", diz a Dra. Rothblum

As sociólogas Naomi Gerstel, da Universidade de Massachusetts, e Natalia Sarkisan, da Boston College descobriram que as pessoas casadas têm menos vínculos com os parentes do que as pessoas que não são casadas. Em comparação com os parentes solteiros, os casados estão menos propensos a visitar ou ligar para seus pais e outros membros da família. O casamento também corta os laços do casal com uma comunidade maior. As pessoas casadas estão menos propensas a socializar com os vizinhos ou a ajudar seus amigos. E essas pessoas têm menos probabilidade de serem politicamente ativas, seja para ir a um comício, seja para assinar uma petição.[179]

A lição importante da pesquisa do mesmo sexo é que amizades fortes fora do casamento podem aliviar a pressão do relacionamento, fazer as coisas darem certo com o cônjuge e, finalmente, proteger o casamento contra o estresse e desentendimentos desnecessários. Amizades são boas para o casamento.

Quando o gênero não faz parte da criação dos filhos

Na maioria dos casamentos, a criação dos filhos também costuma ser definida pelos papéis de gênero, com as mulheres fazendo a maior parte do trabalho. Mas os casais do mesmo sexo não podem recorrer ao gênero para dividir a responsabilidade parental. Como resultado, estudar os pais do mesmo sexo pode nos ajudar a compreender melhor o papel e os desafios que os pais heterossexuais enfrentam.

Philip e Carolyn Cowan, professores de Berkeley, que dedicaram grande parte de suas carreiras ao estudo do casamento e dos filhos, desenvolveram uma pesquisa para estudar como os casais dividem as tarefas domésticas e de criação dos filhos. A pesquisa solicita que os parceiros indiquem "Como está essa divisão agora" e "Como eu gostaria que ela estivesse". Frequentemente, os resultados da pesquisa apreendem a grande desigualdade de trabalho doméstico entre casais do sexo oposto.

Charlotte Patterson, professora de Psicologia na Universidade da Virgínia, fez a pesquisa com casais de lésbicas que criavam filhos e descobriu que as respostas foram muito diferentes daquelas dos casais heterossexuais. Os casais de lésbicas mostraram uma distribuição do trabalho doméstico muito mais igualitária e muito menos reclamações sobre "Como eu gostaria que ela estivesse".

A Dra. Patterson também pesquisou o trabalho fora de casa. Ela descobriu que todos os pais heterossexuais e gays trabalham de forma remunerada cerca de setenta horas por semana. Mas nos casais heterossexuais, os homens assumem mais os trabalhos relacionados a salário, trabalhando de forma remunerada cerca de 47 horas; em comparação com 24 horas das mães heterossexuais. Mães lésbicas geralmente trabalham fora de casa por cerca de 35 horas por semana cada.

Para as mães lésbicas, uma das principais fontes de conflito é o cuidado da criança. Mas enquanto a maioria dos casais heterossexuais luta porque um parceiro (geralmente o marido) não está fazendo sua parte do trabalho do casal, o casal de lésbicas, muitas vezes, briga porque um parceiro sente que está sendo deixado de lado no trabalho de criação dos filhos. De acordo com o National Longitudinal Lesbian Family Study, liderado por Nanette Gartrell, uma psiquiatra da Universidade da Califórnia, em São Francisco, as mães lésbicas brigam, muitas vezes, por não ficarem tempo suficiente com as crianças.

Uma fonte comum de conflito surge quando a mãe biológica está amamentando e a outra mãe se sente deixada de lado. (É interessante notar que o aleitamento materno é, frequentemente, um momento de luta e de perda de intimidade para casais do sexo oposto.) Mas uma característica marcante das relações lésbicas é o esforço conjunto para restabelecer o equilíbrio, quase sempre por meio de longas discussões, reconhecendo o estado de infelicidade da parceira. Frequentemente, as mães lésbicas permitem que somente uma mãe amamente e designam os outros rituais, tais como banho, à mãe não biológica.

É REALMENTE POSSÍVEL TER UM CASAMENTO MEIO A MEIO?

Há vários anos perguntei a um colega informações sobre o campeonato de futebol de seu filhos e da escola de balé de sua filha. Ele me olhou perplexo. Sua esposa, uma executiva bancária ocupada, lidava com todas as atividades das crianças depois da escola, mesmo que o trabalho dele fosse claramente o mais flexível dos dois. Ele deu de ombros e admitiu que essa divisão de trabalho não fazia muito sentido.

Se eu tivesse perguntado a esse casal, ambos teriam dito que o casamento deles era igualitário. Ela era até mesmo a principal provedora da família. Mas outros aspectos de seu casamento se deterioraram por causa dos papéis de gênero. Enquanto ele certamente "ajudava" com compras de mercearia, preparação da comida e com as crianças, a maioria dos deveres da casa era cumprida por sua esposa.

Muitos homens e mulheres vão dizer que valorizam a igualdade nos relacionamentos na teoria, mas o desafio é fazer isso acontecer na vida real. A Dra. Deutsch, professora de Psicologia na faculdade de Mount Holyoke que estudou os dois casais de professores-doutores mencionados no início deste capítulo, observou que muitos casais que dizem querer um relacionamento igualitário descobrem que a ideia não corresponde à realidade.

Parte do problema para os casais que trabalham é que, independente da ocupação, homens e mulheres, muitas vezes, percebem o trabalho feminino como mais flexível. Essa percepção pode vir do fato de que as mulheres simplesmente são mais dispostas do que os homens a reduzir as horas de trabalho para atender as necessidades de sua família. "O gênero filtra a forma como vemos o mundo. As mulheres buscam formas de tornar seu trabalho flexível – elas negociam com seus empregadores. Meu palpite é que os homens não tentam negociar com os empregadores tanto quanto as mulheres. Encontrei evidências disso em meu estudo.", diz a Dra. Deutsch. Durante suas entrevistas, a Dra. Deutsch falou com um homem que trabalhava nos correios que disse que trabalhar meio período ou ter horário flexível era simplesmente impossível para as pessoas de seu campo de trabalho. Porém, durante a mesma entrevista, ele se referiu repetidamente a uma colega que trabalhava com horários flexíveis. A Dra. Deutsch relata também uma experiência semelhante com um médico que disse não ter como não exceder quarenta horas semanais de trabalho, mas reconheceu que uma colega tinha encontrado uma maneira de trabalhar meio período. "A pressão para que as mulheres encontrem formas de combinar trabalho e família significa que elas olham para os seus empregos e tentam encontrar as fendas pelas quais se pode obter certa flexibilidade. Os homens simplesmente assumem que não há maneira de obter flexibilidade.", diz a Dra. Deutsch.

A Dra. Deutsch reconhece que pedir flexibilidade ou mudar para um trabalho de meio período pode causar um impacto na carreira de uma pessoa. Mas o risco não é só para os homens.

"Os homens acham que, se fizerem isso, eles não serão levados a sério em suas carreiras. Essa mudança pode ter consequência tanto para o homem quanto para a mulher. O que acontece é que apenas as mulheres estão dispostas a fazer esse acordo.", diz ela.

A Dra. Deutsch cunhou o termo "cuidados parentais igualmente compartilhados" para descrever essas relações meio a meio. Ela observa que a igualdade nas relações heterossexuais requer esquecer os papéis de gênero por parte dos homens e das mulheres, mas muitos desses papéis foram criados muito antes de o casal ter se casado. A decisão sobre se um ou os dois vão tirar horas no trabalho após o nascimento dos filhos, por exemplo, pode ser influenciada por escolhas feitas anos atrás. Talvez o homem queira ter mais tempo para contribuir mais com a casa. Sua esposa, no entanto, se formou em História da Arte. Ele fez um MBA. Em termos de potenciais ganhos financeiros e familiares, é muito mais fácil deixar a esposa diminuir suas horas de trabalho e o marido continuar trabalhando em período integral, porque o rendimento geral dele é maior que o dela.

Dito isto, a Dra. Deutsch diz que os desafios da igualdade no casamento não deveriam ser atribuídos à socialização, uma vez que isso sugeriria que teríamos de esperar toda uma geração antes que as coisas mudassem. A História mostra que as pessoas que foram criadas somente com uma forma de pensar – seja racismo, seja acreditar que as mulheres não devem trabalhar – podem mudar em um período de tempo relativamente curto. Por exemplo, as mulheres que foram criadas para serem donas de casa e que se casaram na década de 1950 foram inspiradas pelo movimento trabalhista feminino.

A Dra. Deutsch descobriu que o fator mais preditivo sobre se um casal divide ou não os deveres domésticos e profissionais é olhar para os amigos deles. Os casais com relacionamentos igualitários normalmente têm amigos com relacionamentos também igualitários.

Outros pesquisadores também descobriram que um casamento do tipo meio a meio verdadeiro apresenta diversos desafios.

Durante um estudo com centenas de casais que moravam juntos, a pesquisadora de relacionamentos Pepper Schwartz ficou perplexa quando se deparou com uma dúzia de casais que ficaram distantes dos demais. Esses homens e essas mulheres pareceram ter ignorado os papéis tradicionais de gênero e, pelo menos por fora, aparentemente tinham conseguido casamentos verdadeiramente igualitários.

Ela começou a falar com cerca de trinta casais do estudo e descobriu que esses casamentos foram baseados em uma mistura de equidade e igualdade. Cada parceiro contribuiu com tempo e dinheiro para o relacionamento, com base no que recebia, e cada pessoa tinha status igual no lar. O marido e a esposa eram igualmente responsáveis pelos deveres econômicos e domésticos.

Mas o que surpreendeu a Dra. Schwartz foi o fato de esses casais não estarem preocupados em serem mais justos. Em vez disso, eles gostavam de relacionamentos de "companheirismo intenso" e acabaram compartilhando tarefas, responsabilidades e a tomada de decisão de forma equitativa. A Dra. Schwartz nomeou esse tipo de relacionamento colaborativo de um "casamento de iguais".

O teste *Na alegria* nº 12: Você está num casamento de iguais?

Um casamento de iguais é definido pelos quatro seguintes objetivos. Marque "sim" ou "não" para determinar a proximidade do seu casamento com um casamento de iguais.

1. Os trabalhos domésticos e a criação dos filhos são compartilhados de forma igual ou quase igual, não mais do que uma relação 60–40.

Ⓐ sim Ⓑ não

2. Cada parceiro acredita que o outro tem influência igual nas decisões importantes.

Ⓐ sim Ⓑ não

3. Cada parceiro sente que ele ou ela tem controle igual sobre o dinheiro da família.

Ⓐ sim Ⓑ não

4. O trabalho de cada parceiro tem peso igual quando o casal faz planos.

Ⓐ sim Ⓑ não

Mesmo que a resposta sim a todas as quatro declarações possa parecer algo impressionante, a realidade é que esses relacionamentos não são perfeitos e exigem, muitas vezes, sacrifícios que muitos casais simplesmente não podem ou não querem fazer. A Dra. Schwartz descobriu que os casais em casamento de iguais são constantemente desafiados por normas sociais que são contrárias aos seus objetivos pessoais. O foco constante em igualdade pode ser emocionalmente custoso; precisa-se pensar muito menos em como dividir o trabalho doméstico e de criação segundo os papéis de gênero do que fazer dar certo um sistema complexo de equilíbrio. Casais igualitários geralmente não conseguem seguir uma carreira em que tenham de se doar por completo porque o relacionamento é o foco e a prioridade na vida dos dois parceiros.

Considere um casal que está junto por treze anos. A mulher queria viver em Nova York para seguir sua carreira profissional nos meios de comunicação e estar mais perto da família dela, na Costa Leste, e o marido queria viver em São Francisco, onde ele cresceu, para permanecer perto da família dele. Uma terapeuta observou que a única solução justa foi mudar de cidade e responsabilidades domésticas (como manter a casa) a cada dois anos. O casal poderia viver por alguns anos na Costa Leste e focar o trabalho da mulher e a família dela, e depois de dois anos, eles se mudariam para a Costa Oeste e focariam a carreira do marido e a família dele. Era algo certamente justo, mas também irrealista e nada prático. Ao concentrar-se em justiça e igualdade no relacionamento, nenhum dos parceiros conseguiria ter seu momento na carreira profissional. E, nesse caso, a "solução" mais justa também iria impedi-los de manter laços profundos em qualquer comunidade.

Embora o relacionamento entre iguais frequentemente envolva um companheirismo intenso, alguns casais de iguais relataram ter vida sexual menos arrojada. Um motivo para isso pode ser a tensão sexual, que muitas vezes está baseada nos papéis masculino e feminino. O casamento entre iguais tira a ênfase dos papéis de gênero e dão maior ênfase à amizade e à igualdade. Enquanto isso pode criar uma grande parceria, também pode tirar aquele arrepio gostoso do relacionamento.

Além disso, muitos casais têm objetivos profissionais e aspirações financeiras que tornam esse tipo de relacionamento nada prático. Homens e mulheres em casamentos entre iguais, muitas vezes, retrocedem em suas ambições profissionais e escolhem trabalhos que lhes dão horários flexíveis e não requerem horas extras ou viagem profissionais. Um executivo que passa muitas horas no escritório e na estrada não pode comprometer-se a assumir uma parte equitativa do trabalho doméstico ou da responsabilidade da criação dos filhos.

Por dentro de um casamento meio a meio

A verdade é que, muitas vezes, um ou ambos os cônjuges não querem enfrentar os desafios e as escolhas que aparecem na construção de um casamento meio a meio. Mas mesmo que o objetivo não seja criar um casamento de iguais, ainda há lições a serem aprendidas com esses casais.

Um exemplo de casal meio a meio é Marc e Amy Vachon, que conseguiram construir um relacionamento em torno de "criação igualmente compartilhada" ou ESP (em inglês, sigla para "Equally Shared Parenting"). Ela é uma farmacêutica, e ele trabalha com

Tecnologia da Informação para uma empresa de marketing. Os dois trabalham exatamente trinta horas por semana, mas nenhum possui um emprego que um valoriza mais que o outro. O foco na família, em vez de no trabalho, significa que nenhum dos dois está trilhando uma intensa carreira profissional, abandonando, portanto, uma renda maior em troca de mais tempo com a família.

Ele diz que quer uma vida equilibrada que lhe dê tempo para ser pai, sair com sua esposa e jogar tênis com os amigos, mas ainda quer trabalhar fora de casa. Ela diz que também quer um equilíbrio entre trabalho e vida doméstica, o que, para ela, não significa estar sobrecarregada com 100% dos deveres familiares, como muitas outras mães. Eles dividem o trabalho doméstico e com os filhos e compartilham todas as decisões.

A Dra. Deutsch observa que os Vachons representam apenas um modelo de cuidados de criação compartilhados, um modelo que exige que as duas pessoas diminuam o foco no trabalho e aumentem o foco na vida doméstica. Mas outra abordagem para o ESP é o casal focar intensamente na carreira e terceirizar mais tarefas domésticas, em vez de deixar o fardo para um ou para o outro. O terceiro modelo de igualdade conjugal é a combinação dos dois. Os dois parceiros se dedicando intensamente à carreira profissional, mas também procurando por oportunidades para aumentar a flexibilidade, assim, eles não teriam de terceirizar muito o cuidado dos filhos ou outros serviços domésticos. "Eu acho que é possível descobrir como fazer isso sem abrir mão dos objetivos profissionais. Se os homens se comprometessem um pouco mais, então as mulheres não teriam de se comprometer tanto.", diz a Dra. Deutsch.

Conheci os Vachons durante um debate em uma conferência sobre casamento e família, em Chicago, onde eles mostraram estar felizes sendo um casal meio a meio. Durante uma sessão de perguntas e respostas, não consegui conter meu ceticismo. Nunca tinha conhecido muitos homens que saíssem do trabalho mais cedo para fazer o jantar, que estivessem dispostos a renunciar a ambições profissionais por um trabalho de salário mediano com uma carga horária de 32 horas semanais em troca de uma "vida equilibrada".

Mark e Amy reconhecem que pode ser difícil para um homem romper os papéis de gênero e ficar tão entusiasmado com o trabalho de trocar fraldas quanto ele é com sua carreira profissional. Não há dúvidas de que homens como Marc Vachon não seja algo comum, mas ele está convencido de que mais homens adotariam o estilo de vida meio a meio se esse estilo fosse amplamente aceito pelos membros da família, pelos amigos e até mesmo por suas esposas.

Amy Vachon observa que o maior obstáculo à vida meio a meio nem sempre é o homem. Em uma história que ela conta com frequência, Amy lembra-se do dia em que retornou ao trabalho após quatro meses de licença-maternidade: ela deixou uma lista detalhada para o marido com o horário de dormir e de amamentar o bebê. Mas quando ela entregou a lista ao Marc, ele a rasgou. Ele sabia muito bem como cuidar da criança.

Conforme discutimos anteriormente neste livro, muitas vezes, as mulheres têm dificuldade em abrir mão do controle sobre o trabalho doméstico e a educação dos filhos, sobretudo quando elas e seus maridos têm padrões diferentes para a limpeza ou para os cuidados infantis. Às vezes, igualdade parental significa morder a língua ou virar-se para o outro lado quando seu parceiro não faz as coisas do jeito que você faria – como deixar a poeira acumulando, ou a roupa que não é separada ao ser posta para lavar, ou o pai ser rude com as crianças antes de colocá-las para dormir, em vez de ler uma história para elas. Às vezes, isso significa deixar o pai escolher a roupa dos filhos, planejar as festas de aniversário e falar com os professores sobre as questões escolares. Para as mulheres, isso também significa desistir do trabalho intelectual de dirigir um lar e, em vez de delegar, confiar que seu parceiro se lembrará de separar o lanche das excursões ou das aulas em campo, ou se lembrará do dia da consulta ao dentista. A realidade é que muitas mulheres não acreditam que seus maridos se lembrarão dessas coisas.

Catherine Kenney, da Bowling Green State University, estudou 1.023 casais de vinte grandes cidades norte-americanas e descobriu que as mães, normalmente, protegiam os papéis parentais relacionados aos cuidados com os filhos e à escola, mas estavam dispostas a ceder o controle aos pais nas atividades recreativas.[180] Sarah Schoppe-Sullivan, professora-adjunta de Desenvolvimento da Criança na Universidade do Estado de Ohio, estudou 97 casais e descobriu que os pais se envolviam mais com seus bebês se as esposas incentivassem esse envolvimento de forma mais ativa.[181]

"As mulheres dizem que querem que isso aconteça, mas às vezes, elas não gostam do quanto precisam abrir mão.", diz Amy Vachon.

Lições para a criação de um modelo amigável de casamento

Em 1975, Clarence Tripp, um colega do notável pesquisador sexual Alfred Kinsey, observou que muitas pessoas que olham para os relacionamentos homossexuais tentam compreendê-los por meio de um quadro de referência marido-esposa. Quando as pessoas olham para um casal gay, elas se perguntam: "Quem é o marido e quem é a esposa?".

Pouca coisa mudou desde então. Durante um monólogo recente em seu programa, o apresentador David Letterman falou sobre a lei do casamento gay em São Francisco, Califórnia. "Agora, os homens gays estão se perguntando o seguinte: quem está dirigindo e quem está resmungando?", ele disse.

O problema é que muitos casais acreditam que os papéis tradicionais de marido e mulher são os dois únicos disponíveis em um casamento. Mas os estudos sobre os relacionamentos gays mostram que eles são baseados em uma estrutura totalmente diferente – o "modelo melhores amigos" – que é um modelo que oferece informações e ideias importantes para os casais heterossexuais.[182]

A pesquisa com casais norte-americanos feita pela Dra. Schwartz também descobriu que os casais de gays e lésbicas demonstraram várias diferenças na forma como interagiam na relação diária comparados com os casais heterossexuais. Ela descobriu que os casais homossexuais compartilham interesses mais comuns, passam mais tempo juntos e dividem o trabalho doméstico mais uniformemente. De fato, eles se parecem muito com os "casais de iguais" sobre os quais falamos anteriormente.

A divisão igualitária das tarefas domésticas tem sido um achado surpreendente e consistente em estudos de casais do mesmo sexo.

Lawrence A. Kurdek, pesquisador da Wright State University, realizou vários estudos comparando as relações entre gays e lésbicas com as relações entre casais heterossexuais.

Ele descobriu que os casais de gays e lésbicas estavam mais propensos a ter um relacionamento de melhores amigos e a quererem um relacionamento de igualdade do que os casais heterossexuais. Em um estudo comparando gays, lésbicas e casais heterossexuais, o Dr. Kurdek descobriu que, invariavelmente, as esposas de casais heterossexuais faziam a maioria do trabalho doméstico, mas também entre gays e lésbicas esses trabalhos eram divididos mais uniformemente.

Em um estudo posterior sobre pais heterossexuais e gays, a Dra. Rothblum, professora de Estudos sobre as Mulheres na Universidade Estadual de San Diego, descobriu que as mulheres em casamentos heterossexuais são constantemente sobrecarregadas com a maior parte das tarefas domésticas, trabalhando, em uma semana, entre onze e vinte horas nessas tarefas, enquanto os pais heterossexuais contribuem com cerca de seis horas.

Mas não havia tais diferenças entre casais de lésbicas e gays, uma vez que cada um relatou trabalhar entre seis e dez horas semanais nas tarefas culinárias, de limpeza e em outros serviços domésticos.

A legalização das uniões civis entre casais do mesmo sexo no estado de Vermont, EUA, em 2001, deu aos pesquisadores de relacionamentos uma oportunidade única para estudar as semelhanças e as diferenças entre casais do mesmo sexo e do sexo oposto. A Dra. Rothblum e dois colegas da Universidade de Vermont e da Universidade de Washington embarcaram em um estudo de três anos, monitorando 65 casais de homens do mesmo sexo e 138 casais de mulheres do mesmo sexo que tinham se unido legalmente durante o primeiro ano após a aprovação da nova lei. Eles recrutaram 84 casais do mesmo sexo que estavam nos círculos de amizade do grupo de estudo, mas que não tinham legalizado o relacionamento. E também incluíram 55 casais heterossexuais, sendo que um membro de cada casal era um irmão de um membro dos casais homossexuais. A vantagem de estudar os irmãos é que eles, na sua maior parte, terão o mesmo histórico racial e demográfico que os casais homossexuais presentes no estudo. Ao todo, 342 casais participaram do estudo.

O objetivo da pesquisa, que apresentou várias perguntas aos casais, foi comparar a forma como os casais lidam com causas comuns de conflitos conjugais, tais como serviço doméstico, sexo e dinheiro.

Nos casais heterossexuais estudados, as mulheres faziam muito mais trabalho doméstico. Os homens estavam mais propensos a ficarem com as responsabilidades financeiras. Nas relações entre sexos opostos, os homens também estavam mais propensos a iniciarem o sexo, enquanto as mulheres estavam mais suscetíveis a recusá-lo. E quando homens e mulheres discutiam, era muito mais provável que a mulher tivesse iniciado a conversa sobre os problemas no relacionamento.

Mas com casais do mesmo sexo, naturalmente nenhuma destas dicotomias era possível. Os parceiros tendiam a dividir os fardos domésticos de forma mais uniforme. Cada parceiro ajudava com o trabalho doméstico e ganhavam dinheiro em quantidade quase igual. Ambos os parceiros mostraram o mesmo interesse por sexo e apresentaram padrões semelhantes ao iniciarem as discussões.

Notadamente, não houve nenhuma diferença passível de ser mensurada na frequência com a qual os casais discutiam. Os casais de gays e lésbicas tiveram aproximadamente a mesma taxa de conflito que os casais heterossexuais. Mesmo assim, os casais homossexuais tiveram pontuação maior na satisfação do relacionamento.

O que tudo isso significa para a média das pessoas casadas? Sugere que o conflito não é o motivo pelo qual a felicidade conjugal acaba. Em vez disso, parece que os papéis de gênero e a desigualdade, característicos das relações de sexo oposto, podem cobrar um preço alto do casamento. As mulheres em relacionamentos heterossexuais tendem a iniciar as discussões porque são elas que acham injusta a distribuição de trabalho e a tomada de decisões. A esposa é, geralmente, mais sobrecarregada com o trabalho doméstico e sente que tem menos poder no relacionamento que o marido.

"As mulheres heterossexuais casadas vivem com muita raiva por terem de trabalhar não só na casa, mas também a relação. Isso é muito diferente da forma como os casais do mesmo sexo e os homens heterossexuais vivem.", diz a Dra. Rothblum.

A principal lição da ciência dos casais do mesmo sexo e dos casais do sexo oposto é que cada casal precisa olhar mais de perto a fonte de tensão no relacionamento. Os casais que assumem que a briga é o maior problema do relacionamento podem descobrir que o verdadeiro problema não é o conflito, mas um desequilíbrio de poder e uma sensação geral de injustiça no relacionamento.

12

Amar e respeitar: avaliando os riscos do divórcio

Em todo casamento com mais de uma semana, já há espaço para o divórcio. O truque é encontrar e continuar encontrando espaços para o casamento.

Robert Anderson

Uma das mais fortes lembranças de meu próprio casamento aconteceu no dia em que ele começou. Parada ali, no saguão de entrada de uma igreja em Austin, Texas, eu era uma noiva de 21 anos, retocando os últimos detalhes para caminhar até o altar. Mas, como muitas noivas, eu estava focada nas minúcias daquele momento. Comecei a franzir a testa quando percebi que o quarteto de cordas tocava a parte errada do Cânone de Pachelbel. Minha angústia deve ter ficado clara em meu rosto porque meu pai, pensando que eu estava nervosa por causa do meu casamento, se aproximou do meu ouvido para me tranquilizar e sussurrou: "Você está fazendo a coisa certa".

Deveria ter sido reconfortante, exceto pelo fato de que eu não o ouvi direito. O que eu ouvi dizer ele foi: "Será que você está fazendo a coisa certa?".

E então mudaram a melodia, a música do meu casamento começou e meus pés começaram a se mover pelo corredor, tudo isso enquanto as palavras mal-entendidas do meu pai soavam em meus ouvidos.

"Você está fazendo a coisa certa?"

E foi aí que eu percebi. Tinha passado os últimos meses escolhendo o vestido certo, a música apropriada, as flores adequadas e o local certo para a recepção. Mas eu não tinha parado muito tempo para pensar na questão que mais importava naquele momento: se eu tinha escolhido a pessoa certa.

Certamente havia muitas coisas maravilhosas no homem que eu escolhi para me casar, mas nós também discutíamos bastante. É claro que nos amávamos, mas também aprendemos que o amor nem sempre é suficiente para enfrentar algumas barreiras. Apesar de nossos esforços, nosso casamento acabou em divórcio, mais de dezessete anos depois, em um tribunal de Nova Jersey.

No que parecia ser um momento particularmente cruel, o juiz da vara cível nos pediu para confirmar a data e o local do nosso casamento. (A lei de divórcio em Nova Jersey é estranhamente anacrônica.) As perguntas do juiz trouxeram à tona uma onda de lembranças dos dias de encanto de dezessete anos atrás e aquela minha entrada confusa no corredor da igreja. E quando o juiz estava prestes a nos pronunciar ex-marido e ex-esposa, meu marido e eu nos olhamos com tristeza, compartilhando o que seria o nosso último momento de reciprocidade como casal.

No final do meu casamento, exatamente como fiz no começo, estava perguntando a mim mesmo: "Será que estamos fazendo a coisa certa?".

A incerteza daquele momento me pôs em uma missão para entender melhor quando e por que tudo tinha dado tão terrivelmente errado. Ao fazer isso, descobri a vasta literatura científica sobre casamento e relacionamentos e fiquei chocada ao descobrir que o meu risco de divórcio estava evidente desde o início. Se eu soubesse por quais sinais procurar, meu marido e eu poderíamos ter interferido antes para salvar a nossa relação, ou talvez, teríamos reconhecido nossas diferenças irreconciliáveis muito tempo antes e evitaríamos nossas perdas, tendo muito mais certeza em nossa decisão sobre o divórcio.

Em que tipo de casamento você está?

Em um estudo abrangente de trinta anos sobre o divórcio nos Estados Unidos, a pesquisadora de casamento E. Mavis Hetherington identificou cinco tipos de casamentos. Muito do que ela aprendeu sobre o estilo de casamento girava em torno dos estilos de conflitos. Dois tipos de casamentos – o casamento coeso e o casamento tradicional – tinham mais probabilidade de ficarem estáveis com o passar do tempo. No entanto, ela identificou três estilos de casamentos – o perseguidor-distanciador, o casamento sem comprometimento e o casamento dramático – que colocam casais em grande risco de divórcio.[183] Segue uma prévia dos cinco estilos de casamento.

Casamento coeso/individualizado

É o casamento de casais que parecem equilibrar união e separação. Todos já vimos esse tipo de casal. Os parceiros não passam todo o tempo juntos, mas mesmo assim, parecem ter uma forte ligação. A Dra. Hetherington descreve esses casais como "ideal cultural" para um bom casamento, porque eles personificam "muitos valores das pessoas nascidas nas décadas de 1950 e de 1960 – os *baby boomers.*". Segundo ela, "Esse casamento poderia até ser descrito como expressão de um valor muito primário desse período: a igualdade dos sexos.". É caracterizado por uma sensação antiquada de intimidade e de divisão de responsabilidades da casa, mas esses casais mantêm diferenças individuais dentro do "grande símbolo conjugal 'nós'".

"O casamento funciona como um refúgio em que o marido e a mulher retornam ao término do dia para a renovação, o apoio, o afeto e o companheirismo."

Na pesquisa da Dra. Hetherington, esses casais tiveram o segundo menor índice de divórcio. Eles se tornam vulneráveis ao divórcio quando um dos parceiros começa a colocar mais ênfase na parte "individualizada" desse relacionamento, negligenciando a parte "coesa". Como explica a Dra. Hetherington, o risco de divórcio aumenta quando uma pessoa "começa a dar mais ênfase ao 'eu' do que ao 'nós'".

Casamento tradicional

Muitas vezes, é uma surpresa quando as pessoas aprendem que o casamento tradicional, que é marcado pelos papéis do marido que ganha o pão e da esposa que é a dona de casa, é amplamente visto como a união mais estável. Esse tipo de casamento obteve o menor índice de divórcio nos estudos da Dra. Hetherington. Mas nem sempre essas uniões estáveis significam que são as mais felizes.

Para um casamento tradicional prosperar, os dois parceiros têm de estar felizes com seu papel individual, executá-lo bem e sentir-se respeitado pelo outro parceiro por meio das contribuições que fazem para o casamento e para a família. Se um parceiro muda de ideia, principalmente se a mulher decide trabalhar fora, o casamento pode ficar estressante, frequentemente sem chances de reparo.

Casamento perseguidor-distanciador

Em 80% dos casamentos perseguidores-distanciadores, a perseguidora é a esposa. Ela quer enfrentar e discutir os problemas. O marido normalmente é o único a retirar-se, evitar o confronto e assumir o papel de "distanciador".

Em um conflito comum nesse tipo de casamento, a esposa traz um problema. O marido vai resistir a se envolver na discussão, lendo jornal, ligando a televisão ou apenas olhando para o nada ou para a comida. Finalmente, ele se cansa de "ouvir" e fica irritado.

A perseguidora também fica cansada e se fecha consigo mesma. O distanciador começa a sentir o "frio desprezo" dela e entra em pânico com medo de perdê-la, mas muitas vezes, fica surpreso quando ela simplesmente vira as costas e sai. Ele nem imaginava que isso podia acontecer. Enquanto isso, sua esposa entende a distância dele como prova de que ele não a ama.

O que é triste nessas relações é que o marido, muitas vezes, sente que seu amor pela esposa é óbvio e que ele não precisa fazer nada para mostrá-lo. O distanciador é, com frequência, bastante feliz no relacionamento, mas desatento ao grande descontentamento que seu parceiro sente.

Notavelmente, os relacionamentos entre perseguidores e distanciadores são, muitas vezes, romantizados. Em 2001, os pesquisadores israelenses Daniela Kramer e Michael Moore selecionaram, aleatoriamente, cem romances de bolso (do tipo Sabrina) e descobriram que quase três em cada quatro demonstravam a dinâmica de um relacionamento de namoro "perseguidor-distanciador". Os pesquisadores ressaltaram que, se lermos esse tipo de romance, só poderemos concluir que o casamento é "construído nesse esquema de perseguir e fugir, sem nenhuma outra opção de papéis saudáveis aos dois parceiros iguais".

Dezenas de estudos sobre a pesquisa conjugal tentaram dissecar esse tipo de relacionamento, que é, muitas vezes, chamado de padrao demanda-retirada. Ele também foi chamado de "padrão invasão-rejeição", "censurar-esquivar" ou "polos perto-longe". Esse é o tipo de casamento de maior risco e o que tem maior probabilidade de infelicidade e divórcio.

A boa notícia é que os casais que se encontram nesse padrão conseguem alterar seu comportamento durante o conflito, quando este é reconhecido.

"É um sinal de diagnóstico, igual àquele sinal vermelho que aparece no painel do seu carro dizendo que há algo errado no relacionamento", diz o Dr. Levenson, de Berkeley. "Se você está no modelo em que uma pessoa é infeliz e a outra não está disposta a discutir e cooperar, isso não pode continuar assim. Você tem de equilibrar. A pessoa que está infeliz tem de receber alguma coisa. E a pessoa que está feliz com o statu quo tem de ceder".

Casamento sem comprometimento

Casamentos sem comprometimento unem duas pessoas autossuficientes "que temem ou não precisam intimidade para atingir uma sensação de bem-estar". Muitas vezes, falta nesses casais o interesse recíproco, valores de divisão e histórico familiar em comum. Casais sem comprometimento não discutem muito – na verdade, eles geralmente não precisam uns dos outros no dia a dia.

O problema é que homens e mulheres nesses casamentos teriam o mesmo tipo de vida se fossem solteiros, e falta-lhes carinho e reciprocidade. A Dra. Hetherington observa que esses casamentos têm o segundo maior índice de divórcio, depois dos relacionamentos entre perseguidor e distanciador. Geralmente, eles terminam com um lamento de um ou de ambos, que se perguntam: "Será que isso é tudo?"

Casamento dramático

Esse tipo de casamento é caracterizado por grandes altos e baixos. Esses casais são emocionalmente instáveis. As brigas geralmente acabam em sexo. Na verdade, a Dra. Hetherington disse que as pessoas em casamentos dramáticos registraram o maior nível de satisfação sexual entre todos os tipos de casamento estudados. O ciclo briga-sexo pode funcionar, mas o perigo está no estilo de briga, quando um ou ambos os parceiros dizem palavras rudes que podem danificar o relacionamento. Muitas vezes, esses relacionamentos terminam quando um parceiro, normalmente o marido, decide que a paixão não vale o conflito constante.

Como você e seu cônjuge se comunicam?

A característica da pesquisa sobre o casamento moderno é o foco na interação conjugal. Os cientistas têm milhares de vídeos gravados com conversas entre os casais e programas de codificação assistida por computadores utilizados para decodificar essas interações até os seus elementos mais básicos. O que surgiu foi o conhecimento de que alguns estilos de interação representam um risco distinto de infelicidade conjugal e divórcio.

Evitando o conflito

Uma charge da revista *New Yorker*, uma vez, mostrou uma mulher irritada olhando o seu marido enquanto ele assistia à televisão. Ela dizia: "Eu disse que não quero brigar.", "E essa é a sua deixa para pedir desculpas."

Essa charge resgatou um preocupante fator de risco de divórcio. Casais que habitualmente evitam conflitos acham que estão simplesmente escolhendo uma solução pacífica, mas a realidade é que eles estão colocando em risco seu casamento. O conflito põe um casal para resolver suas diferenças. Evitar o conflito significa que os problemas não são resolvidos.

Um estudo acompanhou os casais por um período de apenas três anos. No início do estudo, os casais que raramente discutiam tinham os maiores níveis de felicidade conjugal. Eles equiparavam-se a um casamento feliz com baixos níveis de conflito.

Mas três anos depois, muita coisa tinha mudado. Os casais que discutiam muito no início do estudo relataram aumentos de satisfação conjugal. Eles haviam resolvido muitas de suas diferenças e viviam em um relacionamento feliz e produtivo. E os casais pacíficos? Três anos mais tarde, muitos deles pediram o divórcio. Ao ficar tranquilo e evitar conflitos quando as coisas incomodavam, eles perderam importantes oportunidades de cultivar o relacionamento e fazê-lo prosperar.

Mostrar desprezo

Como discutido anteriormente, os sinais de desprezo quando os casais se comunicam são sinais de um casamento em sérios apuros. O desprezo pode ser demonstrado por comentários mal-educados ou por ações como rolar os olhos para cima. Xingamentos, palavrões e rebaixamentos também são sinais de desprezo. O pesquisador de casamentos John Gottman disse que o desprezo é um dos indicadores mais óbvios de divórcio.

Desilusão e decepção

Sentir que seu casamento não é o que você esperava ou ter uma sensação de decepção com o que a sua vida virou são indicadores de divórcio. Um estudo da Universidade do Texas, em Austin, com 156 casais recém-casados descobriu que a desilusão no início do relacionamento era um poderoso indicador de divórcio.[184] Uma maneira de determinar se o homem ou a mulher se sentem desiludidos é escutar como eles contam a história de como se conheceram.

O TESTE *NA ALEGRIA* Nº 13: AVALIE O RISCO NO SEU RELACIONAMENTO

Para ajudar os casais a terem uma noção do seu relacionamento, os pesquisadores de casamento da Universidade de Denver, Dr. Scott Stanley e Dr. Howard Markman, sugerem o seguinte teste baseado em sua pesquisa.* O Dr. Markman diz que os casais devem levar a sério os resultados, mas admite que o teste não leva em consideração muitas outras coisas importantes em um relacionamento. Ele diz que os casais que obtiverem pontuação alta ou média-alta devem utilizar os resultados para ajudá-los a ter um olhar clínico da situação em que o casamento está e tomar medidas (como procurar ajuda profissional) para transformar padrões negativos em positivos.

Dê um valor para a frequência com a qual as seguintes situações acontecem, com base na escala de 1 a 3 mostrada a seguir.

---

*Fonte: Utilizada com permissão da PREP, Inc., e adaptado do livro *Fighting for Your Marriage* [Lutando pelo casamento], e disponível em *www.loveyourrelationship.com*.

1. Nunca ou quase nunca
2. De vez em quando
3. Frequentemente

1. Discussões pequenas viram brigas feias com acusações, críticas, xingamentos, ou trazem mágoas do passado.

2. Meu parceiro critica ou deprecia as minhas opiniões, sentimentos ou desejos.

3. Meu parceiro entende que minhas palavras ou ações são mais negativas do que eu quis realmente dizer.

4. Quando temos um problema a resolver, é como se estivéssemos em times opostos.

5. Eu não conto para meu parceiro o que eu realmente penso e sinto.

6. Eu me sinto sozinho nesta relação.

7. Quando discutimos, um de nós se fecha, ou seja, não quer falar mais sobre isso, ou sai de cena.

Calcule sua pontuação:

Some seus pontos para determinar a pontuação. (Inclua apenas os seus pontos, não adicione o resultado do seu parceiro!) Os resultados sugeridos são baseados em resultados de uma pesquisa telefônica aleatória com 947 pessoas (85% casadas), realizada em janeiro de 1996.

7 a 11 "Luz verde"

Se o total de pontos está na faixa de 7-11, seu relacionamento está, provavelmente, em bom estado ou em boa forma neste momento.

12 a 16 "Luz amarela"

Se você caiu na média 12-16, é como se estivesse vendo uma "luz amarela". Você precisa ter cautela. Apesar de estar feliz agora em seu relacionamento, sua pontuação revela sinais de aviso para padrões que é melhor você não deixar piorar. Tome medidas para proteger e melhorar o que tem. Gastar um tempinho para fortalecer o seu relacionamento agora poderia ser a melhor coisa a fazer para o seu futuro juntos.

17 a 21 "Luz vermelha"

Finalmente, se seu resultado está entre 17-21, é como se aproximar do farol vermelho. Pare e pense para onde vocês dois estão indo. Sua pontuação indica a presença de padrões que podem colocar seu relacionamento em risco significativo. Você pode estar a caminho do problema, ou já estar lá.

A palavrinha "divórcio"

Em 1980, pesquisadores de três universidades diferentes começaram a observar mais de 2 mil homens e mulheres. Eles os acompanharam num período de doze anos em que eles passaram por várias fases do casamento, do divórcio e de um novo casamento.

Os pesquisadores descobriram um indicador simples e óbvio de futuro divórcio. Homens e mulheres que tinham ponderado a possibilidade de divórcio em 1980 tinham nove vezes mais probabilidade de ter realizado o divórcio até o final do estudo. Simplesmente contemplar o divórcio significa que você está aberto à ideia e que está vulnerável a isso.[185] Uma vez que você ou seu parceiro começa a falar em divórcio, seja com aqueles em quem confia, seja uns aos outros, é um sinal de que o casamento já está com problemas graves, talvez irreparáveis.

Infidelidade

Um importante estudo realizado pelo Instituto Alan Guttmacher buscou identificar fatores de risco de traição. Quais circunstâncias, traços de personalidade ou experiências aumentam o risco de traição?[186]

A análise incluía 2.598 homens e mulheres com idades entre 18 e 59 anos que participaram na pesquisa do National Health and Social Life Survey em 1992 e que nunca tinham se casado ou vivido com um parceiro sexual. Os pesquisadores coletaram os dados usando uma combinação de entrevistas pessoais e testes escritos com perguntas sobre o histórico social, a saúde, a fertilidade, as atividades sexuais, as atitudes e as fantasias. No geral, as taxas de traição eram extraordinariamente baixas: apenas 11% dos entrevistados relataram infidelidade. Mas os cientistas também descobriram que a traição estava associada a alguns fatores de risco específicos.

- *Ser homem*: na pesquisa, os homens tinham duas vezes mais chances de trair do que as mulheres. Ao mesmo tempo que as mulheres tendem a trair menos, a maioria dos estudos defende a tese de que os homens estão mais propensos a serem infiéis simplesmente porque eles, geralmente, possuem mais oportunidade de ficar longe de casa.
- *Pensar em sexo muitas vezes ao dia*: uma pessoa que pensa em relações sexuais o tempo todo tem 30% a mais de probabilidade de trair comparado a uma pessoa que pensa menos em sexo.
- *Ter um número elevado de ex-parceiros sexuais*: quanto mais parceiros sexuais um entrevistado tivesse tido entre a idade de dezoito anos e o momento do primeiro casamento ou quando começou a morar junto, mais chances ele ou ela teria de ser infiel.
- *Viver na cidade*: ser um morador da cidade aumenta a infidelidade em 50%. Pode ser que a vida na cidade apresente mais oportunidades para ser infiel.
- *Estar em um relacionamento longo*: a infidelidade parece ser um subproduto do tédio ou da desilusão. Para cada ano que os casais viveram juntos, os entrevistados tiveram aumento de 1% de chance de traição.
- *Viver junto sem se casar*: os casais que não se casaram estavam duas vezes mais propensos a traírem uns aos outros.
- *Ter morado junto antes do casamento*: homens e mulheres que tinham vivido juntos antes do casamento tinham 40% a mais

de probabilidade do que os outros de serem infiéis. O significado disso ainda não está claro. Talvez o tipo de pessoa que convive antes do casamento tenha simplesmente maior probabilidade em admitir a traição. Ou talvez isso signifique que casais que vivem juntos estavam, em primeira instância, mais inseguros no relacionamento, tornando-os menos comprometidos e mais propensos a traírem.

- *Ser infeliz:* casais que não estão felizes na relação têm 30% a mais de chances de serem sexualmente infiéis.

O estudo também identificou alguns fatores que pareciam proteger os casais da infidelidade.

- *Reprovação*: as pessoas que declararam que achavam o sexo extraconjugal errado tinham 50% a menos de probabilidade de serem infiéis.
- *Ter muitos amigos em comum*: o compartilhamento de redes sociais com o cônjuge diminuiu as probabilidades de traição em 30%.

Notavelmente, as diferenças religiosas, educacionais e de idade não tiveram impacto significativo sobre as probabilidades de infidelidade – as chances também não aumentaram significativamente pelas oportunidades sexuais no local de trabalho ou por quantas vezes alguém ia à igreja.

Outro fator que influencia o risco de infidelidade é a internet, que facilitou a traição. Sites como Facebook e MySpace trazem às pessoas mais oportunidades para paquerar e acender velhas chamas – algo que as torna vulneráveis à traição em oportunidades como uma viagem de negócios ou em um período difícil no relacionamento. Cerca de 20% dos adultos que utilizavam sites de redes sociais em 2008 admitiram que paqueravam enquanto visitavam esses sites, de acordo com uma pesquisa realizada pelo Pew Internet and American Life Project. Outra forma pela qual a internet pode influenciar a infidelidade é por meio do aumento de pornografia on-line. Isso não é um alerta dos perigos da pornografia. Mas os estudos mostram que a exposição repetida à pornografia pode afetar atitudes sexuais e percepções do que seja um comportamento "normal". Apesar de isso não significar que a pornografia faça as pessoas traírem, ela pode deixá-las mais vulneráveis, incentivando-as a buscar alguém. Em outras palavras, o fácil acesso à pornografia na internet pode sutilmente moldar nossas atitudes e valores. Para muitas pessoas que estão expostas todos os dias às imagens provocativas e as imagens de sexo explícito, o sexo fora do casamento pode parecer não ser tão anormal ou proibido como foi para as gerações anteriores.

Apesar de a infidelidade ser certamente um fator de risco de divórcio, os estudos mostram que um voto matrimonial quebrado não necessariamente leva ao fim do casamento. Pesquisas mostram que a maioria das pessoas que descobrem que são traídas permanece casada, decidindo que não vale a pena jogar fora anos de compromisso. Outros ignoram suas suspeitas como forma de preservar a relação.

Como prova disso, não é preciso ir além das manchetes. Todos os dias, vemos histórias de mulheres de políticos que enfrentam a humilhação pública de infidelidade e ainda preferem ficar com seus maridos. (Notavelmente, os exemplos de mulheres que traem são menos comuns entre as figuras públicas, mas isso não significa que não haja. Significa apenas que, talvez, elas não tenham sido pegas, ou que a marca social de serem traídos mantenha os homens em silêncio quando uma mulher os trai.) Embora as experiências de um casal de políticos sejam claramente diferentes da média dos homens e mulheres, a mesma velha história de infidelidade e perdão é repetida inúmeras vezes entre os casais menos famosos.

A cada ano, cerca de 10% das pessoas casadas dizem ter feito sexo fora do casamento. Em uma pesquisa, entre 1.084 pessoas cujos cônjuges tiveram casos, os pesquisadores descobriram que 76% dos homens e mulheres, anos mais tarde, ainda estavam casados e viviam com o cônjuge. Pesquisas similares encontraram taxas de cerca de dois terços ou mais.

Por que tantos casais parecem sobreviver à infidelidade? Pode ser que os casamentos modernos – que são tão exigentes e difíceis de manter – também sejam mais flexíveis quando as coisas dão errado. Os cônjuges dividem históricos, objetivos, filhos, laços fortes com amigos e com a comunidade.

Saúde, violência e abuso de substâncias

Alguns fatores de risco para o divórcio estão completamente fora do controle de um ou de ambos os cônjuges. Violência e abuso de substâncias colocam os casais em grande risco de divórcio. A doença representa um desafio especial para o casamento. Um estudo europeu descobriu que, embora a maioria dos cânceres não afete o risco de divórcio, o risco de divórcio aumenta quando um parceiro sofre de câncer testicular ou cervical. O estudo comparou as percentagens de divórcio de 215 mil sobreviventes do câncer em comparação com os casais livres de câncer. Mulheres com câncer de colo uterino tiveram um risco quase 70% maior de divórcio aos vinte anos, um nível que caiu para 19% aos sessenta anos. Para o câncer testicular, o risco de divórcio foi de 34% aos vinte e 16% aos sessenta. Traumatismos cranianos e doenças mentais também aumentam o risco de divórcio em um casal.

O tédio prevê divórcio

Os pesquisadores do casamento de Nova York, Califórnia e Michigan, em 2009, decidiram observar o papel do tédio na indicação de satisfação conjugal. Eles pesquisaram 123 pessoas casadas há muito tempo do Condado de Wayne, Michigan, questionando-os sobre o tédio durante o sétimo e o décimo sexto anos de seus casamentos. Aqui está o teste.*

---

*Fonte: A. Aron, E. N. Aron, e D. Smollan, "Inclusion of Other in the Self Scale and the Structure of Interpersonal Closeness". *Journal of Personality and Social Psychology*, 63 (1992): 596-612.

O TESTE *NA ALEGRIA* Nº 14: VOCÊ ESTÁ ENTEDIADO?

1. No mês passado, quantas vezes você sentiu que seu casamento estava entrando numa rotina (ou já estava numa rotina), que você está fazendo a mesma coisa o tempo todo e que raramente consegue fazer coisas interessantes juntos como um casal?

   Ⓐ Muitas vezes Ⓑ Às vezes
   Ⓒ Raramente Ⓓ Nunca

2. No final das contas, quão satisfeito você está com seu casamento?

   Ⓐ Muito satisfeito Ⓑ Razoavelmente satisfeito
   Ⓒ Um pouco insatisfeito Ⓓ Muito insatisfeito

3. Selecione a imagem que melhor descreve o seu casamento.

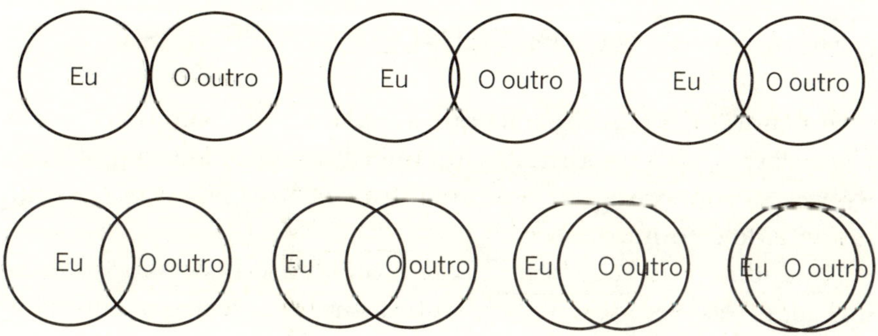

As três perguntas mediam o tédio, a satisfação conjugal e a proximidade do relacionamento. O estudo mostrou que o tédio é um indicador importante da felicidade conjugal. Casais em seu sétimo ano de casamento que relataram tédio tinham menos probabilidade de serem felizes ou relatarem fortes sentimentos de proximidade aos seus dezesseis anos de casamento.[187]

Os dados são importantes porque sugerem que uma simples intervenção, bastando adicionar um pouco de emoção à sua rotina, pode percorrer um longo caminho para aumentar a felicidade dos casais e impedi-los de se distanciar.

Não faça sempre a mesma coisa. Jante com diferentes tipos de amigos. Escolha restaurantes diferentes. Faça uma aula de cerâmica juntos se você nunca fez isso antes. Tire férias da cozinha. Ao estudar o efeito que atividades excitantes podem ter na felicidade conjugal, os pesquisadores descobriram que o termo "excitante" é relativo. Um casal jantando fora em Nova York decidiu se aventurar no Upper East Side, em vez de ficar no Upper West Side. Apesar disso não soar particularmente ousado para a maioria de nós, para eles foi algo bem diferente. E estudos mostram que fazer coisas diferentes muitas vezes pode ajudar a manter a chama conjugal acesa.

Se você está entediado em seu casamento agora, há grandes probabilidades de você ser infeliz e distante de seu parceiro em menos de uma década. Proteja seu casamento adicionando variedade à sua vida.

PERDA DA PAIXÃO, INTIMIDADE E COMPROMISSO

A maioria das pessoas acha que as palavras "eu amo você" são as três palavras mais importantes em um casamento. Mas o psicólogo Robert Sternberg sugere outro mantra com três palavras: "paixão, intimidade e compromisso".

Quando a paixão, a intimidade e o compromisso são sustentados em níveis elevados, o padrão ideal surge, ou seja, é o amor consumado de fato. Mas embora o amor consumado seja desejável, ele também é extraordinariamente difícil de sustentar. Muitos de nós, diz o Dr. Sternberg, não o alcançam nunca. O resultado é que nós geralmente conseguimos níveis elevados de apenas uma ou duas das variáveis. As combinações resultantes de altos e baixos níveis de paixão, intimidade e compromisso formam sete padrões distintos de amor, alguns melhores que outros.[188]

- *Amor extravagante*: ocorre quando a sua paixão é alta, mas a relação carece de intimidade e compromisso. Pense no "amor à primeira vista".
- *Amor vazio*: os casais podem estar altamente comprometidos uns com os outros, mas seu relacionamento carece de paixão e intimidade. Casamentos arranjados geralmente começam com o amor vazio, e alguns casamentos duradouros podem começar a ficar vazio.
- *Amor romântico*: amantes românticos sentem uma ligação forte e atração física, eles estão apaixonados e têm um conhecimento íntimo de cada um. Mas a relação é tipicamente nova e ainda não atingiu o estágio de comprometimento.
- *Amor tolo*: alguns casais acabam se comprometendo uns com os outros depois de um rápido namoro passional. Sua paixão pelo outro é alta e seu compromisso é sólido, mas eles descobrem que sabem muito pouco sobre si e sua intimidade permanece baixa.
- *Amor companheiro*: muitas vezes, um amor duradouro é baseado em muito afeto e compromisso, mas normalmente é falho no desejo sexual. Compromisso e intimidade são altos, mas as faíscas da paixão são poucas.
- *Gostando*: alguns de nossos relacionamentos mais íntimos são com os amigos. Alguns casamentos tornam-se mais como uma amizade em longo prazo, com a intimidade em elevado nível, mas falta-lhes paixão e compromisso
- *Amor consumado*: para a maioria dos casais, esse é o ideal. É uma forma completa de amor com um elevado nível de comprometimento, intimidade e paixão.

O Dr. Sternberg afirma que, no decurso de uma relação, todos os três aspectos do amor podem mudar para várias combinações de altos e baixos. Os amantes extravagantes podem tornar-se amantes românticos que, então, se tornam amantes consumados antes de se estabelecerem em um amor companheiro. Mesmo o amor vazio de um casamento arranjado pode rapidamente transformar-se em passional e até consumado. Dividir seu relacionamento em termos de paixão, intimidade e compromisso pode ajudar a simplificar as áreas que mais necessitam de melhorias.

O TESTE *NA ALEGRIA* Nº 15: DETERMINE SEU PADRÃO DE AMOR

Faça este teste para determinar seu padrão de amor. Coloque um X em "muito" ou "pouco".

	MUITO	**POUCO**
Paixão		
Intimidade		
Compromisso		

LIÇÕES PARA REDUZIR O RISCO DE DIVÓRCIO E MELHORAR SUAS CHANCES

Matemáticos e pesquisadores identificaram vários fatores de risco "estáticos" que estão relacionados a um casamento instável. São variáveis das quais um indivíduo tem pouco ou nenhum controle. Se você ainda não se casou, seria uma boa ideia considerar esses fatores para melhorar suas chances de escolher o parceiro certo. Se você já se casou, saber se o seu casamento possui um fator de risco de divórcio em uma área deve servir como motivação extra para se concentrar em formas de diminuir o risco de problemas em outros.

Dê uma olhada nos fatores que podem influenciar suas chances de permanecer casado:

- *Case após os vinte e cinco anos.* Casar-se jovem está associado a um índice maior de divórcio. Casar-se ainda adolescente é o fator de risco de divórcio mais conhecido, de acordo com pesquisadores de casamento da Rutgers. Um estudo recente do governo descobriu que 59% dos casamentos de mulheres menores de dezoito anos acabam em divórcio ou em separação dentro do período de quinze anos, em comparação com os 36% daquelas casadas com vinte anos ou mais. Aqueles que se casam jovens têm menos probabilidade de terminar a faculdade, o que aumenta suas chances de sucesso no casamento. Eles têm empregos com baixos salários, lidam com o estresse financeiro ou se casaram por causa de uma gravidez não planejada. As pessoas que se casam depois dos trinta apresentam porcentagens muito baixas de divórcio. Isso pode acontecer pelo fato de que essas pessoas são únicas e esperam até encontrar um companheiro ideal. Ou pode ser que a sabedoria dos anos ajude a lidar melhor com o estresse e com os desafios do casamento.

- *Não se case com alguém que desistiu da faculdade.* Pessoas com "algum estudo universitário" apresentam maiores índices de divórcio do que formados no Ensino Médio e aqueles que terminaram a faculdade. Isso pode sugerir que uma pessoa que "abandona os estudos" também apresenta maior probabilidade de abandonar os outros compromissos, como o casamento. Ou pode ser que os fatores que a influenciaram a desistir da faculdade, tais como problemas emocionais, dependência alcoólica ou estresse financeiro, também influenciem o risco de divórcio.
- *Segure as pontas por pelo menos dez anos.* A maioria dos divórcios ocorre nos primeiros dez anos de casamento. Apesar de haver definitivamente divórcios que ocorram mais tarde na vida, os dez anos representam um marco importante para a maioria das famílias.
- *Case-se com alguém com interesses e históricos semelhantes.* Ter diferentes origens, religiões, opiniões políticas coloca-o em risco de divórcio. Quanto mais similares forem as pessoas em valores, históricos e objetivos de vida, maior será a probabilidade de que elas tenham um bom casamento. Os opostos podem se atrair, mas não podem viver juntos em harmonia como

pessoas casadas. Pessoas que compartilham origens comuns e redes sociais similares são parceiras de casamento mais adequadas comparadas com as pessoas que vêm de origens diferentes e têm diferentes redes sociais.

- *Case-se com alguém cujos pais ainda estejam casados.* Quando dois filhos adultos de pais divorciados casam-se, enfrentam quase três vezes o risco de divórcio em relação aos homens e mulheres que vêm de famílias intactas. O risco é menor se pelo menos um dos parceiros do casamento foi criado com os pais em casa.[189] Um estudo revelou que quando só a esposa tinha experimentado o divórcio dos pais, as chances de divórcio aumentaram em mais da metade (59%), mas quando ambos os cônjuges passaram pelo divórcio dos pais, as chances de divórcio quase triplicaram (189%).

Naturalmente, todos esses fatores de risco de divórcio são apenas parte da história. Nunca é só uma coisa que determina se um casamento vai ter sucesso ou falhar. Seja a idade com que você se casou, seu estilo de relacionamento ou o tédio, os casamentos problemáticos geralmente se complicam por uma série de motivos. As pequenas coisas vão se somando, fazendo parecer impossível superá-las. Mas mesmo se o seu casamento acabar em divórcio, os fatores estabelecidos neste capítulo mostram que raramente existe apenas uma característica ou tipo de pessoa em particular que resulte certamente na dissolução de um casamento.

Como vimos até aqui, muitos casamentos não acabam em divórcio. Muitos de nós acabamos ficando em relacionamentos estáveis e relativamente satisfatórios, que são sempre passíveis de melhorias. Mas um "bom" casamento está nos detalhes, e assim como as pequenas coisas vão se somando num casamento ruim, um bom casamento pode se beneficiar de pequenos e positivos passos tomados com o passar do tempo.

13

A CIÊNCIA PARA UM CASAMENTO PERFEITO: UMA RECEITA PARA A SAÚDE CONJUGAL

Correntes não podem manter um casamento unido. São fios, centenas de minúsculos fios, que costuram as pessoas juntas ao longo dos anos.

Simone Signoret

As lições da pesquisa sobre casamento mostram que melhorar um relacionamento não é fazer mudanças extensas. Como discutido ao longo de todo este livro, são as pequenas coisas que mais importam. As palavras que usamos em uma conversa e discussão, quantas vezes fazemos elogios e carinho, nosso movimento corporal e gestos faciais, tudo isso compõe o tecido de um casamento.

Mas agora que olhamos de perto as questões que podem causar problemas em um casamento, como conflito, filhos, sexo e serviço doméstico, devemos estar imaginando que passos positivos podem ser tomados para manter a saúde do casamento.

Após anos focando os aspectos negativos que podem sabotar um casamento, uma série de cientistas de relacionamento mudou seu foco para identificar as interações positivas que podem proteger um relacionamento e promover laços fortes e intimidade. Assim como só um médico pode receitar comprimidos para pressão arterial ou uma aspirina diária para manter seu corpo saudável, a ciência do casamento também oferece uma receita para melhorar a saúde de seu relacionamento. Os pesquisadores identificaram várias pequenas mudanças positivas que os casais podem focar – mudanças estas que têm o potencial para fazê-lo colher grandes recompensas na satisfação geral de seu casamento.

"Descobrimos que ser positivo é cada vez mais importante", diz Howard Markman, codiretor do Centro de Estudos Conjugais e da Família da Universidade de Denver e um dos principais pesquisadores do casamento. "Revelou-se que a quantidade de diversão que o casal tem e a força de sua amizade são um forte indicador de seu futuro."

O Dr. Markman observa que ajudar os casais a lidar melhor com o conflito é importante para estancar a queda negativa constante de um casamento conturbado. Mas simplesmente parar e reparar problemas de conflito não conduz, necessariamente, a uma relação forte e feliz. "Para o casal que não é capaz de lidar com o conflito, as coisas não estão funcionando.", observa o Dr. Markman. "Se eles aprenderem a lidar bem com o conflito, terão um casamento bom, mas não necessariamente um casamento magnífico."

Então, qual é o próximo passo? Casais com um relacionamento duradouro e satisfatório sabem que não é suficiente apenas evitar o comportamento negativo. Bons casamentos requerem manutenção diária e um feedback positivo para ajudar os casais a ficarem juntos. Aqui vão sete estratégias que os estudos mostram que os casais de sucesso utilizam para ficarem juntos, felizes e reforçarem os laços do casamento.

Nº 1: Comemore as boas notícias

No poema épico *Paraíso perdido*, John Milton escreve: "Mas, quanto mais soubermos seus prodígios, por tantas causas mais o louvaremos.".

Ele poderia estar dando conselhos matrimoniais. A pesquisa mostra que casais que comemoram regularmente os bons tempos têm maiores níveis de compromisso, intimidade, confiança e um relacionamento satisfatório.

Um fio comum em ambas as pesquisas, conjugal e psicológica, tem sido o foco nos pontos negativos – como os casais lidam com os tempos difíceis, o conflito e a infelicidade? Mas as pesquisas mostram que saber como os casais lidam com os bons tempos é igualmente importante.

Deu tudo certo na reunião da sua esposa? Seu marido finalmente venceu seu companheiro de tênis que é muito mais jovem que ele? Um de vocês ganhou um aumento?

Como você reage às pequenas e às grandes realizações da pessoa que ama? Você resmunga? Oferece um sorriso de apoio? Ou você estoura um champanhe e sai para jantar fora?

Na ciência conjugal, o ato de celebrar as boas-novas é chamado de "capitalização" – uma medida de quanto os casais estão "capitalizando" os eventos positivos em suas vidas. Em termos simples, significa apenas que você precisa fazer festa com os bons momentos em seu casamento.

Para medir a importância de compartilhar as boas notícias, os pesquisadores da Universidade da Califórnia e da Universidade de Rochester primeiro recrutaram 154 universitários que foram convidados para documentar as coisas boas e ruins que aconteceram com eles ao longo de uma semana. Na vida de um estudante universitário, coisas como falta de dinheiro e notas baixas são os primeiros classificados no topo da lista de coisas ruins. As boas notícias incluíam boas notas nas provas, um telefonema de um amigo distante e receber um pacote pelo correio com muitas coisas boas de um membro da família. Os estudantes também responderam se compartilham suas notícias ruins ou boas com os outros e preencheram questionários diários que mediram sua satisfação geral com a vida e felicidade.

Utilizando uma fórmula complexa, os pesquisadores foram capazes de determinar o efeito das boas notícias no dia do estudante, bem como o efeito adicional de *compartilhar* as boas notícias sobre sua felicidade. Estudantes que receberam boas notícias – e as compartilharam – relataram mais felicidade que aqueles que apenas guardaram as boas-novas para eles mesmos. Os bons sentimentos são ampliados e reforçados quando compartilhados com os outros.

Para verificar se compartilhar as boas-novas com um parceiro está associado à felicidade no relacionamento, os pesquisadores conduziram dois estudos adicionais. Um envolvendo 59 casais universitários que estiveram namorando em média por catorze meses. O outro com um grupo que incluiu 178 pessoas casadas que estavam juntas, em média, por dez anos.

Utilizando várias escalas, os pesquisadores mediram os sentimentos de compromisso dos casais, a satisfação no relacionamento e a intimidade. E eles também mediram a "capitalização" – o nível no qual cada parceiro "capitalizou" os eventos positivos na vida do seu amado. Aqui está uma versão reduzida do teste de Capitalização:

O teste *Na alegria* nº 16: Como você reage às boas-novas?

Pense por um momento e considere como seu parceiro responde quando você lhe conta sobre algo bom que aconteceu com você. Por exemplo, imagine que você chegou a casa e contou ao seu parceiro que recebeu uma promoção no trabalho, teve uma ótima conversa com um membro da família, conseguiu um aumento, ganhou um prêmio ou foi muito bem em um exame na escola ou em um projeto no trabalho. Considere a forma como seu parceiro fez as seguintes coisas em resposta à sua felicidade.

1. Meu parceiro geralmente reage entusiasticamente à minha felicidade; ele(a) sempre faz muitas perguntas e mostra interesse genuíno sobre os bons eventos.

2. Meu parceiro é, em geral, um apoio silencioso a todas as coisas boas que acontecem comigo; meu parceiro fala pouco, mas sei que ele(a) está feliz por mim.

3. Meu parceiro me lembra que todas as coisas boas têm seus aspectos ruins também; ele(a) aponta as desvantagens potenciais do evento.

4. Meu parceiro parece desinteressado, às vezes tenho a impressão de que ele(a) não se importa muito sobre algo bom que aconteceu comigo.

Os pesquisadores identificaram quatro tipos diferentes de personalidades com base em como respondem às boas novas dos cônjuges. São elas:

1. Ativo-construtivo são aqueles que reagem entusiasticamente às boas-novas.

2. Passivo-construtivo são aqueles que mostram apoio silencioso. Eles não falam muito, mas o cônjuge se sente amado e apoiado.

3. Ativo-destrutivo são aqueles que têm uma visão negativa, sempre vendo o lado negativo dos acontecimentos positivos.

4. Passivo-destrutivo são aqueles que não dizem muito porque simplesmente não estão interessados.

Não é surpresa alguma que os dois últimos grupos, ativo-destrutivo e passivo-destrutivo, foram associados aos baixos resultados de intimidade, satisfação e outras medidas de felicidade no relacionamento.

Mas o mais surpreendente resultado veio dos respondentes passivo-construtivos. Esses parceiros eram positivos e amorosos, apenas não eram particularmente emotivos. O marido ou a esposa de um respondente passivo-construtivo relata sentir-se amado; eles apenas sabem que seus parceiros não são do tipo que vocaliza isso. No entanto, quando posto à prova, o marido ou a esposa que teve um cônjuge que o apoia silenciosamente também teve resultados precários em relação às medidas de felicidade no relacionamento.

No final, os únicos casais que obtiveram altos índices em intimidade e satisfação diária no relacionamento foram os do grupo ativo-construtivo, os casais que festejam as boas coisas que acontecem com eles. Você finalmente terminou seu projeto no trabalho? Vamos sair para jantar e celebrar? Você correu seus primeiros cinco quilômetros? Um grande beijo e abraço. Seu chefe escolheu você para elogiar na reunião semanal? Estou orgulhosa de você. Vou preparar um jantar especial esta noite.

A LIÇÃO: Não é suficiente que seu parceiro *saiba* que você sente orgulho das realizações dele ou dela. Você tem de mostrar isso. Fazer um alarido sobre pequenas coisas boas que acontecem todos os dias pode melhorar a saúde de seu casamento.

Nº 2: Conheça a matemática do casamento

Uma vez que os pesquisadores inventaram um meio para estudar gravações de casais conversando, eles ficaram aptos para catalogar cada pequena coisa negativa que um casal faz ou diz durante a discussão. Coisas como rir, tocar, sorrir ou dar um elogio eram codificadas como interações positivas. Eles também rastrearam o número de momentos não tão bons (o revirar dos olhos, escárnio, crítica, defesa, raiva e retirada).

À medida que os pesquisadores da Universidade de Washington revisavam os dados, um padrão surpreendente emergiu. Em casamentos estáveis, existem, pelo menos, cinco vezes mais interações positivas que negativas. Quando o índice começa a cair, o casamento entra em alto risco de divórcio.

Na vida real, nenhum casal pode manter uma contagem de exposições positivas e negativas. Há centenas delas que acontecem em um dia qualquer. Mas na prática, a lição é que um simples "desculpe-me" depois de um mau comportamento não é suficiente. Para cada comentário maldoso ou explosão negativa no casamento, a pessoa precisa aumentar o índice de manifestações positivas para que o balanço entre positivos e negativos não caia a um nível de risco. Casais em relacionamentos sólidos e duradouros fazem isso naturalmente. Às vezes, os positivos são falados. "Você está bonita hoje, querida.", "Essa cor fica bem em você.", "Que comida ótima.", "Você é um bom pai.". Outras vezes, os aspectos positivos são gestos, tapinhas não mãos ou nas costas, um abraço, despentear o cabelo, um beijo sem motivo nenhum.

A LIÇÃO: Faça a matemática do casamento. Mesmo quando você comete um erro, diga a si mesmo que fará pelo menos cinco coisas positivas para o seu cônjuge para compensar e, então, faça-as. E não espere até brigar para fazer mimos ao seu parceiro. Gestos e comentários agradáveis podem fazer muito bem a um casamento – eles são fáceis de fazer e irão ajudar a não deixar que seu casamento seja prejudicado pelos inevitáveis dias ruins.

Nº 3: Mantenha seus padrões altos

Um tema comum que os casais sempre ouvem em aconselhamento conjugal é que eles têm padrões e esperanças irreais para o casamento. Se você está infeliz e se sentindo desiludido, talvez seja porque você foi idealista demais sobre o que esperar do casamento em primeiro lugar. Frequentemente, os terapeutas aconselham os casais a diminuírem suas expectativas em relação ao casamento e aos seus parceiros para um nível mais realista.

Mas as pesquisas mais recentes sugerem que os altos padrões são uma boa coisa. Um importante estudo conduzido pelo psicólogo Donald H. Baucom, da Universidade da Carolina do Norte, começou a determinar como ter padrões altos, mesmo idealistas, sobre vários aspectos do relacionamento pode afetar a qualidade dele.[190] Os casais preencheram questionários relacionados às suas esperanças e aos seus sentimentos sobre finanças, afeto, tarefas domésticas, relacionamento com a família e os amigos, religião, sexo, lazer, questões da carreira e filhos. Eles responderam a questões sobre como comunicaram sentimentos positivos e negativos para seus cônjuges.

No total, a pesquisa abrangeu sessenta padrões diferentes que os casais têm em seus relacionamentos. Aqui está uma versão reduzida da pesquisa:

O TESTE NA *NA ALEGRIA* Nº 17: SEU CASAMENTO TEM ALTOS PADRÕES?

Use uma escala de 1 a 5 para indicar apoio ou discordância das seguintes afirmações:

"Quando meu parceiro e eu discordamos sobre alguma decisão na criação dos filhos, cada um de nós tenta fazer o outro concordar com nosso ponto de vista."

"Apenas um de nós tem a palavra final nas decisões que tomamos sobre dinheiro."

"Meu parceiro e eu deveríamos participar um com o outro em nossas atividades de lazer."

"Deveríamos mostrar nosso amor um pelo outro por meio de carinho físico."

Agora responda as seguintes perguntas:

"Você está satisfeito com o modo como esse padrão está sendo alcançado em seu relacionamento?"

"Quão contrariado você fica quando esse padrão não é alcançado?"

As questões foram bastante simples, mas surgiu um padrão bem-definido. Casais nos extremos – aqueles que esperam demais de seus casamentos e aqueles que esperam muito pouco – tendem a ter exatamente aquilo que esperam.

O Dr. Baucom constatou que pessoas que têm padrões idealistas, que querem realmente ser bem-tratadas e que querem romance e paixão em seu casamento acabam obtendo esse tipo de casamento. Homens e mulheres com baixos padrões, que não esperam um bom tratamento, comunicação ou romance, acabam em um relacionamento que não oferece essas coisas.

A LIÇÃO: Maridos e esposas que mantêm seus parceiros em padrões razoavelmente altos têm casamentos melhores. Se você espera um relacionamento melhor e mais satisfatório, acaba melhorando suas chances de ter um.

Nº 4: Dê atenção à família e aos amigos

Como já discutido, uma das razões pelas quais os casais modernos brigam tanto é que um casamento de almas gêmeas coloca um fardo de responsabilidade bastante pesado sobre maridos e esposas. Os casamentos modernos tendem a ser muito mais isoladores do que os das gerações anteriores. Por toda a história, família, amigos, vizinhos e companheiros de trabalho foram importantes fontes de apoio social, pessoal e financeiro para os casados. Mas hoje, muitas pessoas veem seus maridos ou esposas como a principal pessoa para quem se voltam à procura de apoio. Muitos casais acreditam até mesmo que os que estão de fora podem interferir em seus laços conjugais e mantêm-se distantes de relacionamentos externos.

As sociólogas Naomi Gerstel, da Universidade de Massachusetts-Amherst, e Natalia Sarkisian, do Boston College descobriram que pessoas casadas têm menos laços com os parentes que as pessoas não casadas. Elas estão menos propensas a visitarem ou telefonarem para seus pais ou outros membros da família, comparado com os parentes que são solteiros. O casamento também corta os laços do casal com grande parte da comunidade. As pessoas casadas têm menos probabilidade de se socializarem com os vizinhos ou de ajudar os amigos. E as pessoas casadas têm menor probabilidade de serem politicamente ativas, seja para assistir a um comício, seja para assinar uma petição.[191]

"Hoje em dia, esperamos muito mais intimidade e apoio de nossos parceiros do que no passado, e muito menos de qualquer outra pessoa.", observa a historiadora de casamentos Stephanie Coontz, que ensina Estudos sobre História e Família em Evergreen State College, em Olympia, Washington. "Isso coloca uma enorme pressão sobre a instituição do casamento. Nós frequentemente sobrecarregamos nosso casamento, pedindo a nosso parceiro para satisfazer mais necessidades do que qualquer indivíduo possivelmente seja capaz."[192]

De fato, na busca para atingir uma intimidade mais profunda com o cônjuge, muitos casais acabam reduzindo o tempo que passam com os pais, os irmãos e os amigos. Em 2006, sociólogos da Universidade de Duke e da Universidade do Arizona analisaram dados da *General Social Survey*, uma das pesquisas nacionais de maior duração, sobre questões sociais, culturais e políticas. A pesquisa questionou cerca de 1.500 participantes sobre suas "redes sociais de discussão", as pessoas com quem tinham laços íntimos pessoais e sociais.

O teste *Na alegria* nº 18: Medindo os laços sociais

Foi solicitado que os participantes da pesquisa respondessem a seguinte pergunta: olhando para seis meses atrás, quem eram as pessoas com quem você discutia assuntos que eram importantes para você?

O estudo mostrou que nosso círculo de amigos íntimos diminuiu drasticamente nas últimas duas décadas.[193] Compare suas respostas com os resultados da pesquisa.

- Em 2004, 80% dos pesquisados disseram que falavam apenas com os membros da família sobre assuntos importantes, mais que 57% em 1985.

- O número de pessoas que dependem totalmente de seus cônjuges para conversar sobre questões pessoais pulou para 9%, mais que 5%.
- Em 1985, quase uma em cada três pessoas disse que tinha de quatro a cinco confidentes. Em 2004, esse número havia caído para apenas 15%.
- Os pesquisadores também relataram uma queda no número de grupos aos quais as pessoas pertencem e a quantidade de tempo que gastam em clubes e outras organizações.

"Há uma tendência para pequenas e íntimas redes sociais mais centradas em cônjuges e parceiros.", disse Miller McPherson, professor de Sociologia da Universidade do Arizona.[194]

A Dra. Coontz acredita que toda essa união não é necessariamente boa para os casais. O modo para fortalecer um casamento, ela argumenta, é colocar menos exigências emocionais sobre os cônjuges. Isso não significa perder a intimidade emocional com seu marido ou esposa. Significa apenas que os casados têm muito a ganhar amparando seu relacionamento nos membros da família e nos amigos. Os casais mais felizes, diz ela, são aqueles que têm interesses e apoio "além do casal".

A LIÇÃO: Às vezes, melhorar seu casamento significa dar um tempo. Melhorar suas conexões com a família, os amigos e a sociedade é bom para seu casamento.

Nº 5: Não espere que seu cônjuge faça você feliz

A felicidade é um tema cada vez mais popular e um tópico complexo para pesquisa entre os psicólogos. A boa-nova é que as pessoas são felizes na maior parte do tempo.

O que é surpreendente é que as pesquisas mostram que a felicidade é relativamente estável. Um evento importante da vida (como o casamento ou o nascimento de uma criança) pode oferecer um impulso de curto prazo à felicidade, mas os estudos sugerem que a maioria das pessoas retorna para seu nível próprio de felicidade pessoal. Se você classificou seu nível de felicidade de 7,5 em uma escala de um a dez, as pesquisas mostram que, na maior parte do tempo, os eventos de sua vida não vão mudar isso. Você vai ser uma pessoa 7,5 de felicidade por toda a vida.

Certamente existem exceções. As pessoas submetidas à pobreza extrema, à fome, à violência ou aqueles que sofrem de problemas de saúde mental obviamente vão ter um resultado diferente em um teste sobre felicidade do que a média. Mas em geral, a felicidade na vida parece ser bem estável e não afetada pelo dinheiro, pela educação, pela raça e por outras variáveis.

Alguns estudos fascinantes têm olhado para os extremos emocionais – a emoção de ganhar na loteria e a devastação de um ferimento paralisante – e o efeito resultante na felicidade. Em uma série de estudos conduzidos pelos pesquisadores da Universidade Northwestern, a felicidade foi medida nos ganhadores da loteria estadual de Illinois, entre vítimas paralisadas por acidentes e entre pessoas de um grupo de controle que não tinham nenhum evento dramático para relatar. Apesar da euforia de ganhar em uma grande loteria, o estudo mostrou que os ganhadores não estavam mais felizes que o grupo de controle. E as pessoas que haviam experimentado uma lesão devastadora da medula espinhal estavam mais felizes que o esperado.[195] É claro que havia limites para a pesquisa. Pode ser que as vítimas do acidente que concordaram em tomar parte neste estudo simplesmente eram mais extrovertidas e socialmente ativas e começaram mais felizes que a maioria de nós, assim, o declínio da felicidade após o acidente não foi tão aparente para os pesquisadores.

Mas outros estudos sugerem que a felicidade é uma característica inerente. Pesquisadores que estudaram gêmeos criados separadamente encontraram níveis idênticos de felicidade em ambos, mesmo quando as experiências de vida deles eram totalmente diferentes. Essa constatação sugere que a felicidade de uma pessoa é determinada geneticamente e é intratável, mas os pesquisadores dizem que a equação da felicidade provavelmente seja muito mais complexa. Contudo, eles veem fortes evidências de que os níveis de felicidade de uma pessoa não sejam facilmente alterados.

Sabendo-se que a felicidade é relativamente estável ao longo do tempo, a questão é se casar-se pode ou não fazer as pessoas mais felizes. Está claro que o casamento pode ter um efeito contundente em nosso estado emocional.

Em 1967, os psiquiatras Thomas Holmes e Richard Rahe observaram os registros médicos de 5 mil pacientes para determinar a ligação entre os eventos de estresse na vida e as doenças. O artigo pioneiro listou os cinquenta principais eventos da vida associados ao estresse grave.

É notável que, entre os primeiros dez itens estressantes, cinco deles envolviam casamento. Divorciar-se está listado como pior que ir para a cadeia. Aqui estão os dez principais eventos estressantes da vida.[196]

1. Morte do cônjuge
2. Divórcio
3. Separação conjugal
4. Ir para a cadeia
5. Morte de um membro próximo da família
6. Ferimento pessoal ou doença
7. Casamento
8. Ser demitido
9. Reconciliação com o cônjuge
10. Aposentadoria

Muitos estudos constataram conexões entre o status conjugal e a felicidade. Em uma amostra com 59.169 pessoas em 42 nações, os pesquisadores descobriram que as pessoas casadas ao redor do mundo relataram maior satisfação na vida que as pessoas que não eram casadas.[197] Mas o casamento realmente faz as pessoas felizes? Ou pessoas realmente felizes tendem a se casar simplesmente porque são mais agradáveis e extrovertidas, o que as torna mais bem-sucedidas quando tentam encontrar um parceiro?

O professor de Psicologia Richard E. Lucas, da Universidade Estadual de Michigan, e seus colegas pesquisaram pistas sobre casamento e felicidade em um estudo com 24 mil alemães conduzido ao longo de quinze anos. Em geral, as pessoas casadas eram mais felizes que as solteiras. Contudo, o estudo mostrou que pessoas que se casaram e permaneceram casadas eram, tipicamente, mais felizes que a média muito antes de caminharem para o altar.

Em geral, o estudo mostrou que, em média, as pessoas só têm um aumento muito pequeno na felicidade como resultado do casamento – medido em um décimo de ponto em uma escala de onze pontos.[198] O aumento na felicidade veio primariamente da euforia do enlace e do casamento. Em média, a maioria das pessoas não estava mais satisfeita com sua vida depois do casamento do que estava antes dele.

Então isso significa que a busca pela felicidade é algo em vão? De modo algum. O estudo mostrou uma ampla variação individual. Algumas pessoas que se casaram acabaram muito mais felizes do que eram antes de se casarem, enquanto outras terminaram menos felizes depois do casamento.

O estudo constatou que as pessoas que começaram muito felizes não tiveram muito a ganhar com a felicidade do casamento. Os pesquisadores teorizaram que pessoas felizes já têm uma rede social rica e não recebem o mesmo tanto no companheirismo do casamento. Uma pessoa que é solitária e infeliz com sua vida tem muito mais a ganhar com o casamento.

"O que determina as reações das pessoas para os eventos importantes da vida não é apenas sua personalidade, mas também as circunstâncias totais de suas vidas.", escreveram os autores do estudo. "Se a vida de uma pessoa está indo muito bem, ela tem pouco a ganhar com uma mudança positiva como o casamento. De modo semelhante, se a vida de uma pessoa está indo muito bem, ela pode ter mais a perder com a perda de um companheiro íntimo, porque é provável que o companheirismo próximo seja parcialmente responsável pelo subjetivo bem-estar geral da pessoa. Assim, talvez seja fácil para uma pessoa infeliz lucrar psicologicamente com um evento bom. Já para uma pessoa feliz, um evento destruidor pode ser muito mais prejudicial."

Os dados do estudo foram surpreendentes em quão pouco impacto um grande evento conjugal parece ter sobre o bem-estar geral da pessoa. Os pesquisadores examinaram um pequeno grupo de estudos – participantes que iniciaram o estudo não casados, casaram-se e então rapidamente se divorciaram. Nesse grupo, a linha-base de satisfação era quase exatamente média, e não houve mudança significativa nos níveis de felicidade durante seus casamentos. Aqui está um resumo das descobertas:

- A personalidade individual parece influenciar a felicidade geral, seja a pessoa casada ou não.
- Pessoas felizes estão mais propensas a se casarem.
- O casamento dispara um aumento inicial na felicidade, mas cerca de dois anos depois, as pessoas, em média, retornam ao mesmo nível de felicidade que possuíam antes do casamento.
- Algumas pessoas experimentam ondas muito altas na felicidade uma vez que se casam, e o aumento frequentemente se mantém por anos. Geralmente, essas pessoas estavam mais isoladas antes do casamento, por isso, elas recebem um grande benefício com o companheirismo do casamento.

A LIÇÃO: As pesquisas sobre felicidade restabelecem um pouco a confiança dos casais. Embora a euforia inicial de um novo casamento diminua com o tempo, isso não significa que nos tornamos menos felizes um com o outro ou menos felizes com a vida. Isso significa apenas que, como indivíduos, não somos dependentes do casamento como fonte principal de felicidade na vida. E as pessoas que se casaram são tipicamente pessoas felizes para começar, e o casamento não muda isso.

Nº 6: É SÓ FAZER SEXO

Sexo não vai resolver todos os seus problemas conjugais, mas certamente vai ajudar. O simples ato de fazer sexo, mesmo quando você não está no clima, desencadeia a química cerebral no seu corpo e libera vasopressina e ocitocina. Estes são poderosos hormônios que criam vínculos entre as pessoas. Em estudos com ratos monogâmicos, apenas injetar vasopressina em um macho o deixou ficar mais atencioso com a fêmea, embora ele realmente não tenha acasalado com ela.

Os especialistas alertam os casais com baixo desejo sexual para terem sexo mesmo que não queiram. Após cerca de cinco minutos de movimentação, a atividade sexual irá liberar a química de ligação, e provavelmente, você até mesmo comece a se divertir.

Esse é um conselho difícil de ser seguido por muitos casais, uma vez que permitiram que suas vidas sexuais minguassem. Uma mulher me escreveu uma vez e me disse que seu casamento ficou sem sexo depois que ela teve filhos. Ela era quem havia perdido o interesse, e o casal começou a discutir o divórcio. Um conselheiro matrimonial disse a ela severamente que, se ela quisesse salvar o casamento, precisaria começar a fazer sexo duas vezes por semana, ela quisesse ou não.

"Odiei esse conselho.", ela disse. "E quanto às minhas necessidades? Mas eu segui mesmo assim. Me forcei, e sabe o que mais? Adorei, ele adorou e nosso casamento também adorou."

Para os casais que estão lutando para reacender sua vida sexual, os especialistas têm várias sugestões. Pode ser que você só precise de tempo longe das crianças e do estresse do trabalho – agendar uma noite como data regular pode ser a resposta. Ou pode ser que você precise começar devagar, segurando as mãos e dando aconchego, e trabalhar para restaurar a intimidade.

Um conselheiro matrimonial pode ajudar a identificar os problemas que estão interferindo em sua vida sexual. Alguns estudos mostram que os problemas no trabalho podem levar a uma perda de interesse sexual. A injustiça sobre a divisão de tarefas dentro da casa também pode ter impacto na vida sexual do casal. Um check-up médico também pode ser uma boa medida – uma série de questões de saúde, desde doenças cardíacas, depressão, diabetes e menopausa até efeitos colaterais de medicamentos, entre outros, pode estar cobrando o preço em sua vida sexual. Retiros de casais são outra forma para os casais trabalharem sua vida sexual.

Em um estudo com 65 casais que tinham sido casados em média por 24 anos, a terapeuta sexual Linda Banner descobriu uma solução simples, mas efetiva. Para dois entre três casais, o uso de vídeos educacionais sobre sexo foram suficientes para recarregar sua vida sexual.[199]

Ao longo do tempo, sexo regular pode melhorar seu humor, torná-lo mais paciente, neutralizar a raiva e levar a um relacionamento melhor.

A LIÇÃO: Esqueça a lição. Coloque de lado este livro e vá fazer sexo com seu marido ou sua esposa.

Nº 7: REACENDA O ROMANCE

A maioria dos estudos sobre amor e casamento mostra que o declínio do amor romântico ao longo do tempo é inevitável. Embora estudos do cérebro mostrem que algumas pessoas casadas há muito tempo ainda mantêm sentimentos românticos intensos, essa parece ser a exceção. Para a maioria das pessoas, o frio no estômago do início do romance rapidamente some e é substituído por sentimentos familiares e previsíveis de apego. Não há nada de errado com o sentimento calmo de amor companheiro, e muitos casais não trocariam a intimidade profunda e o compromisso que alcançaram pelo turbilhão do amor apaixonado. Mas o risco do amor companheiro é que ele pode se tornar obsoleto – quando isso acontece, o tédio e o descontentamento se estabelecem, e sua intimidade conquistada a duras penas desaparece.

Mas isso não tem de acontecer. Os pesquisadores surgiram com um modo para os casados de longa data reacenderem seus sentimentos do início do romance. Aqui vai a receita: separe uma data regular para sair à noite como vocês faziam quando namoravam, mas reinvente esse evento para incluir experiências novas e incomuns.

O conselho está baseado na ciência do cérebro. Novas experiências ativam o sistema de recompensa do cérebro, inundando-o com dopamina e norepinefrina. Esses são os mesmos circuitos cerebrais inflamados no amor romântico, uma época de alegria e pensamentos obsessivos sobre o novo parceiro. E muitos experimentos mostram que a novidade – simplesmente fazer coisas novas juntos como um casal – pode ajudar a trazer de volta o frio no estômago, recriando a química do início do amor.

Ao longo dos últimos anos, o Dr. Arthur Aron e seus colegas testaram a nova teoria em uma série de experiências com os casados há muito tempo. Em um dos primeiros estudos, os pesquisadores recrutaram 53 casais de meia-idade. Utilizando questionário padrão, os pesquisadores mediram a qualidade do relacionamento do casal e, então, aleatoriamente, atribuiu-os a um de três grupos.

Um grupo foi instruído a passar noventa minutos por semana fazendo algo agradável em atividades familiares, como jantar ou ir ao cinema. Os casais em outro grupo foram instruídos a passar noventa minutos por semana em atividades "excitantes", que atraíssem tanto o marido quanto a esposa. Esses casais fizeram coisas que tipicamente não fariam, assistiram a concertos ou peças teatrais, esquiaram, fizeram caminhada e dançaram.

Após dez semanas, os casais fizeram testes novamente para aferir a qualidade de seu relacionamento. Aqueles que haviam sido colocados em noites "excitantes" mostraram um aumento significativamente maior na satisfação conjugal do que o grupo da noite "agradável".

O teste *Na alegria* nº 19: Como reacender o romance

Antes de mais nada, você e seu parceiro devem responder ao teste número 2, "O amor apaixonado". Anote sua pontuação. Em seguida, faça uma lista de dez a vinte atividades de "noites de encontro" que pareçam divertidas e empolgantes, que vocês não fizeram juntos nos últimos seis meses. Peça ao seu parceiro para fazer a mesma coisa e compare as listas. Escolha dez "encontros" que pareçam divertidos para vocês dois e agendem uma atividade por semana para as próximas dez semanas. Após completar as dez semanas, faça novamente o teste "O amor apaixonado" e compare com os primeiros resultados.

O Dr. Aron adverte que a novidade, sozinha, provavelmente não será suficiente para salvar um casamento em crise. Mas para os casais com um relacionamento razoavelmente bom, mas um pouco monótono, a novidade pode ajudar a reacender antigas faíscas.

Estudos recentes do cérebro mostram que o amor romântico realmente pode durar anos no casamento. Bianca Acevedo, uma pesquisadora do Albert Einstein College of Medicine, em Nova York, conduziu uma pesquisa envolvendo dez mulheres e sete homens que diziam estar intensamente apaixonados por seus cônjuges após uma média de 21 anos de casamento. A varredura cerebral confirmou atividade associada ao amor romântico quando os avaliados viram fotos de seus cônjuges. As imagens eram bastante semelhantes às dos estudos de varredura cerebral em recém-casados.

Não está claro por que alguns casais conseguem manter o amor romântico intensivamente mesmo depois de anos juntos. Mas os cientistas acreditam que injeções regulares de novidade e empolgação muito provavelmente cumpram seu papel. A antropóloga Helen Fisher, da Rutgers, observa que as novas atividades que os casais escolhem não precisam consumir muito tempo, ser caras ou malucas. "Você não tem de se balançar no lustre.", diz ela. Apenas dê um passeio de carro por um local novo na cidade ou pare em uma mostra de arte ou feira comunitária. A chave é compartilhar alguma nova experiência juntos.

A LIÇÃO: Proteja seu casamento tentando, regularmente, coisas novas e compartilhando novas experiências com seu cônjuge. Faça uma lista das coisas favoritas que você e seu marido fazem juntos, e então, faça uma lista de coisas divertidas que vocês gostariam de experimentar. Evite os velhos hábitos e faça planos para realizar algo novo e diferente uma vez por semana.

Com certeza, leva mais do que apenas uma aula de cerâmica, sexo regular e algumas celebrações para construir um bom casamento. Mas essas sete estratégias para fortalecer seus laços conjugais podem colocar vocês no caminho para restaurar e fortalecer as conexões positivas que os trouxeram juntos em primeiro lugar. A habilidade dupla de se manter positivo e minimizar os comportamentos negativos é o que distingue casamentos duradouros e estáveis daqueles que vivem em conflito.

A CIÊNCIA PARA UM CASAMENTO PERFEITO

O objetivo deste livro é resgatar o otimismo que sentimos quando nos casamos e dar aos casais as ferramentas necessárias para cultivar um bom relacionamento ou renovar um conturbado. A boa notícia é que as respostas estão por aí. Dezenas de pesquisadores acadêmicos devotaram suas carreiras ao estudo dos relacionamentos humanos, e os resultados de seu trabalho oferecem conselhos com base em evidências para os casais interessados em melhorar seus casamentos. Algumas das lições – quer suavizando sua abordagem durante os primeiros três minutos de uma discussão, quer tomando para si uma parte maior do trabalho doméstico – não serão aprendidas do dia para a noite. De fato, um tema contínuo do estudo do casamento é que a saúde do relacionamento requer tempo, esforço e manutenção regular. Os casais precisam encontrar tempo para apoiar um ao outro, conversar como amigos, sair, dar as mãos e mesmo discordar.

Mesmo os casais que parecem estar indo bem e raramente brigam não deveriam ser complacentes sobre o relacionamento. Embora um número de casais em relacionamentos estáveis não esteja em uma rota de divórcio óbvia, esses homens e essas mulheres ainda estão em risco, porque, com frequência, não estão encontrando alegria no relacionamento ou construindo uma conexão profunda, além dos anos que permaneceram juntos e das obrigações como a aquisição de uma casa e os filhos. O Dr. Markman chama isso de casamento "bom o suficiente".

"Esses são os casamentos nos quais os cônjuges não brigam na frente das crianças, mas têm conflitos e intimidade baixa.", diz ele. "Proteger e restaurar as conexões positivas em um relacionamento é um desafio maior do que parece".

Não há uma única maneira para definir um bom casamento, mas os cientistas têm sido capazes de identificar as qualidade e características de relacionamentos duradouros e estáveis. A maioria dos casais sabe que precisa passar mais tempo juntos, administrar seus conflitos e fortalecer sua intimidade. Mas o que eles não percebem é que, frequentemente, dão atenção às coisas erradas na avaliação da saúde e da qualidade de seu casamento.

A principal lição da ciência do casamento é que os casais quase sempre interpretam mal a temperatura emocional de seu relacionamento, focando, erroneamente, o nível do conflito e o tipo de coisas sobre as quais discutem. Mas o que a ciência conjugal nos ensina é que melhorar um casamento não requer mudanças radicais. *Casais em bons casamentos fazem as pequenas coisas de forma certa.*

Por exemplo, casais bem-sucedidos discutem tanto quanto qualquer outro. Mas eles sabem a diferença entre reclamar e criticar. Eles evitam linguajar acusatório e sinais de desprezo quando discordam. Parceiros em um relacionamento estável sabem que os primeiros minutos de um conflito são a chave para estabelecer o tom da discussão e do casamento de forma geral. Casais estáveis sabem como diminuir uma discussão e como cultivar o poder do conflito para melhorar o relacionamento de modo geral. Eles sabem que intimidade, sexo e afeto são prioridades diárias.

Casais em um bom casamento recontam sua história de como se conheceram com carinho, afeição e humor. E quando o casal se torna pai e mãe, aqueles que navegam melhor no caos dos filhos descobrem meios para compartilhar um tempo um com o outro. Os casais bem-sucedidos sabem que fazer do casamento uma prioridade não é bom apenas para o relacionamento, mas também para toda a família. Eles distribuem o trabalho doméstico de um modo que acham justo para ambos os parceiros e administram seu dinheiro e suas contas isolando seu casamento tanto quanto possível das dificuldades financeiras.

Com certeza, todo casamento é único e extraordinário de seu próprio jeito, e existem algumas dinâmicas entre os casais que nem mesmo a ciência consegue explicar. Embora grande parte dos conselhos recolhidos a partir da ciência conjugal seja simples, aplicá-los ao mundo real, a um casamento real, ao seu casamento, pode não ser tão fácil, e as estratégias colocadas aqui podem não ser eficazes para todos os casais.

Mas o fato de você estar lendo este livro mostra que o casamento é importante para você, esteja você trabalhando em uma relação conflituosa, fortalecendo uma boa relação ou tentando decidir se quer mesmo se casar. As grandes tendências do casamento e do divórcio nos dão razão para termos esperanças. O divórcio está se tornando menos comum, os casais estão esperando mais para se casar, e uma vez que um homem e uma mulher finalmente decidem se casar, as estatísticas sobre casamentos e divórcios mostram claramente que a chance de permanecerem casados está a seu favor.

É claro que nem todos os casamentos podem ser salvos ou devem ser. Mas a vasta literatura científica sobre casamento, casais e divórcio produz um argumento convincente de que o segredo para a felicidade conjugal não é tão complicado como pode parecer. Mudanças pequenas e simples em nosso comportamento diário podem salvar um relacionamento e transformar um casamento *bom o suficiente* em uma união satisfatória e duradoura.

Quando nos casamos, prometemos aceitar nosso parceiro na alegria e na tristeza. Mas a verdade é que nós só queremos que seja na alegria: e a ciência do casamento nos mostra que isso é possível.

REFERÊNCIAS

Prefácio

1. Fonte: SEADE. SP Demográfico. *Resenha de estatísticas vitais do Estado de São Paulo*. São Paulo, 2010.

2. WHITAKER, A., BUMBERRY, W. M. *Dançando com a família – Uma abordagem simbólico-experiencial*. Trad. STAROSTA, R. E. Porto Alegre: Artes Médicas, 1990. p. 139 a 141.

3. GIDDENS, A. *A transformação da intimidade: Sexualidade, amor & erotismo nas socio dades modernas*. Trad. LOPES, M. São Paulo: Editora Unesp, 1993.

Capítulos

1. WHITEHEAD, Barbara Dafoe; POPENOE, David. The State of Our Unions: The Social Health of Marriage in América, *Piscataway*, NJ: The National Marriage Project, 2006. Disponível em: http://marriage.rutgers.edu.

2. STEVENSON Betsey; WOLFERS, Justin. Marriage and Divorce: Changes and Their Driving Forces, *Journal of Economic Perspectives*, v. 21, n. 3, 2007.

3. COONTZ, Stephanie. *Marriage, a History*: How Love Conquered Marriage. New York: Viking, 2005. p. 306.

4. Ibid., p. 146.

5. WHITEHEAD, Barbara Dafoe; POPENOE, David. Life Without Children: The Social Retreat from Children and How It Is Changing America, *Piscataway*, NJ: The National Marriage Project, 2008.Disponível em: http://marriage.rutgers.edu.

6. ANGIER, Natalie. Mating for Life? It's Not for the Birds or the Bees, *The New York Times,* 1990.

7. TARKO, Vlad. The Myth of Monogamous Swans: Researches Study the Sex Lives of Black Swans, *Sci-Tech News,* 2006.

8. ANGIER, Natalie. *Mating for Life?* It's Not for the Birds or the Bees. *The New York Times,* 1990.

9. JUDSON, Oliva. The Wild Side: A Commitment Pill?, *The New York Times,* 2008.

10. RIBBLE, David O. The Monogamous Mating System of Peromyscus Californicus as Revealed by DNA Fingerprinting, *Behavioral Ecology and Sociobiology*, v. 29, 1991, p. 161-166.

11. GUBERNICK, David J.; NORDBY, J. Cully. Mechanisms of Sexual Fidelity in the Monogamous California Mouse, Peromyscus Californicus, *Behavioral Ecology and Sociobiology*, v.32, n. 3, 1993.

12. WINSLOW, James T. et al. A Role for Central Vasopressin in Pair Bonding in Monogamous Prairie Voles, *Nature*, v. 365, 1993, p. 545-548.

13. WALLUM, H. et al. Genetic Variation in the Vasopressin Receptor 1a Gene (AVPRlA) Associates with Pair-Bonding Behavior in Humans, *Proceedings of the National Academy of Science,* v. 105, n. 37, 2008, p. 14153-14156.

14. WALLUM H. *Link Between Gene Variant and Relationship Difficulties.* Press release, Karolinska Institute, 2008. Disponível em: http://ki.se/ki/jsp/polopoly.jsp?l=en5cd=1305ca=601395cnewsdep=130.

15. WEDEKIND, Claus et al. The Intensity of Human Body Odors and the MHC: Should We Expect a Link?, *Evolutionary Psychology*, v. 4, 2006, p. 85-94.

16. GARVER-APGAR, C. E. et al. MHC Alleles, Sexual Responsivity and Unfaithfulness in Romantic Couples, *Psychological Science*, v. 17, p. 830-835.

17. BARASH, David P. *Deflating the Myth of Monogamy*. Disponível em: http://www.trinity.edu/rnadeau/fys/barash%20on%20monogamy.htm.

18. PARKER-POPE, Tara. Love, Sex and the Changing Landscape of Infidelity, *The New York Times*, 2008, p. Dl.

19. Ibid.

20. WHISMAN, Mark A.; SNYDER, Douglas K. Sexual Infidelity in a National Survey of Women: Differences in Prevalence and Correlates as a Function of Method of Assessment, *Journal of Family Psychology*, v. 21, n. 2, p. 147-154.

21. LYDON, John E. et al. The Commitment Calibration Hypothesis: When Do People Devalue Attractive Alternatives?, *Personality and Social Psychology Bulletin*, v. 25, n. 2, 1999, p. 152-161.

22. LYDON, John E. et al. If-Then Contingencies and the Differential Effects of the Availability of an Attractive Alternative on Relationship Maintenance for Men and Women, *Journal of Personality and Social Psychology*, v. 95, n. 1, 2008, p. 50-65.

23. Ibid.

24. Ibid.

25. NUZZO, Regina. Love and Infidelity: How Our Brains Keep Us from Straying, *The Los Angeles Times*, 2008.

26. PETERSON, Christopher. *Positive Psychology*. Oxford: Oxford University Press, 2006. p. 251.

27. HATFIELD, Elaine. The Golden Fleece Award: Love's Labours Almost Lost, *APS Observer*, v. 19, n. 6, 2006.

28. GIVENS, David B. *Love Signals*: A Practical Field Guide to the Body Language of Courtship. Nova York: St. Martins Press, 2005. p. 6.

29. MOORE, M. M. Nonverbal Courtship Patterns in Women: Context and Consequences, *Ethology and Sociobiology*, v. 64, 1985, p. 237-247.

30. COLEMAN, Daniel. For Man and Beast, Language of Love Shares Many Traits. *The New York Times*, 1995, p. Cl.

31. KLIMENKO, Marina; HSU, Hui-Chin. Interactional *Synchrony Between Mothers and Their Toddlers During Book Reading*. 2006. Japão. Monografia apresentada no encontro anual da XV Bienal Internacional sobre Estudos Infantis. Disponível em: http://www.allacademic.com/meta/p93974_index.html.

32. HALL, Edward T. *The Dance of Life*: The Other Dimension of Time. Garden City: Anchor Press/Doubleday, 1983. p. 154-156.

33. GAMMER, Karl; KRUCK, Kirsten O.; MAGNUSSON, Magnus S. The Courtship Dance: Patterns of Nonverbal Synchronization in Opposite Sex Encounters, *Journal of Nonverbal Behavior*, v. 22, n. 1, 1998.

34. FISHER, Helen. *Anatomy of Love*: A Natural History of Mating, Marriage, and Why We Stray. Nova York: Ballantine Books, 1992. p. 31.

35. PERPER, Timothy. Will She or Won't She: The Dynamics of Flirtation in Western Philosophy, *Sexuality and Culture*, 2009.

36. WEDEKIND, Claus et al. *The Intensity of Human Body Odors.*

37. GEDDES, Linda. DNA Dating: Can Genes Help You Pick a Mate? *The New Scientist*, 2008.

38. ROBERTS, S. Craig et al. MHC-Correlated Odour Preferences in Humans and the Use of Oral Contraceptives, *Proceedings of the Royal Society*, v. 275, n. 1652, 2008, p. 2715-2722.

39. MILLER, G; TYBUR, J. M.; JORDAN, B. D. Ovulatory Cycle Effects on Tip Earnings by Lap Dancers: Economic Evidence for Human Estrus? *Evolution and Human Behavior*, v. 28, n. 6, 2007, p. 375-381.

40. DURANTE, K. M., LI, N. R.; HASELTON, M. G. Changes in Women's Choice of Dress Across the Ovulatory Cycle: Naturalistic and Laboratory Task-Based Evidence. *Personality and Social Psychology Bulletin*, v. 34, n. 11, 2008, p. 1451-1460.

41. BRYANT, G. A.; HASELTON, M. G. Vocal Cues of Ovulation in Human Females. *Biology Letters*, v. 49, 2009, p. 12-15.

42. HASELTON, M. G.; GANGESTAD, S. W. Conditional Expression of Women's Desires and Men's Mate Guarding Across the Ovulatory Cycle, *Hormones and Behavior*, v. 49, 2006, p. 509-518.

43. MARAZZITI D. et al. Alteration of the Platelet Serotonin Transporter in Romantic Love, *Psychological Medicine*, v. 29, n. 3, 1999, p. 741-745.

44. MARAZZITI, D. et al. A Relationship Between Oxytocin and Anxiety of Romantic Attachment, *Clinical Practice and Epidemiology in Mental Health*, v. 2, 2006, p. 28.

45. HATFIELD, E.; RAPSONR, L.; MARTEL, L. D. Passionate Love. In: KITAYAMA, S.; COHEN, D. (Org.), *Handbook of Cultural Psychology*. Nova York: Guilford Press, 2007.

46. BIRBAUMER, N. et al. Imagery and Brain Processes. Inm: Birbaumer, Niels and Öhman, Arne (Org.). *The Structure of Emotion*. Alemanha: Hogrefe & Huber Publishers, 1993. p. 132-134.

47. BARTELS, A.; ZEKI S. The Neural Basis of Romantic Love. *Neuroreport*, v. 11, 2000, p. 3829-3834.

48. BARTELS, A.; ZEKI, S. The Neural Correlates of Maternal and Romantic Love. *NeuroImage*, v. 21, 2004, p. 1155-1166.

49. ARON, A. et al. Early-Stage, Intense Romantic Love Activates Subcortical Reward and Motivation Regions and a Dynamic Network That Varies with Intensity of Passion, Duration of Relationship, and Gender. *Journal of Neurophysiology*, v. 94, 2005, p. 327-337.

50. PARKER-POPE, Tara. Is It Love or Mental Illness? They're Closer Than You Think, *The Wall Street Journal*, 2007.

51. Ibid.

52. SOUEIF, Ahdaf. *O mapa do amor*. Rio de Janeiro: Ediouro, 2006. [Ed. original: *The Map of Love: A Novel*. Nova York: Random House, 2000, p. 386-387].

53. JASSO, Guillermina. Marital Coital Frequency and the Passage of Time, *American Sociological Review*, v. 50, n. 2, 1985, p. 224-227.

54. BREWIS, Alexandra; MEYER, Mary. Marital Coitus Across the Life Course, *Journal of Biosocial Science*, v. 37, 2005, p. 499-518.

55. JASSO, Guillermina. *Marital Coital Frequency.*

56. HARLOW, John. True Love Is AU Over in 30 Months, *The Sunday Times*, 1999.

57. WAITE, Linda J.; JOYNER, Kara. Emotional and Physical Satisfaction with Sex in Married, Cohabiting, and Dating Sexual Unions: Do Men and Women Differ? In:. Laumann, E.; Michael, R. (Org.), *Studies on Sex.* Chicago: University of Chicago Press, 2001, p. 239-269.

58. KLUSMANN, Dietrich. Sperm Competition and Female Procurement of Male Resources. *Human Nature*, v. 17, n. 3, 2006.

59. ROACH, Mary. *Bonk: The Curious Coupling of Science and Sex.* Nova York: W. W. Norton & Co., 2009.

60. MCCARTHY, Alice Buckley. Who's Having Sex in America?, *Third Age*, 2008. Disponível em: www.thirdage.com.

61. SMITH, Tom W. American Sexual Behavior: Trends, Sociodemographic Differences, and Risk Behavior, *GSS Topical Report (National Opinion Research Center, University of Chicago)*, n. 25, 1998.

62. MCCARTHY, Alice Buckley. *Who's Having Sex.*

63. SHELLENBARGER, Sue. Not Tonight, Honey: The Plight of Dual-Income No-Sex Couples, *The Wall Street Journal*, 2003.

64. HYDE, Janey S. *Research on Sexuality in Marriage.* In: Congressional Briefing, 2004.

65. BROWN, M.; AUERBACH, A. Communication Patterns in Initiation of Marital Sex. *Medical Aspects of Human Sexuality*, v. 15, 1981, p. 107-117.

66. HATFIELD, Elaine. et al. Gender Difference in What Is Desired in the Sexual Relationship, *Journal of Psychology and Human Sexuality*, v. 1, 1988.

67. KIECOLT-GLASER, J. K. et al. Marital Quality, Marital Disruption, and Immune Function, *Psychosomatic Medicine*, v. 49, n. 1, 1987, p. 13-34.

68. NEALE, Todd. Marriage May Protect Against Dementia. *MedPage Today*, 2008.

69. JOUNG, Inez M. A. et al. The Contribution of Specific Causes of Death to Mortality Differences by Marital Status in the Netherlands, *The European Journal of Public Health*, v. 6, n. 2, 1996, p. 142-149.

70. HARRISON, Pam. 7 Reasons Men Should Marry, *Canadian Health Magazine*, 2007. Disponível em: http://www.canadian-health.ca/1_4/58_e.html.

71. KAPLAN, Robert M.; KRONICK, Richard G. Marital Status and Longevity in the United States Population, *Journal of Epidemiology and Community Health*, v. 60, 2006, p. 760-765.

72. PARKER-POPE, Tara. Health Matters: Is Your Wife Pushing You to See a Doctor?, *The Wall Street Journal*, 2007.

73. COAN, James A.; SCHAEFER, Hillary S.; DAUZSLON, Richard J. Lending a Hand: Social Regulation of the Neural Response to a Threat, *Psychological Science*, v. 17, n. 12, 2006.

74. SOBAL, J.; RAUSCHENBACH, B.; FRONGILLO, E. A. Marital Status Changes and Body Weight Changes: A U.S. Longitudinal Analysis, *Social Science and Medicine*, v. 56, n. 7, 2003, p. 1543-1555.

75. MÜLLER, M. J. et al. Quality of Partnership in Patients with Erectile Dysfunction After Sildenafil Treatment, *Pharmacopsychiatry*, v. 34, n. 3, 2001, p. 91-95.

76. PARKER-POPE, Tara. What the Viagra Experience Is Really Like, *The Wall Street Journal*, 2002.

77. DENNERSTEIN L. et al. Hormones, Mood, Sexuality, and the Menopausal Transition, *Fertility and Sterility*, v. 81, n. 7, 2002, p. 581-587.

78. MCCANN, Kathleen. More Marital Happiness = Less Sleep Complaints, *American Academy of Sleep Medicine*, 2008. Disponível em: http://www.aasmnet.org/Articles. aspx?id=891.

79. HASLER, Brant. *Poor Sleep Is Associated with Lower Relationship Satisfaction in Both Women and Men*. In: The Twenty-third Annual Meeting of the Associated Sleep Societies, 2009.

80. CARTWRIGHT, R. Sleeping Together: A Pilot Study of the Effects of Shared Sleeping on Adherence to CPAP Treatment in Obstructive Sleep Apnea, *Journal of Clinical Sleep Medicine*, v. 4, n. 2, 2008, p. 123-127.

81. Science Blog. *Can Snoring Ruin a Marriage?* Disponível em <http://www.scienceblog.com/cms/can_snoring_ruin_a_marriage_9930>. Acesso em 2/fev./2006.

82. BENINATI. W.; HARRIS, C. D.; HEROID, D. L. The Effect of Snoring and Obstructive Sleep Apnea on the Sleep Quality of Bed Time Partners, *Mayo Clinic Proceedings*, v. 74, n. 10, 1999, p. 955-958.

83. PARISH, J. M.; LYNG, P. J. Quality of Life in Bed Partners of Patients with Obstructive Sleep Apnea or Hypopnea After Treatment with Continuous Positive Airway Pressure, *Chest*, v. 124, n. 3, 2003, p. 942-947.

84. SARDESAI M. G.; TAN, A. K.; FITZPATRICK, M. Noise-Induced Hearing Loss in Snorers and Their Bed Partners, *Journal of Otolaryngology*, v. 32, n. 3, 2003, p. 141-145.

85. PARKER-POPE, Tara. Dangers of Second-hand Snoring, *The Wall Street Journal*, 2003.

86. CANO, Annmarie et al. Marital Functioning, Chronic Pain and Psychological Distress, *Pain*, v. 207, n. 1-2, 2004, p. 99-106.

87. KIECOLT-GLASER, J. K. et al. Marital Stress: Immunologic, Neuroendocrine, and Autonomic Correlates, *Annals of the New York Academy of Sciences*, v. 840, 1998, pp. 649-655.

88. KIECOLT-GLASER, J. et al. Hostile Marital Interactions, Proinflammatory Cytokine Production, and Wound Healing, *Archives of General Psychiatry*, v. 62, 2005, p. 1377-1384.

89. Relationship Stress and the Heart, *Harvard Men's Health Watch*, v. 8, n. 10, 2004.

90. Divorce Undermines Health in Ways Remarriage Doesn't Heal. University of Chicago, 2009. Disponível em: http://news.uchicago.edu/news.php?asset_id=1672.

91. DEAKER, Elaine et al. Marital Status, Marital Strain and Risk of Coronary Heart Disease or Total Mortality, *Psychosomatic Medicine*, v. 69, 2007, p. 509-513.

92. PARKER-POPE, Tara. Marital Spats, Taken to Heart, *The New York Times*, 2007, page Dl.

93. BUSS, David M. The Evolution of Human Mating, *Acta Psychologica Sinica*, v. 39, n. 3, 2007, p.502-512.

94. BUEHLMAN, K. T.; GOTTMAN, J. M.; KATZ, L. F. How a Couple Views Their Past Predicts Their Future: Predicting Divorce from an Oral History Interview, *Journal of Family Psychology*, v. 5, n. 3-4, 1992, p. 295-318.

95. Ibid.

96. CARRÈRE, S. et al. Predicting Marital Stability and Divorce in Newlywed Couples, *Journal of Family Psychology*, v. 14, n. 1, 2000, p. 42-58.

97. LEONARD, Suzanne. Love Stories: How You Tell If the Story of Your Marriage Predicts the Future of Your Love, *Psychology Today*, 1995.

98. Ibid.

99. Ibid.

100. Ibid.

101. ADAMS, S. H. Statement Analysis: What Do Suspects' Words Really Reveal?, *FBI Law Enforcement Bulletin*, n. 10, v. 65, 1996, p. 12-20.

102. PENNEBAKER, J. W. What Our Words Can Say About Us: Toward a Broader Language Psychology, *Psychological Science Agenda*, v. 15, 2002, p. 8-9.

103. NEWMAN, M. L. et al. Lying Words: Predicting Deception from Linguistic Styles, *Personality and Social Psychology Bulletin*, n. 5, v. 29, 2003, p. 665-675.

104. CAMPBELL, R. S.; PENNEBAKER, J. W. The Secret Life of Pronouns: Flexibility in Writing Style and Physical Health, *Psychological Science*, n. 1, v. 14, 2003, p. 60-65.

105. SIMMONS, R. A.; GORDON, P. C.; CHAMBLESS, D. L. Pronouns in Marital Interaction: What Do 'You' and 'I' Say about Marital Health?, *Psychological Science*, n. 12, v. 16, 2006, p. 932-936.

106. MAGALHÃES, A. Freitas. *The Psychology of Human Smile*. Oporto: University Fernando Pessoa Press, 2006.

107. ELKMAN, P.; FRIESEN, W. V.; O'Sullivan M. Smiles When Lying, *Journal of Personality and Social Psychology*, v. 54, 1998, p. 414-420.

108. PARKER-POPE, Tara. How Eye Rolling Destroys a Marriage, *The Wall Street Journal*, 2002, p. Dl.

109. GOTTMAN, John. *Casamentos – Por que alguns dão certo e outros não*. São Paulo: Objetiva. [*Why Marriages Succeed or Fail: And How You Can Make Yours Last*. Nova York: Simon and Schuster, 1994, p. 66.]

110. BUSS, David M. Conflict Between the Sexes: Strategic Interference and the Evocation of Anger and Upset, *Journal of Personality and Social Psychology*, n. 5, v. 56, 1989, p. 735-747.

111. GOLEMAN. Daniel. Study Defines Major Sources of Conflict Between Sexes, *The New York Times*, 1989.

112. STOUT, Hilary. Family Matters: The Key to a Lasting Marriage: Combat–Even Happy Couples Aren't Really Compatible, Suggests Latest Research. *The Wall Street Journal*, 2004, p. Dl.

113. MARANO, Hara Estroff; FLORA, Carlin. The Truth About Compatibility, *Psychology Today*, 2004.

114. ZILLMAN, Dolf. Cognition-Excitation Interdependences in Aggressive Behaviour, *Current Theoretical Perspectives on Aggressive and Antisocial Behavior*, n. 1, v. 14, p. 51-64.

115. CARRÈRE, S.; GOTTMAN, J. M. Predicting Divorce Among Newlyweds from the First Three Minutes of a Marital Conflict Discussion. *Family Process*, n. 3, v. 38, 1999, p. 293-301.

116. GOTTMAN, John. *Casamentos – Por que alguns dão certo e outros não.* São Paulo: Objetiva. [Ed. Original: *Why Marriages Succeed or Fail.*]

117. GOTTMAN, J. M.; LEVENSON, R. W. Dysfunctional Marital Conflict: Women Are Being Unfairly Blamed, *Journal of Divorce and Remarriage*, n. 3-4, v. 31, 2000, p. 1-17.

118. COONTZ, Stephanie. Till Children Do Us Part, *The New York Times*, 2009.

119. WHITEHEAD, Barbara Dafoe; POPENOE, David. *The State of Our Unions.*

120. As Marriage and Parenthood Drift Apart, Public Is Concerned About Social Impact. Washington, D.C., 2007. In: Pew Research Center, Executive Summary. Disponível em: http://pewresearch.org.

121. WHITEHEAD, Barbara Dafoe; POPENOE, David. *The State of Our Unions.*

122. LONGMAN, Phillip. The Global Baby Bust, *Foreign Affairs*, 2004.

123. WHITEHEAD, Barbara Dafoe; POPENOE, David. *The State of Our Unions.*

124. TWENGE, Jean M.; CAMPBELL, W. Keith; FOSTER, Craig A. Parenthood and Marital Satisfaction: A Meta-Analytic Review, *Journal of Marriage and the Family*, v. 65, 2003, p. 574-583.

125. GOTTMAN, John M.; GOTTMAN, Julie Schwartz. *And Baby Makes Three:* The Six-Step Plan for Preserving Marital Intimacy and Rekindling Romance After Baby Arrives. Nova York: Three Rivers Press, 2007.

126. EVENSON, Ranae J.; SIMON, Robin W. Clarifying the Relationship Between Parenthood and Depression, *Journal of Health and Social Behavior*, v. 46, 2005, p. 341-358.

127. GRUDZINSKAS, J. G.; ATKINSON, L. Sexual Function During the Pregnancy and the Year Postpartum, *Archives of Sexual Behavior*, v. 13, 1984, p. 85-91.

128. BYRD, J. E. et al. Sexuality During Pregnancy and the Year Postpartum, *Journal of Family Practice*, v. 47, 1998, p. 305-308.

129. GOTTMAN, John M.; Gottman, Julie Schwartz. *And Baby Makes Three.* p. 160.

130. ZIMMERMAN, Rachel. Researchers Target Kids' Toll on Marriages, *The Wall Street Journal*, 2007.

131. Ibid.

132. LINO, Mark. *Expenditures on Children by Families, 2005.* U.S. Department of Agriculture, Center for Nutritional Policy and Promotion, Misc Publications, 2006, p. 1528-2005.

133. WHITEHEAD, Barbara Dafoe; POPENOE, David. *The State of Our Unions.*

134. LONGMAN, Phillip. *The Empty Cradle*: How Falling Birthrates Threaten World Prosperity and What to Do About It. Nova York: Basic Books, 2004, p. 69.

135. WHITEHEAD, Barbara Dafoe; POPENOE, David. *The State of Our Unions.*

136. TWENGE, Jean M. et al. *Parenthood and Marital Satisfaction.*

137. Inside the Teenage Brain. PBS Frontline. Disponível em: http://www.pbs.org/wgbh/pages/frontline/shows/teenbrain/interviews/galinsky.html.

138. MILLER, Richard B. Do Children Make a Marriage Unhappy?, *Marriage and Families,* 2001. Disponível em: http://marriageandfamilies.byu.edu/issues/2001/April/children.aspx.

139. Report: Kids Take Greater Toll on Marriage Satisfaction of Affluent Couples. In: *Press release*, San Diego State University, 2003.

140. CRARY, David. Key to a Good Marriage? Share Housework, *Associated Press*, 2007.

141. COLTRANE, Scott. Research on Household Labor: Modeling and Measuring the Social Embeddedness of Routine Family Work, *Journal of Marriage and Family*, 2008, p. 1208-1233.

142. STAFFORD, Frank et al. Continuity and Change in American Economic and Social Life: The Panel Study of Income Dynamics, *National Science Foundation*, 2008.

143. BELKIN, Lisa. When Mom and Dad Share It All, *The New York Times Magazine*, 2008.

144. MCNEIL, Donald. Real Men Don't Clean Bathrooms, *The New York Times*, 2004.

145. Ibid.

146. ZAGOR, Karen. The Chore Wars: Marriage & Kids. *The Feminist eZine*, 2006.

147. BORTOLOTTI, Dan. The New Dad: The Changing Face of Fatherhood in Canada, *Today' s Parent*, 2009.

148. COWAN, Carolyn Pape; COWAN, Philpi A. When Partners Become Parents: The Big Life Change for Couples, *Psychology Press*, 2009.

149. BELKIN, Lisa. *When Mom and Dad Share It All.*

150. ZAGOR, Karen. *The Chore Wars.*

151. COLTRANE, Scott. *Research on Household Labor.*

152. BARTLEY, Sharon Jeffcoat; JUDGE, William; JUDGE; Sharon. Antecedents of Marital Happiness and Career Satisfaction: An Empirical Study of Dual-Career Managers, *Journal of Business and Public Affairs*, n. 1, v. 1, 2007.

153. BABCOCK, Linda; LASCHEVER, Sara. *Women Don't Ask: Negotiation and the Gender Divide.* Princeton: Princeton University Press, 2003.

154. GAGER, Constance T.; YABIKU, Scott T. Who Has the Time? The Relationship Between Household Labor Time and Sexual Frequency, *Journal of Family Issues*, n. 135, v. 31, 2010.

155. OLSON, David. National Survey of Marital Strengths, 2003. Disponível em: www.prepare-enrich.com.

156. SANCHEZ, L.; GAGER, C. T. Hard Living, Perceived Entitlement to a Great Marriage, and Marital Dissolution, *Journal of Marriage and Family*, v. 63, 2000, p. 708-722.

157. GRABMEIE, Jeff . Divorce Drops a Person's Wealth by 77 Percent, Study Finds, *Ohio State Research Communications*. Disponível em: http://reserachnews.osu.edu/archive/divwith.htm.

158. Are Women More Stressed Than Men by Work-life Conflict?, *Council on Contemporary Families: Unconventional Wisdom*. Disponível em: www.contemporaryfamilies.org.

159. FRIEDMAN, S. D.; GREENHAUS, J. H. *Work and Family–Allies or Enemies? What Happens When Business Professionals Confront Life Choices*. Nova York: Oxford University Press, 2000. Bureau of Labor Statistics. Disponível em: www.bls.gov/opub/ted/2009/jan/wkl/art05.htm.

160. GALINSKY, Ellen. Are Women More Stressed Than Men by Work-Life Conflict? *Council on Contemporary Families: Unconventional Wisdom Issue*, v. 1. Disponível em: www.countemporaryfamilies.org.

161. Wives Earning More Than Their Husbands, 1987-2006. U.S. Bureau of Labor Statistics, 2009. Disponível em: http://www.bls.gov/opub/ted/2009/jan/wkl/art05.htm.

162. STEVENSON, Betsey; Wolders, Justin. Marriage and Divorce: Changes and Their Driving Forces, *Journal of Economic Perspectives* n. 2, v. 21, 2007, p. 27-52.

163. COONTZ, Stephanie. Sharing the Load: Quality Marriages Today Depend on Couples Sharing Domestic Work, *The Shriver Report, Center for American Progress*, 2009. Disponível em: http://www.awomansnation.com/marriage.php.

164. SPRINGER, Kristin W. Breadwinner Anxiety and Husbands' Health: How Old Ideas of Masculinity Can Hurt, *Columbia University Center on Family Demography and Public Policy*, 2008.

165. COOKE, Lynn Prince. Traditional Marriages Now Less Stable than Ones Where Couples Share Work and Household Chores, *Council on Contemporary Families*, 2008. Disponível em: www.contemporaryfamilies.org.

166. GUPTA, Sanjiv. Women's Money Matters: Earnings and Housework in Dual-Earner Families. *Council on Contemporary Families Briefing Paper*, 2007. Disponível em: contemporaryfamilies.org.

167. RICK, Scott L.; SMALL, Deborah A; FINKEL, Eli J. Fatal (Fiscal) Attraction: Spendthrifts and Tightwads in Marriage, 2009. Disponível em: SSRN: http://ssrn.com/abstract=1339240.

168. KURDEK, Lawrence. Predicting Marital Dissolution: A Five-Year Prospective Longitudinal Study of Newlywed Couples, *Journal of Personality and Social Psychology*, n. 2, v. 64, 1993, p. 221-242.

169. PAHL, Jan. His Money, Her Money: Recent Research on Financial Organization in Marriage, *Journal of Economic Psychology*, n. 3, v. 16, 1995, p. 361-76.

170. BURGOYNE, Carole B. et al. Money Management Systems in Early Marriage: Factors Influencing Change and Stability. *Journal of Economic Psychology*, n. 2, v. 28, 2007, p. 214-228.

171. Ibid.

172. OLSON, David. National Survery of Marital Strengths.

173. DEUTSCH, Francine M. *Halving It All: How Equally Shared Parenting Really Works*. Harvard University Press, 2000.

174. GOTTMAN, J. M. et al. Observing Gay, Lesbian, and Heterosexual Couples' Relationships: Mathematical Modeling of Conflict Interaction, *Journal of Homosexuality*, v. 45, 2003, p. 65-91.

175. HOLLEY, Sarah R.; LEVENSON, Robert W. Exploring the Basis for Sex Differences in the Demand/Withdraw Interaction Pattern. Palestra proferida na XVIII Convenção Anual da Associação para Ciência Psicológica. Nova York: 27/maio/2006.

176. HARRY, Joseph; DEVALL, Willam B. *The Social Organization of Gay Males*. Nova York: Praeger, 1978.

177. KOLLOK, P.; BLUMSTEIN, P.; SCHWARTZ, P. Sex and Power in Interaction: Conversational Privileges and Duties, *American Sociological Review,* 1985.

178. ROISMAN, Glenn I. et al. Adult Romantic Relationships as Contexts of Human Development: A Multimethod Comparison of Same-Sex Couples with Opposite-Sex Dating, Engaged, and Married Dyads, *Developmental Psychology,* n. 1, v. 44.

179. GERSTELAND, N.; SARKISIAN, N. Marriage Reduces Social Ties, *Council on Contemporary Families: Unconventional Wisdom,* v. 1, 02/jan./2007. Disponível em: www.contemporaryfamilies.org.

180. JAYSON, Sharon. More Parents Share the Workload When Moms Learn to Let Go, *USA Today,* 2009.

181. SCHOPPE-SULLIVAN, S. J. et al. Maternal Gatekeeping, Coparenting Quality, and Fathering Behavior in Families with Infants, *Journal of Family Psychology,* v. 22, p. 389-398.

182. CECCO, John P. De. *Gay Relationships.* Nova York: Haworth Press, 1988. p. 6.

183. HETHERINGTON, E. Mavis; KELLY, John. *For Better or for Worse: Divorce Reconsidered.* Nova York: W. W. Norton, 2002, pp. 25-33.

184. HUSTON, T. L. et al. The Connubial Crucible: Newlywed Years as Predictors of Marital Delight, Distress, and Divorce. *Journal of Personality and Social Psychology,* n. 2, v. 80, 2001. p. 237-252.

185. BOOTH, A. et al. Predicting Divorce and Permanent Separation, *Journal of Family Issues,* n.3, v. 6, 1985, p. 331-345.

186. OLENICK, I. Odds of Spousal Infidelity Are Influenced by Social and Demographic Factors, *Family Planning Perspectives,* n.3, v. 32, 2000.

187. TSAPELAS, I.; ARON, A; ORBUCH, T. Marital Boredom Now Predicts Less Satisfaction 9 Years Later, *Psychological Science,* 2009. Revista impressa.

188. STERNBERG, R. J. A Triangular Theory of Love. *Psychological Review,* v. 93, 1986, p. 119-135.

189. AMATO, Paul R. Explaining the Intergenerational Transmission of Divorce, *Journal of Marriage and the Family,* n. 3, v. 6, 1985, p. 331-346.

190. BAUCOM, D. H. et al. Assessing Relationship Standards: The Inventory of Specific Relationship Standards. *Journal of Family Psychology*, n. 1, v. 10, 1996, p. 72-88.

191. GERSTEL, N.; SARKISIAN, N. Marriage Reduces Social Ties. *Council on Contemporary Families*, 01/fev./2007.

192. COONTZ, Stephanie. How to Stay Married, *The Times*, London, 2006. Disponível em: http://www.contemporaryfamilies.org.

193. MCPHERSON, M.; SMITH-LOVIN, L.; BRASHEARS, M. E. Social Isolation in America: Changes in Core Discussion Networks over Two Decades, *American Sociological Review*, v. 71, 2006, p. 353-375.

194. Americans Have Fewer Friends Outside the Family, Duke Study Shows. In: *Press Release, Office of News and Communication*, Duke University, 23/jun/2006.

195. BRICKMAN, P. COATES, D.; JANOFF-BULMAN, R. Lottery Winners and Accident Victims: Is Happiness Relative?, *Journal of Personality and Social Psychology*, v. 36, 1978, p. 917-927.

196. HOLMES, Thomas; RAHE, Richard. Holmes-Rahe Life Changes Scale. *Journal of Psychosomatic Research*, v. 11, 1967, p. 213-218.

197. DIENER, Ed. et al. Similarity of the Relations Between Marital Status and Subjective Well-Being Across Cultures, *Journal of Cross-Cultural Psychology*, v. 31, 2000, p. 419-436.

198. LUCAS, R. E. et al. Reexamining Adaptation and the Set Point Model of Happiness: Reactions to Changes in Marital Status, *Journal of Personality and Social Psychology*, n. 3, v. 84, 2003, p. 527-539.

199. GEARON, Christopher J. Marriage and Sex, *Discovery Health*. Disponível em: www.discoveryhealth.com.

Apêndice

Apêndice A

As estatísticas de *Felizes para sempre*

Índice de casamento de norte-americanos nascidos na década de 1930: **96%**

Índice de casamento das gerações mais recentes: **90%**

Percentual de casamentos convencionais que o senso comum diz terminar em divórcio: **50%**

Índice de divórcio em dez anos para graduados, casados na década de 1970: **23%**

Índice de divórcio em dez anos para graduados, casados na década de 1980: **20%**

Índice de divórcio em dez anos para graduados, casados na década de 1990: **16%**

Índice de divórcio em vinte anos para graduados, casados depois dos 25 anos, na década de 1980: **19%**

Índice de divórcio em vinte anos para estudantes que trancaram a faculdade, casados antes dos 25 anos, na década de 1980: **51%**

Anos do casamento em que o divórcio é mais comum: **1–5 anos**

Média de vezes anuais que duas pessoas casadas fazem sexo: **66 vezes**

Média de vezes anuais que um adulto faz sexo: **58 vezes**

Percentual de maridos que afirmam trair suas esposas: **12%**

Percentual de esposas que afirmam trair seus maridos: **7%**

Percentual de cônjuges que afirmam que seus parceiros roncam de forma perturbadora: **67%**

Percentual de casais que dormem em quartos diferentes por causa de problemas de sono: **33%**

Tempo de conflito conjugal que pode afetar de forma significativa o sistema imunológico: **30 minutos**

Quantidade de dias a mais que um ferimento leva para cicatrizar depois de um conflito conjugal: **2 dias**

Percentual de casais que afirmam que a divisão do trabalho doméstico é uma área de conflito: **62%**

Percentual de conflitos conjugais que nunca se resolvem: **70%**

Percentual de queda na saúde de um homem quando sua esposa se torna a pessoa que sustenta a casa: **40-60%**

Percentual de homens que dizem conter os sentimentos durante uma discussão: **32%**

Percentual de mulheres que dizem conter os sentimentos durante uma discussão: **23%**

Anos a mais de vida que os homens ganham depois de casados: **7 anos**

Anos a mais de vida que as mulheres ganham depois de casadas: **5 anos**

Aumento do percentual de doenças crônicas depois do divórcio: **20%**

Apêndice B

Diagnósticos: os testes *Felizes para sempre*

Nº1: Qual é a sua reação à paquera?

Tente imaginar a seguinte cena, da forma mais vívida que puder, como se os acontecimentos descritos estivessem realmente acontecendo com você. Após a visualização, é necessário que você complete o enigma da palavra apresentada. Isso foi pensado para distrair sua atenção da cena que você visualizou. Depois de completar o quebra-cabeça das palavras, você terá de responder se lembra vividamente a cena, por isso é importante imaginá-la da melhor forma possível.

Imagine que está em um café e você encontra um(a) amigo(a) ou um(a) colega que acha atraente. Passe algum tempo visualizando a cena, tornando-a o mais real possível. O homem ou a mulher que você encontrar está muito feliz por tê-lo encontrado, e você também está feliz em ver essa pessoa. Os dois começam uma conversa calorosa e envolvente, e você perde a noção do tempo. Você se dá conta de que precisa ir. Ao sair, a pessoa lhe entrega o número de telefone dela para que, em algum momento, vocês possam se encontrar novamente para tomar um café.

Agora, pare um pouco o exercício de visualização e tente resolver o quebra-cabeça de palavras a seguir.

1. L O _ A L
2. D E _ _ T E D
3. C _ _ M I _ _ E _
4. I N V E _ T E D
5. B E _ A _ E
6. T H R _ _ T

Resposta: As mulheres estão mais propensas a completar o quebra-cabeça com palavras indicando comprometimento ou ameaça, enquanto os homens estão mais propensos a escolher palavras neutras. As soluções possíveis para o enigma estão listadas a seguir, com as palavras de compromisso e ameaça listadas primeiro e as neutras listadas depois.

1. *Fiel, Local* **2.** *Dedicado, Excluído* **3.** *Comprometido, Comitê* **4.** *Envolvido, Inventado* **5.** *Cautela, Tornar* **6.** *Ameaça, Garganta.*

Nº2: O AMOR PASSIONAL

Responda as seguintes perguntas para testar o seu nível de amor passional. Pense na pessoa que você mais ama agora e responda fazendo um círculo na resposta adequada. As respostas variam de (1), totalmente falso, a (9), muito verdadeiro. Em seguida, some a pontuação e verifique a tabela a seguir para ver o quanto a sua chama ainda está acesa.

	FALSO... VERDADEIRO
Eu me sentiria totalmente desesperada se o meu parceiro me largasse.	1 2 3 4 5 6 7 8 9
Às vezes, sinto que não posso controlar meus pensamentos, pois eles estão obcecados pelo meu parceiro.	1 2 3 4 5 6 7 8 9
Sinto-me feliz quando faço alguma coisa para deixar meu parceiro feliz.	1 2 3 4 5 6 7 8 9
Prefiro estar com o meu parceiro a estar com qualquer outra pessoa.	1 2 3 4 5 6 7 8 9
Eu ficaria com ciúmes se eu pensasse que meu parceiro está apaixonado por outra pessoa.	1 2 3 4 5 6 7 8 9
Eu desejo saber tudo sobre o meu parceiro.	1 2 3 4 5 6 7 8 9
Eu quero ter o meu parceiro física, emocional e mentalmente.	1 2 3 4 5 6 7 8 9
Tenho um apetite insaciável por afeto do meu parceiro.	1 2 3 4 5 6 7 8 9
Para mim, o meu parceiro é o par romântico ideal.	1 2 3 4 5 6 7 8 9
Sinto o meu corpo responder quando o meu parceiro me toca.	1 2 3 4 5 6 7 8 9
Meu parceiro parece estar sempre na minha mente.	1 2 3 4 5 6 7 8 9
Quero que meu parceiro me conheça, conheça meus pensamentos, meus medos, minhas esperanças.	1 2 3 4 5 6 7 8 9
Procuro ansiosamente por sinais que indiquem o desejo do meu parceiro por mim.	1 2 3 4 5 6 7 8 9
Possuo uma forte atração por meu parceiro.	1 2 3 4 5 6 7 8 9
Fico extremamente deprimida quando as coisas não vão bem no relacionamento com meu parceiro.	1 2 3 4 5 6 7 8 9

Escala de pontuação para amor passional

106–135 pontos – Extremamente passional. Seu amor é selvagem e irresponsável.

86–105 pontos – Passional. A chama da paixão ainda está acesa, mas não tão intensamente.

66–85 pontos – Médio. Contentamento, com faíscas ocasionais.

45–65 pontos – Frio. Paixão morna e pouco frequente.

15–44 pontos – Extremamente frio. A chama se apagou.

Nº3: Definindo seu estilo de amor

Responda Verdadeiro ou Falso para cada questão. Mesmo que uma questão não descreva exatamente seus sentimentos, você deve escolher uma resposta.

(V) (F) 1. Creio que o "amor à primeira vista" seja possível.

(V) (F) 2. A primeira vez que nos beijamos ou roçamos o rosto, eu senti definitivamente uma resposta genital (lubrificação, ereção).

(V) (F) 3. Beijamo-nos logo depois de nos conhecermos, porque nós dois queríamos.

(V) (F) 4. Normalmente, a primeira coisa que chama a minha atenção em uma pessoa é sua boa aparência física.

(V) (F) 5. No primeiro toque de sua mão, eu soube que o amor era uma possibilidade real.

(V) (F) 6. Antes de eu me apaixonar, tinha uma imagem bem clara do físico que teria o meu verdadeiro amor.

Ⓥ Ⓕ 7. Eu gosto da ideia de ter os mesmos tipos de roupas, chapéus, plantas, bicicletas, carros etc. que meu amor.

Ⓥ Ⓕ 8. Eu não percebi que estava apaixonada até realmente estar há algum tempo.

Ⓥ Ⓕ 9. Você não pode amar a menos que, primeiro, tenha gostado da pessoa por um tempo.

Ⓥ Ⓕ 10. Eu ainda tenho uma boa amizade com quase todos com quem já estive envolvida em um relacionamento amoroso.

Ⓥ Ⓕ 11. O melhor tipo de amor nasce de uma longa amizade.

Ⓥ Ⓕ 12. A melhor parte do amor é viver juntos, construir uma casa juntos e criar os filhos juntos.

Ⓥ Ⓕ 13. Beijos, carícias e sexo não devem acontecer tão rápido. Eles vão acontecer naturalmente quando a intimidade tiver evoluído o suficiente.

Ⓥ Ⓕ 14. É difícil dizer exatamente quando nos apaixonamos.

Ⓥ Ⓕ 15. As melhores relações amorosas são aquelas que duram mais.

Ⓥ Ⓕ 16. Quando as coisas não estão indo bem para nós, meu estômago fica atacado.

Ⓥ Ⓕ 17. Quando meus namoros acabam, fico tão deprimida que até penso em suicídio.

Ⓥ Ⓕ 18. Às vezes, fico tão animada por estar apaixonada que nem consigo dormir.

Ⓥ Ⓕ 19. Quando meu namorado não me dá atenção, sinto-me muito mal.

Ⓥ Ⓕ 20. Quando estou apaixonada, tenho dificuldade para me concentrar em qualquer coisa.

Ⓥ Ⓕ 21. Não consigo relaxar se eu suspeitar que meu namorado está com outra pessoa.

Ⓥ Ⓕ 22. Mesmo que eu não queira ficar com ciúmes, não consigo segurar quando o meu amor dá atenção a outra pessoa.

Ⓥ Ⓕ 23. Pelo menos uma vez, quando achei que tudo tinha acabado, eu o vi de novo e os velhos sentimentos vieram à tona.

Ⓥ Ⓕ 24. Se o meu amor me ignora por um tempo, às vezes faço coisas muito estúpidas para tentar chamar a sua atenção.

Ⓥ Ⓕ 25. Do ponto de vista prático, devo considerar o que uma pessoa vai se tornar na vida antes que eu me comprometa a amá-la.

Ⓥ Ⓕ 26. É bom planejar, cuidadosamente, a vida antes de escolher um amante.

Ⓥ Ⓕ 27. O melhor é amar alguém com um histórico parecido com o seu.

Ⓥ Ⓕ 28. A principal coisa na escolha de um amor é a forma como ele reflete sobre a minha família.

Ⓥ Ⓕ 29. A primeira coisa a considerar na escolha de um parceiro é se ele vai ser um bom pai.

Ⓥ Ⓕ 30. Eu não poderia amar verdadeiramente alguém com quem eu não estivesse disposta a me casar.

Ⓥ Ⓕ 31. Não ficaria com alguém por quem eu não quisesse me apaixonar.

Ⓥ Ⓕ 32. A primeira coisa a considerar na escolha de um parceiro é a forma como ele reflete sobre sua carreira.

Ⓥ Ⓕ 33. Antes de ficar muito envolvida com alguém, tento comparar sua compatibilidade genética com a minha, para o caso de termos filhos.

Ⓥ Ⓕ 34. É sempre uma boa ideia manter o seu amor um pouco em dúvida em relação ao quanto você se entrega a ele.

Ⓥ Ⓕ 35. Parte da diversão de estar apaixonado é testar a habilidade em manter a coisa fluindo e conseguir o que se quer ao mesmo tempo.

Ⓥ Ⓕ 36. Até onde o meu amor vai, o que ele não sabe sobre mim não vai machucá-lo.

Ⓥ Ⓕ 37. Eu tive, pelo menos uma vez, de tomar cuidado para manter dois amores sem que um descobrisse o outro.

Ⓥ Ⓕ 38. Eu consigo me recuperar de relacionamentos com muita facilidade e rapidez.

Ⓥ Ⓕ 39. Gosto de paquerar pessoas atraentes.

Ⓥ Ⓕ 40. Meu amor iria ficar chateado se conhecesse algumas das coisas que eu fiz com outras pessoas.

Ⓥ Ⓕ 41. Seria divertido saber se eu consigo fazer uma determinada pessoa ficar comigo, mesmo não querendo me envolver com essa pessoa.

(V) (F) 42. Eu tento usar a minha própria força para ajudar o meu amor nos momentos difíceis, mesmo quando ele estiver se comportando como um tolo.

(V) (F) 43. Eu prefiro sofrer a fazer o meu amor sofrer.

(V) (F) 44. Não consigo ser feliz se eu não colocar a felicidade do meu amor antes da minha.

(V) (F) 45. Quando eu termino com alguém, saio da minha rotina para ver se ele está bem.

(V) (F) 46. Eu geralmente estou disposta a sacrificar meus desejos para deixar o meu amor alcançar os dele.

(V) (F) 47. Se meu namorado tivesse tido um filho com outra pessoa, eu gostaria de criá-lo, amá-lo e cuidar dele como se fosse meu.

(V) (F) 48. Eu prefiro terminar com meu amor a ficar em seu caminho.

(V) (F) 49. Tudo o que eu tiver o meu amor pode usar como e quando ele quiser.

(V) (F) 50. Quando o meu amor não me vir ou me ligar por um tempo, eu assumo que ele tenha um bom motivo.

Agora, veja sua pontuação checando onde estão agrupadas as suas respostas Verdadeiras.

ESTILO DE AMOR	QUESTÕES	Nº DE RESPOSTAS VERDADEIRAS
Romântico	1–7	
Melhores amigos	8–15	
Possessivo	16–24	
Lógico	25–33	
Brincalhão	34–41	
Altruísta	42–50	

Provavelmente, você tenha respondido Verdadeiro pelo menos uma vez na maioria das categorias. Mas observe as duas ou três categorias em que obteve o maior número de respostas Verdadeiras para ter uma ideia de como você define o amor. E, mais importante ainda, peça para seu parceiro fazer o teste e saiba como ele define o amor.

Nº4: O TEMPO MUDOU SUA VIDA SEXUAL?

Calcule o efeito que o passar dos anos pode ter sobre sua vida sexual. Comece indicando quantas vezes por semana você manteve relações sexuais no primeiro ano do seu casamento.

a) Uma vez por semana: 52 vezes por ano
b) Duas vezes por semana: 104 vezes por ano
c) Três vezes por semana: 156 vezes por ano
d) Quatro ou mais vezes por semana: 208 vezes ou mais por ano

Como será a sua vida sexual no terceiro ano do seu casamento? Escolha a letra que corresponde à sua primeira resposta para estimar quantas vezes você manterá relações sexuais com seu cônjuge depois de três anos.

a) Às vezes
b) Cerca de três vezes por mês
c) Cerca de duas vezes por semana
d) Duas a três vezes por semana

Naturalmente, esses resultados são médias com base em uma amostra nacional. Algumas pessoas sustentam vidas sexuais arrojadas ao longo do casamento, enquanto outras experimentam um declínio drástico. Se você está tendo mais sexo do que o previsto, bom para você! É um sinal de que o sexo continua uma prioridade importante em seu casamento. Se você está tendo menos sexo do que o previsto, pode se concentrar em sua vida sexual e trabalhar para restaurar a intimidade física no seu casamento.

Nº5: O QUE VOCÊ QUER DE SEU PARCEIRO?

Pense em cinco coisas que você gostaria que sua esposa ou seu marido dissesse ou fizesse durante a transa. Tente não focar em ações específicas ou posições. O objetivo aqui é determinar mudanças gerais de comportamento que poderiam proporcionar mais prazer na cama. Talvez você queira que seu(sua) parceiro(a) converse mais, seja mais carinhoso(a), seja mais experimental ou aventureiro(a), ou seja mais específico(a) sobre seus desejos. Anote suas respostas.

Durante o sexo, eu gostaria que meu marido:

1. ____
2. ____
3. ____
4. ____
5. ____

Durante o sexo, eu gostaria que minha esposa:

1. ______________________________

2. ______________________________

3. ______________________________

4. ______________________________

5. ______________________________

Compare suas respostas com as de seu(sua) parceiro(a). Você pode se surpreender com a quantidade de respostas em comum. Preste atenção nas diferenças e no que você poderia fazer para deixar seu(sua) parceiro(a) mais feliz.

Agora, veja como suas respostas combinam com as respostas de outros casais que fizeram o mesmo teste. Segue o que os casais da pesquisa da Dra. Hatfield disseram que eles queriam do sexo:

As coisas que os maridos queriam que suas esposas fizessem:

1. Que fossem mais sedutoras.
2. Que iniciassem o sexo com mais frequência.
3. Que experimentassem mais.
4. Que fossem mais selvagens e sexy.
5. Que dessem mais instruções.

O que as esposas queriam de seus maridos:

1. Que fossem mais carinhosos e elogiassem mais.
2. Que fossem mais sedutores.
3. Que experimentassem mais.
4. Que dessem mais instruções.
5. Que fossem mais calorosos e mais comprometidos.

Nº6: A HISTÓRIA DE COMO VOCÊS SE CONHECERAM

A seguir estão algumas das perguntas que os pesquisadores utilizam para conseguir que os casais falem sobre como se conheceram. Antes de começar a ler, leia as questões e escreva suas respostas. Você não precisa responder todas as questões, apenas escolha uma ou duas perguntas que o incentivem a falar. O objetivo aqui é documentar as lembranças dos primeiros dias de seu relacionamento.

É importante que você responda às perguntas agora, assim você não será influenciado pelas descobertas dos pesquisadores, descritas após as questões.

1. Vocês se lembram de quando se encontraram pela primeira vez? Quais foram suas primeiras impressões?

2. Há quanto tempo vocês se conheciam antes de se casarem? Que tipo de coisas vocês fizeram juntos?

3. Como vocês decidiram se casar? Essa decisão foi fácil ou difícil?

4. De todas as pessoas no mundo, o que levou você a decidir que essa era a pessoa que você queria como cônjuge?

5. O que vocês lembram sobre seu casamento? E sua lua de mel?

6. Quando você olha para trás, para o primeiro ano de casados, do que se recorda?

7. Quais os momentos que realmente se destacam como bons momentos em seu casamento?

8. Quais ocasiões se destacam como tempos realmente difíceis? Por que acha que ficaram juntos?

9. Por que acha que alguns casamentos dão certo e outros não?

10. Como era o casamento de seus pais?

O que a história de como vocês se conheceram diz sobre seu casamento? Quando estamos felizes em nosso relacionamento, nos lembramos dos primeiros dias com o mesmo otimismo cor-de-rosa. Mas uma vez que nos tornamos insatisfeitos com nosso parceiro, em algum momento nossas percepções mudam. Isso não quer dizer que criamos problemas que nunca existiram. Apenas torna-se mais fácil recordar os maus momentos, em vez de recordar os bons momentos. E acabamos remodelando a história para refletir nosso atual estado de descontentamento.

A história de seu namoro está repleta de nostalgia e otimismo? Ou está tingida por negatividade e arrependimento? Vocês se lembram de ficar perdidos na chuva juntos em seu primeiro encontro? Ou você se lembra apenas do fato de ele ter se recusado a parar para pedir informações?

Cônjuges que são felizes em seus casamentos recontam, com frequência, o início de seu relacionamento com risadas, sorrisos e saudade, mesmo quando falam sobre momentos difíceis, como a perda do emprego ou dificuldades financeiras. Casais infelizes, entretanto, tendem a remodelar seu passado juntos de forma fortemente negativa.

Nº7: Você conhece bem seu parceiro?

Em suas oficinas de pesquisa com casais, John Gottman* frequentemente sugere um teste para medir a temperatura emocional de um relacionamento. Ele chama isso de "mapa do amor" e nos ajuda a explorar o mundo oculto do parceiro.

---

*Fonte: Copyright © 2000-2007 por Dr. John M. Gottman. Distribuído sob licença da The Gottman Institute, Inc. O Teste do Mapa do Amor foi escrito pelo dr. John Gottman e foi reproduzido do site do Instituto Gottman. O dr. Gottman é um pesquisador mundialmente reconhecido na área de pesquisa das relações entre casais e familiares. Para mais informações sobre workshops de casais ou terapia privada, programas de treinamento para terapeutas e livros e DVDs sobre relacionamentos, visite *www.gottman.com*.

1. Consigo falar o nome dos melhores amigos do meu parceiro.

   Ⓐ sim Ⓑ não

2. Conheço as pressões que meu parceiro enfrenta atualmente.

   Ⓐ sim Ⓑ não

3. Sei o nome das pessoas que estão irritando meu parceiro ultimamente.

   Ⓐ sim Ⓑ não

4. Posso contar-lhe alguns sonhos de vida do meu parceiro.

   Ⓐ sim Ⓑ não

5. Posso contar-lhe sobre a filosofia de vida básica de meu parceiro.

   Ⓐ sim Ⓑ não

6. Posso listar os parentes dos quais meu parceiro menos gosta.

   Ⓐ sim Ⓑ não

7. Sinto que meu parceiro me conhece muito bem.

   Ⓐ sim Ⓑ não

8. Quando estamos longe um do outro, penso com frequência em meu parceiro com carinho.

   Ⓐ sim Ⓑ não

9. Costumo sempre tocar ou beijar meu parceiro carinhosamente.

Ⓐ sim Ⓑ não

10. Meu parceiro realmente me respeita.

Ⓐ sim Ⓑ não

11. Há fogo e paixão no relacionamento.

Ⓐ sim Ⓑ não

12. O romance ainda é, definitivamente, parte de nosso relacionamento.

Ⓐ sim Ⓑ não

13. Meu parceiro gosta das coisas que faço no relacionamento.

Ⓐ sim Ⓑ não

14. No geral, meu parceiro gosta da minha personalidade.

Ⓐ sim Ⓑ não

15. Nossa vida sexual é bastante satisfatória.

Ⓐ sim Ⓑ não

16. No final do dia, meu parceiro fica feliz em me ver.

Ⓐ sim Ⓑ não

17. Meu parceiro é um dos meus melhores amigos.

Ⓐ sim Ⓑ não

18. Nós gostamos muito de conversar um com o outro.

Ⓐ sim Ⓑ não

19. Há muita troca (os dois têm influência) em nossas discussões.

Ⓐ sim Ⓑ não

20. Meu parceiro ouve respeitosamente, mesmo quando discordamos.

Ⓐ sim Ⓑ não

21. Meu parceiro é, em geral, uma grande ajuda para solucionar um problema.

Ⓐ sim Ⓑ não

22. No geral, nossos valores básicos e objetivos de vida combinam bem.

Ⓐ sim Ⓑ não

Sua pontuação: __________

Confira sua pontuação somando suas repostas "sim":

15 ou mais respostas "sim": Seu relacionamento é muito forte. Parabéns!

8 a 14: Este é um momento crucial em seu relacionamento. Existem muitos pontos fortes a serem usados para o crescimento dos dois, mas há também alguns pontos fracos que necessitam de sua atenção.

7 ou menos: Seu relacionamento pode estar em sérios problemas. Se isto lhe preocupa, provavelmente você ainda valoriza seu relacionamento o suficiente para tentar conseguir ajuda.

Nº8: Sobre o que você briga?

Como são estabelecidas as frentes de batalha em sua casa? Durante um momento de paz com seu parceiro, classifique as seis categorias a seguir a fim de identificar quais questões são mais suscetíveis a causar um conflito em seu relacionamento. Compare suas respostas e as do seu cônjuge com a média de respostas dos casais no estudo de Framingham.

	CLASSIFICAÇÃO DELA	CLASSIFICAÇÃO DELE
Filhos		
Sexo		
Serviço doméstico		
Dinheiro		
Lazer		
Álcool		

No estudo nacional, os homens e as mulheres classificaram assim suas principais razões para brigas:

	MULHERES	HOMENS
Filhos	1	4
Sexo	2	1
Serviço doméstico	3	6
Dinheiro	4	2
Lazer	5	3
Álcool	6	5

Nº9: Você está reclamando ou criticando?

Responda ao questionário para ajudá-lo a decifrar as diferenças entre conflitos, reclamações e desprezo. Faça um círculo sobre a letra que melhor descreve a afirmação e, em seguida, verifique sua pontuação a seguir.

1. Estou chateada porque você não telefonou para avisar que chegaria tarde.

   Ⓐ Reclamação Ⓑ Crítica Ⓒ Desprezo

2. Não dá para acreditar em você.

   Ⓐ Reclamação Ⓑ Crítica Ⓒ Desprezo

3. Você é muito áspero com as crianças.

   Ⓐ Reclamação Ⓑ Crítica Ⓒ Desprezo

4. Você nunca quer fazer sexo.

   Ⓐ Reclamação Ⓑ Crítica Ⓒ Desprezo

5. Sinto que você não me leva a sério.

   Ⓐ Reclamação Ⓑ Crítica Ⓒ Desprezo

6. Você é igual a sua mãe!

   Ⓐ Reclamação Ⓑ Crítica Ⓒ Desprezo

7. Gostaria que você iniciasse as relações sexuais com mais frequência.

   Ⓐ Reclamação Ⓑ Crítica Ⓒ Desprezo

8. Estou aborrecida por você não ter ajudado a limpar depois da festa.

Ⓐ Reclamação Ⓑ Crítica Ⓒ Desprezo

9. Você é um relaxado.

Ⓐ Reclamação Ⓑ Crítica Ⓒ Desprezo

Respostas:

1. Reclamação
2. Desprezo
3. Crítica
4. Crítica
5. Reclamação
6. Desprezo
7. Reclamação
8. Reclamação
9. Desprezo

Nº10: A FORÇA FINANCEIRA DOS CASAIS FELIZES

Há cinco perguntas simples que podem ajudar a determinar se o dinheiro é a principal razão dos conflitos em seu relacionamento. Faça este teste para ver como comparar as suas respostas com as dos casais da pesquisa.*

Leia as seguintes afirmações e observe se você concorda com elas ou discorda delas. Não tenha pressa e pense em cada questão antes de respondê-la. As respostas irão ajudar a entender se o dinheiro e as dívidas são fatores positivos ou negativos em seu relacionamento.

*Fonte: National Survey of Marital Strengths, 2003.

1. Nós concordamos em como gastar o dinheiro.
2. Não tenho preocupações sobre como meu parceiro lida com o dinheiro.
3. Nós estamos satisfeitos com nossas decisões sobre poupança.
4. Não temos problemas com grandes dívidas.
5. Tomar decisões financeiras não é difícil.

Qual foi seu resultado? As declarações são realmente um teste para o nível de felicidade em seu casamento. Os casais felizes irão concordar em, pelo menos, quatro das afirmações. Quando os casais discordam em três ou mais dessas afirmações, eles também estão muito mais propensos a baixa pontuação nos testes de felicidade conjugal. Veja como os casais felizes versus os infelizes pontuaram na pesquisa nacional.

Entre os casais que tiveram pontuação alta nos testes de felicidade conjugal:

89% concordam em como gastar o dinheiro.
80% disseram que não tinham preocupações sobre como os parceiros lidam com o dinheiro.
73% estavam satisfeitos com suas decisões sobre poupança.
76% disseram que grandes dívidas não eram problema.
80% disseram que tomar decisões financeiras não era difícil.

Entre os casais que tiveram uma pontuação baixa nos testes de felicidade conjugal, ficou claro que os problemas financeiros estavam criando problemas em seus casamentos. Entre esses casais:

59% não concordam em como gastar o dinheiro.
68% disseram estar preocupados sobre como os parceiros lidam com o dinheiro.
71% não estavam satisfeitos com suas decisões sobre poupança.
65% disseram que as principais dívidas eram o problema.
68% disseram que tomar decisões financeiras era difícil.

Nº11: Como o dinheiro pode ferir seu casamento

Leia as seguintes afirmações e observe se você concorda ou discorda. Não tenha pressa e pense em cada questão antes de responder. As respostas vão ajudar você a entender em que medida as questões de dinheiro estão contribuindo para o conflito conjugal.*

1. Gostaria que meu parceiro fosse mais cuidadoso ao gastar dinheiro.
2. Temos problemas para guardar dinheiro.
3. Temos problemas para decidir o que é mais importante para comprar.
4. Dívidas grandes são um problema para nós.
5. Meu parceiro tenta controlar o dinheiro.

Quantas dessas questões você respondeu com sim? Se disse sim para pelo menos uma, as preocupações financeiras muito possivelmente estão cobrando um preço em seu casamento. Na pesquisa nacional, os casais que obtiveram baixa pontuação no teste de satisfação conjugal também estavam brigando por esses motivos financeiros.

72% gostariam que o parceiro fosse mais cuidadoso ao gastar dinheiro.
72% disseram que tinham problemas para guardar dinheiro.
66% têm problemas para decidir o que é mais importante para comprar.
56% disseram que dívidas grandes eram um problema.
51% disseram que o parceiro tentou controlar o dinheiro.

*Fonte: National Survey of Marital Strengths, 2003.

Nº12: Você está num casamento de iguais?

Um casamento de iguais é definido pelos quatro seguintes objetivos. Marque "sim" ou "não" para determinar a proximidade do seu casamento com um casamento de iguais.

1. Os trabalhos domésticos e a criação dos filhos são compartilhados de forma igual ou quase igual, não mais do que uma relação 60-40.

   (A) sim (B) não

2. Cada parceiro acredita que o outro tem influência igual nas decisões importantes.

   (A) sim (B) não

3. Cada parceiro sente que ele ou ela tem controle igual sobre o dinheiro da família.

   (A) sim (B) não

4. O trabalho de cada parceiro tem peso igual quando o casal faz planos.

   (A) sim (B) não

Nº13: Avaliae o risco no seu relacionamento

Para ajudar os casais a terem uma noção do seu relacionamento, os pesquisadores de casamento da Universidade de Denver, Dr. Scott Stanley e Dr. Howard Markman, sugerem o seguinte teste baseado em sua pesquisa. O Dr. Markman diz que os casais devem levar a sério os resultados, mas admite que o teste não leva em consideração muitas outras coisas importantes em um relacionamento. Ele diz que os casais que obtiverem pontuação alta ou média-alta devem utilizar os resultados para ajudá-los a ter um olhar clínico da situação em que o casamento está e tomar medidas (como procurar ajuda profissional) para transformar padrões negativos em positivos.

Dê um valor para a frequência com a qual as seguintes situações acontecem, com base na escala de 1 a 3 mostrada a seguir.*

1. Nunca ou quase nunca
2. De vez em quando
3. Frequentemente

1. Discussões pequenas viram brigas feias com acusações, críticas, xingamentos, ou trazem mágoas do passado.

2. Meu parceiro critica ou deprecia as minhas opiniões, sentimentos ou desejos.

3. Meu parceiro entende que minhas palavras ou ações são mais negativas do que eu quis realmente dizer.

4. Quando temos um problema a resolver, é como se estivéssemos em times opostos.

5. Eu não conto para meu parceiro o que eu realmente penso e sinto.

6. Eu me sinto sozinho nesta relação.

7. Quando discutimos, um de nós se fecha, ou seja, não quer falar mais sobre isso, ou sai de cena.

Calcule sua pontuação:

Fonte: Utilizada com permissão da PREP, Inc., e adaptado do livro *Fighting for Your Marriage* [Lutando pelo casamento], e disponível em *www.loveyourrelationship.com.*

Some seus pontos para determinar a pontuação. (Inclua apenas os seus pontos, não adicione o resultado do seu parceiro!) Os resultados sugeridos são baseados em resultados de uma pesquisa telefônica aleatória com 947 pessoas (85% casadas), realizada em janeiro de 1996.

7 a 11 "Luz verde"
Se o total de pontos está na faixa de 7-11, seu relacionamento provavelmente se encontre em bom estado ou em boa forma neste momento.

12 a 16 "Luz amarela"
Se você caiu na média 12-16, é como se estivesse vendo uma "luz amarela". Você precisa ter cautela. Apesar de estar feliz agora em seu relacionamento, sua pontuação revela sinais de aviso para padrões que é melhor você não deixar piorar. Tome medidas para proteger e melhorar o que tem. Gastar um tempinho para fortalecer o seu relacionamento agora poderia ser a melhor coisa a fazer para o seu futuro juntos.

17 a 21 "Luz vermelha"
Finalmente, se seu resultado está entre 17 e 21, é como se aproximar do farol vermelho. Pare e pense para onde vocês dois estão indo. Sua pontuação indica a presença de padrões que podem colocar seu relacionamento em risco significativo. Você pode estar a caminho do problema, ou já estar lá.

Nº14: Você está entediado?

1. No mês passado, quantas vezes você sentiu que seu casamento estava entrando numa rotina (ou já estava numa rotina), que você está fazendo a mesma coisa o tempo todo e que raramente consegue fazer coisas interessantes juntos como um casal?

   (A) Muitas vezes (B) Às vezes
   (C) Raramente (D) Nunca

2. No final das contas, quão satisfeito você está com seu casamento?

Ⓐ Muito satisfeito Ⓑ Razoavelmente satisfeito
Ⓒ Um pouco insatisfeito Ⓓ Muito insatisfeito

3. Selecione a imagem que melhor descreve o seu casamento.*

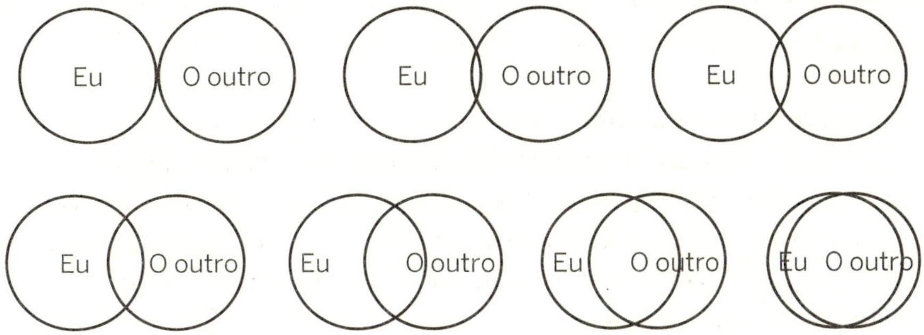

Nº15: Determine seu padrão de amor

Dividir seu relacionamento em termos de paixão, intimidade e compromisso pode ajudar a simplificar as áreas que mais necessitam de melhorias. Faça este teste para determinar seu padrão de amor. Coloque um X em "muito" ou "pouco".

	MUITO	POUCO
Paixão		
Intimidade		
Compromisso		

*Fonte: A. Aron, E. N. Aron, e D. Smollan, "Inclusion of Other in the Self Scale and the Structure of Interpersonal Closeness". *Journal of Personality and Social Psychology*, 63, 1992, p. 596-612.

Respostas:

- Muita paixão, pouca intimidade, pouco comprometimento: este é o *amor extravagante* que falta compromisso e intimidade. Pense nele como um "amor à primeira vista".
- Pouca paixão, pouca intimidade, alto comprometimento: este é o *amor vazio,* os casais podem estar altamente comprometidos uns com os outros, mas seu relacionamento carece de paixão e intimidade. Casamentos arranjados geralmente começam com o amor vazio, e alguns casamentos duradouros podem começar a ficar vazios.
- Muita paixão, muita intimidade, pouco comprometimento: este é o amor romântico. Amantes românticos sentem uma ligação forte e atração física, eles estão apaixonados e têm um conhecimento íntimo de cada um. Mas a relação é tipicamente nova e ainda não atingiu o estágio de comprometimento.
- Muita paixão, pouca intimidade, muito comprometimento: este é o *amor tolo.* Alguns casais acabam se comprometendo uns com os outros depois de um rápido namoro passional. Sua paixão pelo outro é alta e seu compromisso é sólido, mas eles descobrem que sabem muito pouco sobre si e sua intimidade permanece baixa.
- Pouca paixão, muita intimidade, muito comprometimento: este é o *amor companheiro.* Muitas vezes, um amor duradouro é baseado em muito afeto e compromisso, mas normalmente é falho no desejo sexual. Compromisso e intimidade são altos, mas desgastaram as faíscas da paixão.
- Pouca paixão, muita intimidade, pouco comprometimento: ele é descrito melhor com alguém realmennte *gostando.* Alguns de nossos relacionamentos mais íntimos são com os amigos. Alguns casamentos tornam-se mais como uma amizade em longo prazo, com a intimidade a um elevado nível, mas falta-lhes paixão e compromisso .
- Muita paixão, muita intimidade, muito comprometimento: este é o amor consumado. Para a maioria dos casais, esse é o ideal. É uma forma completa de amor com um elevado nível de comprometimento, intimidade e paixão.

Nº16: Como você reage às boas-novas?

Pense por um momento e considere como seu parceiro responde quando você lhe conta sobre algo bom que aconteceu com você. Por exemplo, imagine que você chegou em casa e contou ao seu parceiro que recebeu uma promoção no trabalho, teve uma ótima conversa com um membro da família, conseguiu um aumento, ganhou um prêmio ou foi muito bem em um exame na escola ou em um projeto no trabalho. Considere a forma como seu parceiro fez as seguintes coisas em resposta a sua felicidade.

1. Meu parceiro geralmente reage entusiasticamente à minha felicidade; ele(a) sempre faz muitas perguntas e mostra interesse genuíno sobre os bons eventos.

2. Meu parceiro é, em geral, um apoio silencioso a todas as coisas boas que acontecem comigo; meu parceiro fala pouco, mas sei que ele(a) está feliz por mim.

3. Meu parceiro me lembra que todas as coisas boas têm seus aspectos ruins também; ele(a) aponta as desvantagens potenciais do evento.

4. Meu parceiro parece desinteressado, às vezes tenho a impressão de que ele(a) não se importa muito sobre algo bom que aconteceu comigo.

Os pesquisadores identificaram quatro tipos diferentes de personalidades com base em como eles respondem às boas-novas dos cônjuges. São elas:

1. Ativo-construtivo são aqueles que reagem entusiasticamente às boas novas.

2. Passivo-construtivo são aqueles que mostram apoio silencioso. Eles não falam muito, mas o cônjuge se sente amado e apoiado.

3. Ativo-destrutivo são aqueles que têm uma visão negativa, sempre vendo o lado negativo dos acontecimentos positivos.

4. Passivo-destrutivo são aqueles que não dizem muito porque simplesmente não estão interessados.

Não é surpresa alguma que os dois últimos grupos, ativo-destrutivo e passivo-destrutivo, foram associados aos baixos resultados de intimidade, satisfação e outras medidas de felicidade no relacionamento.

Nº17: Seu casamento tem altos padrões?

Um importante estudo conduzido pelo psicólogo Donald H. Baucom, da Universidade da Carolina do Norte, começou a determinar como ter altos, ainda que idealistas, padrões sobre vários aspectos do relacionamento pode afetar a qualidade dele. Os casais preencheram questionários relacionados às suas esperanças e sentimentos sobre finanças, afeto, tarefas domésticas, relacionamento com a família e os amigos, religião, sexo, lazer, questões da carreira e filhos. Eles responderam a questões sobre como comunicaram sentimentos positivos e negativos para seus cônjuges. No total, a pesquisa abrangeu sessenta padrões diferentes que os casais têm em seus relacionamentos. Aqui está uma versão reduzida da pesquisa.

Encontre a seguir uma versão resumida da pesquisa. Use uma escala de 1 a 5 para indicar apoio ou discordância das seguintes afirmações:

"Quando meu parceiro e eu discordamos sobre alguma decisão na criação dos filhos, cada um de nós tenta fazer o outro concordar com nosso ponto de vista."

"Apenas um de nós tem a palavra final nas decisões que tomamos sobre dinheiro."

"Meu parceiro e eu deveríamos participar um com o outro em nossas atividades de lazer."

"Deveríamos mostrar nosso amor um pelo outro por meio de carinho físico."

Agora responda as seguintes perguntas:

"Você está satisfeito com o modo como esse padrão está sendo alcançado em seu relacionamento?"

"Quão contrariado você fica quando esse padrão não é alcançado?"

As questões foram bastante simples, mas surgiu um padrão bem-definido. Casais nos extremos – aqueles que esperam demais de seus casamentos e aqueles que esperam muito pouco – tendem a ter exatamente aquilo que esperam.

Nº18: Medindo os laços sociais

Identifique suas "redes sociais de discussão", as pessoas com quem você possui relações pessoais e sociais.

Olhando para seis meses atrás, quem eram as pessoas com quem você discutia assuntos que eram importantes para você?

Agora compare suas respostas com os resultados da pesquisa:

- Em 2004, 80% dos pesquisados disse que eles falavam apenas com os membros da família sobre assuntos importantes, mais que 57% em 1985.
- O número de pessoas que dependem totalmente de seus cônjuges para conversar sobre questões pessoais pulou para 9%, mais que 5%.
- Em 1985, quase uma em cada três pessoas disse que tinha de quatro a cinco confidentes. Em 2004, esse número havia caído para apenas 15%.
- Os pesquisadores também relataram uma queda no número de grupos aos quais as pessoas pertencem e a quantidade de tempo que gastam em clubes e outras organizações.

Nº19: Como reacender o romance

Antes de mais nada, você e seu parceiro devem responder ao teste número 2, *O amor apaixonado*, e anotar suas respostas.

Em seguida, faça uma lista de dez a vinte atividades de "noites de encontro" que pareçam divertidas e empolgantes, que vocês não fizeram juntos nos últimos seis meses. Peça ao seu parceiro para fazer a mesma coisa e compare as listas.

Escolha dez "encontros" que pareçam divertidos para vocês dois e agendem uma atividade por semana para as próximas dez semanas.

Após completar as dez semanas receitadas, faça novamente o teste *O amor apaixonado* e compare com os primeiros resultados.

HR Gráfica e Editora
a, 716 – Moóca - São Paulo – SP – CEP 03107-020
341-6444 - Email: vendas@hrgrafica.com.br
www.hrgrafica.com.br

Sobre a autora

Tara **Parker-Pope** escreve o popular blog *Well* do *The New York Times*, que foca decisões cotidianas que influenciam o bem-estar. Antes de entrar para o *Times*, Parker-Pope foi colunista de saúde pessoal no *The Wall Street Journal*. Foi premiada com o Second Century Award pela Columbia University School of Nursing, na categoria excelência sobre o bem-estar e seu trabalho é regularmente apresentado na *Today Show*, *Good Morning America*, *CNN*, *NPR* e outros veículos importantes de comunicação. Mora em Bucks County, Pensilvânia, com sua filha, Laney, três cachorros e três gatos.